Der Preis der Zukunft

Jeff Booth

Zu diesem Buch

„Ist es diesmal anders? Die meisten Ökonomen sagen „Nein" – wir haben uns schon an viele technologische Revolutionen angepasst. Im Gegensatz dazu sagt Jeff Booth „Ja". Und so beginnt eine ideenreiche Reise, während der er den Leser auf eine Tour de Force mitnimmt, seine Argumente darlegt, warum das so ist, und auf dem Weg dorthin Enthüllungen aus seinen persönlichen Beziehungen mit führenden Köpfen der Tech-Industrie teilt. Um die Macht der Technologie für das Gute nutzbar zu machen, müssen wir verstehen, wie sie mit der Menschheit verbunden ist. In einer weitreichenden Analyse, die Wirtschaft, Wissenschaft, Innovation, Politik, Psychologie, Soziologie und Wirtschaft einbezieht, stellt Booth eine faszinierende These auf, basierend auf den deflationären Auswirkungen des technologischen Fortschritts in Verbindung mit immer günstigeren Krediten. Getreu seinem Impuls als Unternehmer – ein Denker, aber auch ein Macher – schließt er seine Erläuterungen mit einem Aufruf zum Handeln ab. Wirtschaftsführer, Unternehmer, Politiker und die Jugend, sowie alle die sich für eine bessere Zukunft einsetzen wollen, sollten dieses Buch lesen."

AJAY AGRAWAL Professor an der Universität von Toronto und Gründer des Creative Destruction Lab

„Als jemand, der die exponentielle Entwicklungsgeschwindigkeit der Technologie versteht, besitzt Jeff Booth die einzigartige Fähigkeit, in diesem Buch die einzelnen Punkte zu etwas Größerem zu verbinden. Nur wenige Bücher bieten einen prägnanteren, provokanteren und erhellenderen Blick auf die Welt, wie sie heute ist und wie sie morgen sein könnte. Ihr Weltbild wird sich augenblicklich verändern."

SALIM ISMAIL Gründungsdirektor der Singularity University und Bestsellerautor von *„Exponential Organizations"*

DER PREIS DER ZUKUNFT

Warum Deflation der Schlüssel zum Wohlstand von morgen ist

JEFF BOOTH

APRYCOT

Offizielle Übersetzung des englischen Originaltitels:
The Price of Tomorrow – Why Deflattion Is the Key to an Abundant Future

Erstveröffentlichung durch: Stanley Press
Produziert von: Page Two

ISBN 978-3-949098-03-1 (Print)
ISBN 978-3-949098-04-8 (ePub)

Übersetzung: Fabio Troendle
Lektorat: Claus Bertermann
Layout & Satz: Benjamin Haas, Hertfordshire, UK
Cover: Setareh Ashrafologhalai & Benjamin Haas, Hertfordshire, UK
Druck und Bindung: CPI books GmbH, Leck
Verlag: Aprycot Media – Held & Troendle GbR – Muldenweg 8, 79618 Rheinfelden

FSC www.fsc.org MIX Papier aus verantwortungsvollen Quellen FSC® C083411

1. Auflage 2021
Aprycot Media – Das Bitcoin Medien & Verlagshaus – www.aprycot.media
Twitter & Instagram: @aprycotmedia

An die außergewöhnlichen Menschen,
die mein Leben positiv beeinflusst haben.

INHALTSVERZEICHNIS

VORWORT

Wir leben in einer außergewöhnlichen Zeit, in der es globalen Wohlstand geben könnte. Vielleicht nicht in der Art und Weise, wie wir das heute definieren, aber dennoch globalen Wohlstand. Der technologische Fortschritt vollzieht sich schneller, als wir ihn begreifen können. In einer Welt, die sich schneller bewegt, als wir uns vorstellen können, ist Stillstand etwas, das wir uns nicht leisten können. Wir können es uns nicht leisten, uns an Systeme zu klammern und so zu tun, als würden sie funktionieren, weil sie es in einer Ära vor der Technologie taten. Wenn wir auf dem bestehenden Weg weitermachen, ohne signifikante Änderungen der Art und Weise, wie wir über Wirtschaft denken und wie wir Volkswirtschaften aufgebaut haben, ist das Chaos garantiert. Auf diesem Weg wird uns die Zukunft teuer zu stehen kommen. In dieser außergewöhnlichen Zeit ist es unvernünftig zu glauben, dass das, was in der Zukunft funktionieren wird, notwendigerweise auf dem aufgebaut werden sollte, was in der Vergangenheit funktioniert hat.

Wer bin ich, um das zu behaupten? Ich bin jemand, der einen unverdienten Vorteil hat und ihn nutzen möchte, um zu helfen. Ich bin mit unglaublich viel Glück aufgewachsen. Ich wurde in Kanada geboren, einem Land, das bei internationalen Umfragen über die besten Orte zum Leben immer wieder ganz oben rangiert. Ich wuchs mit wunderbaren Eltern auf, die mich und meine Brüder liebten und unterstützten, Eltern, die uns lehrten, was richtig und falsch ist, und die unser Gelerntes ständig durch lebhafte Debatten herausforderten. Es war eine Erziehung, die es mir ermöglichte, die Welt mit anderen Augen zu sehen als die meisten Menschen, und zudem auf dem Fundament dieses Wissens aufzubauen. Es ist nicht so, dass ich keine Widrigkeiten erlebt hätte – wir sind nicht im Wohlstand aufgewachsen, und ich habe enorme Verluste erlebt. Verluste dieser Art, bei der es sich anfühlt, als ob einem alles in einem Augenblick genommen wird. Aber meine Erziehung brachte eine tiefe Neugierde mit sich, von jedem um mich herum zu lernen; das hilft mir, die Welt so zu betrachten, wie sie aus der Sicht anderer aussehen könnte.

Von klein auf war ich immer neugierig. Neugierig zu wissen, wie die Welt funktioniert und warum sie so funktioniert, und ich hatte nie Angst, große oder scheinbar verrückte Fragen zu stellen. Selbst bei all den Ablenkungen des heutigen Lebens nehme ich mir immer noch die Zeit, etwa fünfzig Bücher pro Jahr zu lesen. Diese Neugier, gepaart mit dem Drang, etwas Besseres in der Welt zu schaffen, war der Beginn eines unglaublichen Abenteuers als Unternehmer, eines Abenteuers, das mich an die Seite und in das Innere einiger der weltweit führenden Technologieunternehmen geführt hat. Ein

Abenteuer, das es mir auch ermöglichte, Freundschaften zu schließen und in vielen Ländern auf der ganzen Welt zu lernen.

Wie mein Freund Thuan Pham, Chief Technology Officer von Uber, kürzlich bei einem Frühstück zu mir sagte: „Ich bin der festen Überzeugung, dass Talente gleichmäßig über die Welt verteilt sind, aber die Chancen nicht." Dem stimme ich von ganzem Herzen zu. Wenn unser Erfolg im Leben davon abhängt, was und wie wir lernen, und von den Menschen und der Umgebung um uns herum – und ich glaube, das tut es – dann hatte ich einen Vorsprung, zu dem nicht jeder auf der Welt oder gar jeder in den entwickelten Ländern Zugang hat.

Ich sitze seit etwa zwanzig Jahren in der ersten Reihe, wenn es um technologische Veränderungen geht. Im Jahr 1999 gründeten mein Freund Rob Banks und ich BuildDirect, ein Technologieunternehmen, das versuchte, die Bauindustrie zu vereinfachen. Den Wandel in einer Branche voranzutreiben, die im Allgemeinen nicht für Innovation und Transparenz bekannt ist, war eine lehrreiche Zeit mit vielen Höhen und Tiefen – von einer Idee zu einer Marktkapitalisierung von mehr als 500 Millionen Dollar und einer Verdopplung des Umsatzes in jedem Jahr, bis hin zum Versuch, etwas noch Größeres aufzubauen (und letztendlich zu scheitern). Fast zwanzig Jahre lang ein Technologieunternehmen zu leiten, das den Dotcom-Zusammenbruch, die Finanzkrise 2008 und viele Wellen technologischer Disruptionen überstanden hat, hat mir einen einzigartigen Einblick in die sich ständig verändernde Welt um uns herum gegeben. Die externen Herausforderungen, ein Unternehmen in Zeiten aufzubauen, die sich so schnell verändern, waren haarsträubend genug, aber sie waren trivial im Vergleich zu den vielen Dingen, die ich durch das Abenteuer über mich selbst gelernt habe.

Jeder der Technologiegründer und Führungskräfte, mit denen ich Zeit verbracht habe, ist entschlossen, Technologie zu nutzen, um einen positiven Einfluss auf die Welt zu nehmen. Ich glaube, das ist ein Charakterzug, den die meisten Tech-Unternehmer teilen. Sie bauen nicht nur ihre Unternehmen zu Erfolgen aus, sondern sind auch entschlossen, die Welt zu einem besseren Ort zu machen. Sie machen, wie wir alle, Fehler, aber allen gemeinsam ist der aufrichtige Wunsch, zu helfen.

Meistens entsteht der unternehmerische Funke aus der Vorstellung, wie die Welt funktionieren könnte, im Gegensatz zu dem, wie sie jetzt funktioniert. Mit anderen Worten: Die Gelegenheit, etwas Besseres zu schaffen, ergibt sich aus der Beobachtung von etwas, das fehlerhaft ist oder nicht so funktioniert, wie man glaubt, dass es funktionieren sollte. Das schafft oft die Höhen und Tiefen des unternehmerischen Abenteuers, denn selbst wenn man Recht hat, ist Veränderung nie einfach. Viele der größten Unternehmer, Wissenschaftler und Führungspersönlichkeiten der Geschichte wurden anfangs belächelt, machten aber weiter, weil sie etwas sahen, das verändert werden musste. Diesen Drang galt es zu stillen.

Sie erschaffen ihre eigene Realität – und damit auch unsere. Die Wahrheit ist, dass wir alle diese Macht haben. Wie wir unsere eigene Realität sehen und die Geschichten, die wir uns darüber erzählen, wer wir sind, bestimmen viele der Handlungen, die wir durchführen. Diese Entscheidungen verstärken sich, und manchmal erkennen wir nicht, oder wir vergessen, dass wir unsere eigenen Gedanken kontrollieren, ebenso wie wir unsere Zeit kontrollieren. Wir alle haben die Wahl, wie und mit wem wir unsere Zeit verbringen; es ist eine der wichtigsten Entscheidungen, die man treffen kann.

Heute bin ich in der glücklichen Lage, meine Zeit damit zu verbringen, einigen der außergewöhnlichsten Tech-Unternehmer und ihren Firmen in verschiedenen Branchen zu helfen. Von diesem Beobachtungspunkt aus habe ich einen seltenen Blick auf viele der laufenden Veränderungen, die eine bessere Zukunft versprechen.

Da gibt es Karn Manhas, den Gründer und CEO von Terramera, der sich fragte, warum die Landwirtschaft giftige Pestizide benötigt, wenn Pflanzen seit Jahrtausenden in rauen Umgebungen gedeihen. Diese Frage brachte ihn und sein Team dazu, eine Technologie zu entwickeln, die es erlaubt, organische Verbindungen effizienter nutzen zu können als synthetische. Nicht nur, dass dies den ökologischen Anbau verändert; wenn die Technologie auf synthetische Pestizide angewendet wird, reduziert sie deren Einsatz um bis zu 90 Prozent. Die gleichen Pestizide, die wir auf unseren Lebensmitteln verwenden, um Insekten zu töten, landen auch in unserem Körper, so dass ihre Entfernung oder Reduzierung eine überaus wichtige Angelegenheit ist.

Michael Stephenson und Steve Jagger haben erkannt, dass Wohneigentum einer der wichtigsten Vermögensgeneratoren ist, und haben sich der Mission verschrieben, den 90 Prozent der Menschen, die außen vor bleiben, Wohneigentum zu ermöglichen. Ihr Unternehmen Addy nutzt Technologie, um diese Anlageklasse zu demokratisieren und ermöglicht es den Menschen, Immobilien bereits ab einem Dollar zu besitzen. In einer Welt, die immer ungleicher wird, kann es helfen, einer ausgegrenzten Generation den Zugang zu ermöglichen.

Chonlak Mahasuvirachai ist entschlossen, einen der größten Marktplätze in Südostasien aufzubauen, indem sie die Hausbauindustrie vereinfacht. Aus Frustration über den mangelnden Zugang und die fehlende Kontrollmöglichkeit für die Verbraucher entschied sie sich, NocNoc aufzubauen, um eine weitaus größere Auswahl, einen höheren Wert und eine größere Einfachheit zu bieten, als ansonsten erreicht werden könnte. Durch die Gestaltung des Unternehmens rund um einige der Plattformprinzipien, die in diesem Buch vorgestellt werden, befindet sich das Unternehmen in einem starken Wachstum – von etwas mehr als einer Million Umsatz im zweiten Quartal 2019 auf über 55 Millionen Bhat im dritten Quartal.

Dies sind nur einige wenige der Führungskräfte, bei denen ich das Privileg hatte, mitzuerleben, wie sie ihre jeweiligen Branchen veränderten. Jeder von ihnen unterscheidet sich in seinem Ansatz und seinem Markt, aber sie alle haben den unerschütterlichen Willen, Menschen zu helfen – und ihre Unternehmen sind erfolgreich, weil sie genau das tun. Fast jedes Unternehmen, mit dem ich zu tun habe, nutzt in irgendeiner Weise künstliche Intelligenz, um bessere Entscheidungen zu treffen. Viele der Unternehmen schaffen Erfolg, indem sie massive Ineffizienzen auf dem Markt beseitigen. Leider geht das, in die Zukunft projiziert, auf Kosten der Arbeitsplätze von heute. Für die Unternehmen und Führungskräfte, die als Gewinner hervorgehen, wird das sehr lukrativ sein – aber wenn man zusammenzählt, was in der gesamten Technologielandschaft passiert, bedeutet das weniger Gewinner und mehr Verlierer, es sei denn, es werden massiv neue Industrien geschaffen.

Ich bin kein Technologie-Utopist: Ich glaube nicht, dass die Technologie alle unsere Probleme lösen wird. Ich bin auch kein Technologie-Dystopiker: Ich glaube nicht, dass die Technologie uns ruinieren wird. Das sind viel zu vereinfachte Konzepte. Der menschliche Charakter kann mit beidem nicht uneingeschränkt zurechtkommen. Wir wären in beiden Fällen unglücklich und würden rebellieren. In einer Welt, in der es keine Probleme gäbe und die Technologie alles für uns erledigen würde, würden wir uns schnell langweilen und uns nach einem Problem sehnen, das wir lösen könnten. In einer eher dystopischen Welt, in der die Technologie dazu benutzt wird, uns zu kontrollieren, würden sich die Menschen schließlich erheben und diese Kontrolle bekämpfen. Ich glaube allerdings, dass die Technologie heute anders ist als die Technologie in der Vergangenheit.

Die These dieses Buches beschreibt etwas, das ich seit fast einem Jahrzehnt aufmerksam verfolge und worüber ich mit Familie und Freunden spreche. Ich beobachte, wie sich die Dinge erwartungsgemäß entwickeln – wie Wegweiser auf einer Straße, von denen ich weiß, was das nächste Schild sagen wird. Gleichzeitig hoffte ich, dass ich mich irren würde.

Der Inhalt dieses Buches sollte breit gefächert sein und gleichzeitig tief genug in bestimmte Bereiche der Forschung und Technologie eindringen, um Muster aufzuzeigen, die sonst nicht zu erkennen sind. Die Entscheidung, dieses Buch zu schreiben, bedeutete, universelle Wahrheiten, an die viele in unserer Gesellschaft glauben, öffentlich in Frage zu stellen – etwas, mit dem man selten einen Popularitätswettbewerb gewinnt. Aber ich hatte das Gefühl, dass ich das tun muss, weil die Technologie das Betriebssystem der Welt, in der wir leben, verändert. Dieses Betriebssystem – die Regeln, nach denen wir unseren Wohlstand und unsere Wirtschaft aufgebaut haben – muss überarbeitet werden, und es hat hierzu keine ausreichenden Diskussionen oder Dialoge gegeben. Aus Gründen, die wir genauer untersuchen werden, konzentriert sich der Dialog nicht auf die zu behebenden Ursachen, sondern auf die Auswirkungen zweiter und dritter Ordnung dieser Ursachen.

Es ist an der Zeit, die wirklich großen Fragen zu stellen und dann den Antworten aufmerksam zuzuhören – nicht nur für unsere Zukunft, sondern auch für die unserer Kinder.

EINLEITUNG: DAS ENDE DER INFLATION

„Die Ideen von Ökonomen und politischen Philosophen, sowohl wenn sie richtig als auch wenn sie falsch sind, sind mächtiger als gemeinhin angenommen wird. In der Tat wird die Welt von wenig anderem beherrscht. Pragmatische Männer, die glauben, von jeglichem intellektuellen Einfluss völlig frei zu sein, sind meist die Sklaven irgendeines abgehalfterten Ökonomen."

JOHN MAYNARD KEYNES *Die Allgemeine Theorie der Beschäftigung, des Zinses und des Geldes* (1936)

TECHNOLOGIE IST DEFLATIONÄR. Das ist keine Mutmaßung. Es ist die Natur der Technologie. Und weil Technologie zunehmend die Welt um uns herum bestimmt, bedeutet dies, dass wir in ein Zeitalter der Deflation eintreten, wie es die Welt noch nie gesehen hat. Die Bedeutung dessen mag uns nicht gefallen, oder vielleicht sind wir nicht bereit für die Veränderungen, die es hervorruft, aber es ändert nichts an den Fakten.

Unsere Wirtschaftssysteme wurden nicht für eine technologiegetriebene Welt entwickelt, in der die Preise ständig fallen. Sie wurden für eine prätechnologische Welt entwickelt, als Arbeit und Kapital untrennbar miteinander verbunden waren, eine Ära, die auf Wachstum und Inflation setzte, eine Ära, in der wir mit Knappheit und Ineffizienz Geld verdienten. Diese Ära ist vorbei. Aber wir tun weiterhin so, als würden diese Wirtschaftssysteme immer noch funktionieren.

Wir befinden uns an einem kritischen Punkt, denn viele unserer Entscheidungen sind in Wirklichkeit wirtschaftliche Entscheidungen. Die meisten Entscheidungen ergeben sich aus den wirtschaftlichen Realitäten: ein Kompromiss zwischen unserem wahrgenommenen Wert und dem Preis. Wir wollen vielleicht umweltbewusster sein und entscheiden uns gleichzeitig für ein Auto, das bequem für uns ist und die Umwelt belastet. Wir wollen vielleicht, dass alle unsere Lebensmittel biologisch sind, sind aber nicht bereit oder in der Lage, die zusätzlichen Kosten dafür zu bezahlen. Unternehmen sind nicht anders. Ein Unternehmen ist nur eine Ansammlung von Menschen, die Entscheidungen treffen mit dem Ziel, ein besseres Geschäft aufzubauen, während sie gleichzeitig im Wettbewerb mit anderen Unternehmen stehen, die dasselbe versuchen. Ein „besseres Geschäft" wird oft durch die harte Realität der Wirtschaft bestimmt – oder durch den Wert, den das Unternehmen seinen Nutzern bringt (egal ob dieser Wert wahrgenommen wird oder real ist). Diese wirtschaftlichen Entscheidungen, um zu konkurrieren und mehr Anteile von knappen Märkten zu gewinnen, ergeben fast alles andere. Von deinem Einkommen und deinem Lebensstil, über deine Möglichkeiten zu reisen und deine Freizeit zu gestalten, bis hin zu der Art und Weise, wie du für deine Familie sorgst, ist die Wirtschaft von fundamentaler Bedeutung für all das.

Gelegentlich lernen wir etwas Neues, das alles uns Bekannte auf den Kopf stellt und dem wir vertrauen. In diesen Momenten bröckelt unser Wissensfundament – und mit ihm viele der Glaubenssätze, die wir darauf aufgebaut haben. Diese Übergänge sind schwer, weil wir unsere Überzeugungen nicht so leicht aufgeben.

Wir befinden uns an einem Scheideweg. Was bisher funktioniert hat, wird in Zukunft nicht mehr funktionieren. Die Technologie bewegt sich zu schnell – und sie wird sich von hier aus nur noch schneller bewegen. Selbst wenn wir es wollten, können wir den Geist nicht zurück in die Flasche stecken. Wir müssen einen neuen Rahmen für unsere lokale und globale Wirtschaft schaffen, und zwar bald, sonst wird dieselbe Technologie, die die Macht hat, uns und unserer Welt Überfluss zu bringen, sie stattdessen zerstören.

Das Einzige, was das Wachstum in der Welt heute antreibt, sind billige Kredite, die in einem Tempo geschaffen werden, das schwer zu begreifen ist. Der Anstieg dieses Kreditvolumens und der entsprechenden Schulden hält uns in einem System gefangen, in dem wir wie Frösche in einem Topf sind, in dem die Hitze des Wassers langsam ansteigt und wir es nicht bemerken. Und während wir versuchen, ein Wirtschaftssystem, das für die Vergangenheit entwickelt wurde, künstlich voranzutreiben, schaffen wir mehr als nur wirtschaftlichen Unfrieden. Auf unserem derzeitigen Weg wird unsere Welt deutlich polarisierter und unsicherer werden.

Die scheinbar zufälligen Ereignisse von Brexit, Trump und einem Anstieg von Populismus und Hass in unserer Welt sind keineswegs willkürlich oder isoliert. Sie ergeben sich alle aus dem Verlust der Hoffnung auf eine bessere Zukunft für große Teile der Bevölkerung.

Diesem Hoffnungsverlust liegt eine neue wirtschaftliche Realität zugrunde, in der nicht nur die Armen von den wirtschaftlichen Gewinnen ausgeschlossen sind. Auch ein Großteil der Mittelschicht fühlt sich in die Enge getrieben. Anstatt dass die Technologie eine fünfzehnstündige Arbeitswoche ermöglicht, wie Keynes es in seinem Essay „Wirtschaftliche Möglichkeiten für unsere Enkelkinder" aus den 1930er Jahren vorhersagte, arbeiten viele Menschen heute länger in Jobs, von denen sie zurecht befürchten, dass sie bald verschwinden werden. Sie sitzen in der Falle und fragen sich, wie sie ihre Familien versorgen und ihre Grundbedürfnisse befriedigen sollen, wenn der nächste Schicksalsschlag kommt. Gleichzeitig erleben wir einen massiven Anstieg der Ungleichheit: In den Vereinigten Staaten besitzen die obersten fünf Prozent der Bevölkerung mittlerweile mehr als zwei Drittel des Vermögens, während die restlichen 95 Prozent der Bevölkerung um ihren Anteil am restlichen Drittel kämpfen.[1] Allein drei Personen – Jeff Bezos, Bill Gates und Warren Buffett – verfügen über mehr Vermögen als 50 Prozent der Bevölkerung.

Es ist einfach, auf die Reichen zu zeigen und ihnen die Schuld zuzuweisen, aber der Fokus sollte stattdessen auf einem kaputten System liegen, das die radikale Ungleichheit verstärkt. Tatsächlich sind sich viele der wohlhabendsten Familien genau dieser Gefahr für die Gesellschaft bewusst und wollen versuchen, sie zu mindern, indem sie sich entweder in die Debatte einmischen und sich Gehör verschaffen bzw. sich in der Philanthropie engagieren. Der Giving Pledge, der zum Zeitpunkt des Verfassens dieses Buches von 204 Gebern unterzeichnet wurde, widmet den Großteil ihres Vermögens dem Zurückgeben. Aber das sollte gar nicht nötig sein.

Die Konzentration des Reichtums war seit den späten 1920er Jahren nicht mehr so hoch. Die Welt wird natürlich unsicherer, wenn große Mengen von Menschen mit zunehmender Angst um ihre eigene wirtschaftliche Zukunft eine enorme Vermögensbildung in den Händen von sehr wenigen Menschen sehen. Dieses Umfeld bietet einen fruchtbaren Boden für Revolutionen. Der Verlust des Vertrauens in Systeme, die eigentlich verlässlich sein sollten, führt vorhersehbar zu Schuldzuweisungen und Spaltung – all das kann auf opportunistische Weise auf Zielgruppen wie Immigranten, religiöse Gruppen, politische Parteien, andere Länder und so weiter umgelenkt werden. Mit anderen Worten: der Populismus explodiert aufgrund eines ungerechten Systems. Es fällt schwer, hierbei nicht den Vergleich zu einem ähnlichen Verlust der Hoffnung und einen Anstieg des Populismus und der Ideologen auf der ganzen Welt in den frühen 1930er Jahren zu ziehen, der letztlich zum Ausbruch des zweiten Weltkriegs führte.

Es ist der gleiche Verlust an Hoffnung, der heute die Wahlen bestimmt. Länder, die sich einst als aufgeklärt betrachteten, sind von hässlicher Fremdenfeindlichkeit zerrissen, und haben sich dem Protektionismus und der Schließung ihrer Grenzen verschrieben. Ganze Bevölkerungsgruppen werden von Politikern beeinflusst, die noch mehr Wut und Polarisierung schüren, indem sie „Wir gegen die"-Narrative kreieren, ohne die eigentlichen Ursachen unserer neuen Realität zu verstehen. Viele von ihnen nutzen die sozialen Medien als mächtige Waffe in ihrem Bestreben, ihre Macht zu festigen. Sie bauen online einflussreiche Gemeinschaften auf, die den Streit auf der Straße anheizen. In Deutschland ist die rechtspopulistische Alternative für Deutschland (AfD) von null Sitzen bei der Wahl 2013 zur größten Oppositionspartei im Parlament im Jahr 2019 herangewachsen. Überall auf der Welt blühen autoritäre Regime auf. Der Trend zu mehr Wohlstandsungleichheit, mehr Polarisierung und mehr Unfrieden ist eine große Bedrohung für unsere gemeinsame Zukunft. Und all das beruht auf derselben Ursache: dem Festhalten an einem Wirtschaftssystem, das für eine andere Zeit entwickelt wurde.

Wie sind wir an diesen Punkt gelangt?
Und wohin bewegen wir uns?

Das Zeitalter der Inflation

Unser ganzes Leben lang haben wir in einer Welt gelebt, in der die Hoffnung auf eine bessere Zukunft eine treibende Kraft in der Wirtschaft war – eine Welt, in der das Wachstum regiert. Unsere Eltern sind in dieser Welt aufgewachsen, und ihre Eltern auch. Das ist es, was wir kennen.

Der amerikanische Traum vertritt die Idee, dass du, egal wer du bist, fast alles erreichen kannst, was du dir vornimmst, wenn du hart genug arbeitest oder innovativ genug bist. Immer besser bezahlte Jobs sind von zentraler Bedeutung für dieses Konstrukt. Wir erwarten, dass wir unsere Karrieren beginnen, mit der Zeit mehr verdienen und hoffentlich gleichzeitig die steigenden Preise überholen. Wenn wir das Glück haben, Vermögenswerte gekauft zu haben, schaffen die steigenden Preise dieser Vermögenswerte aufgrund der Inflation längerfristigen Wohlstand. Wenn wir diese Vermögenswerte durch Schulden hebeln, ist unsere Rendite sogar noch größer, weil die Vermögenswerte im Wert steigen, während die Euros, die wir als Schulden zurückzahlen, im heutigen Euro-Wert gezahlt werden –

und dank der Inflation und dem Wachstum unseres Einkommens aufgrund der Inflation zahlen wir die Schulden zukünftig in Euros zurück, die weniger wert sind.

Der Immobilienmarkt ist das klassische Beispiel für diese Hebelwirkung. Meine Eltern kauften ihr erstes Haus in einem Vorort von Vancouver, Kanada, im Jahr 1977 für 69.000 Dollar. Zu dieser Zeit war das eine große Summe Geld für sie. Aber mit einer Anzahlung von 10.000 Dollar und einer Hypothek von 59.000 Dollar erkannten sie die Vorteile des Kaufs von Vermögenswerten in einem inflationären Umfeld. Ihre Einkommen stiegen im Laufe ihrer Karriere, und mit diesem Anstieg des Einkommens ließ sich die Hypothek von 59.000 Dollar immer einfacher bezahlen. Währenddessen stieg durch die Inflation auch der Wert ihres Hauses: Heute ist es etwa 1,5 Millionen Dollar wert.

Fast jeder Vermögenswert hat die gleiche fundamentale Geschichte, egal ob es sich um Aktien, Rohstoffe oder Kunst handelt. Und es gibt nichts grundlegend Falsches an dieser Gleichung. Sie hat zu enormem Reichtum und Wohlstand geführt. Es stimmt, dass die Besitzer von Vermögenswerten mehr Wohlstand erlangt haben als andere, was zur Ungleichheit beigetragen hat, aber insgesamt hat dieser Prozess einen Großteil der Welt aus der Armut getrieben.

Was passiert jedoch, wenn wir uns nicht mehr auf ein System aus Wachstum und Inflation verlassen können? Was, wenn eine mächtigere Kraft die meisten unserer Bemühungen, Inflation zu schaffen, zunichte macht? Und was ist, wenn wir durch den verzweifelten Versuch, uns an ein veraltetes inflationäres Modell zu klammern, mehr Wohlstandsungleichheit, mehr Polarisierung und mehr Zwietracht in unsere Gesellschaften bringen? Heute befinden wir uns an genau diesem Punkt. Das kontinuierliche Wachstum und die Inflation, die wir erwarten – das System, auf dem wir die Wirtschaft unserer Nationen aufgebaut haben – hört auf zu existieren. Die Technologie ist eine deflationäre Kraft, die so groß ist, dass nichts, was wir tun, sie letztendlich aufhalten kann.

Die schrumpfende Welt der Technologie

Mein erstes Handy bekam ich 1988 von meinem Arbeitgeber geschenkt, als ich eine neue Stelle antrat. Es war ein unglaublich besonderes Geschenk, weil es völlig unerwartet kam. Handys waren 1988 ziemlich selten, und das Motorola 8000 war eines der ersten, das wirklich tragbar war – davor mussten sie in Koffern getragen werden. Das Telefon hatte ungefähr die Größe und das Gewicht eines Ziegelsteins mit einer langen Antenne. Es hatte dreißig Minuten Sprechzeit, bevor es für zehn bis zwölf Stunden aufgeladen werden musste, und es kostete etwa 2.000 Dollar. Meine Freunde wollten damit telefonieren, nur um zu sagen, dass sie mit einem Handy telefonierten, und ich versuchte, ihre Sprechzeiten zu begrenzen, denn Anrufe kosteten 1,50 Dollar pro Minute. Keine SMS, keine Apps, keine Daten, nur Anrufe – aber die Möglichkeit zu telefonieren, wann immer ich wollte, anstatt zu versuchen, einen Vierteldollar und ein Münztelefon zu finden, war revolutionär. Meine erste Handyrechnung, mit Roaming-Gebühren, belief sich auf etwa 1.200 Dollar. Ich erinnere mich noch genau daran, denn es war eine enorme Menge Geld zu dieser Zeit in meinem Leben. Aber für mich war 1988 die Technologie endgültig angekommen.

Das war vor etwas mehr als dreißig Jahren, und es ist absolut atemberaubend, wie weit wir inzwischen gekommen sind.

Nimm dein Smartphone heraus. Wie groß ist es? Wie viel hat es gekostet? Wie viel kostet die Benutzung? Was kann es alles tun?

Genau diese deflationäre Kraft hat unsere Telefone billiger und leistungsfähiger gemacht: Sie hat dein Telefon in eine Kamera, eine Taschenlampe, eine Landkarte, ein Maßband, einen Kalender, ein Portemonnaie, einen Gitarrenstimmer und eine Million weiterer Dinge verwandelt. Alles kostenlos oder fast kostenlos.

Wenn wir Technologie nutzen, gibt es einen exponentiellen Effekt in ihrer Leistung oder Fähigkeit im Verhältnis zu ihrem Preis. Wir bekommen einen viel größeren Nutzen und der Preis sinkt weiter. Der Überfluss, den sie in unser Leben bringt, ist schier unglaublich und er ist überall um uns herum. In Kapitel 4 werden wir eingehend erforschen, was diesem außergewöhnlichen Leistungsgewinn zugrunde liegt. Aber wir brauchen nur einen Blick auf unsere Telefone zu werfen, um ein einleuchtendes Bild von den deflationären Auswirkungen der Technologie zu bekommen.

Deflation bedeutet, einfach ausgedrückt, dass du mehr für dein Geld bekommst – und umgekehrt bedeutet Inflation, dass du weniger für dein Geld bekommst. Bei einer Deflation wird eine Währung wertvoller, weil ihre Kaufkraft im Verhältnis zu Waren und Dienstleistungen steigt. Bei der Inflation ist es genau umgekehrt: Die Preise für Waren und Dienstleistungen steigen und somit ist der Wert einer Währung geringer, da die Kaufkraft abnimmt.

Deflation ist nicht per se gut oder schlecht. Es kommt nur darauf an, wo du dein Geld anlegst. Auf jeder Seite der Gleichung gibt es Gewinner und Verlierer. Bei Inflation gewinnen die Besitzer von Vermögenswerten, da die Euros in der Zukunft weniger wert sind und man daher mehr Euros braucht, um später Vermögenswerte zu kaufen – wie bei meinen Eltern und ihrem ersten Haus. Bei einer

Deflation sind die Besitzer von Währungen die Gewinner, da ihre Dollars in der Zukunft mehr Güter und Dienstleistungen kaufen können als heute.

Das Problem ist, dass wir immer noch denken, dass die Deflation auf Teilbereiche unserer Wirtschaft beschränkt ist – dass wir weiterhin mehr elektronische Leistung in unseren Geräten für weniger Geld bekommen, während wir in den sonstigen Bereichen unseres Lebens die Vorteile der Inflation genießen. Und wir betrachten Technologie immer noch durch eine schmale Linse, als ob sie nur etwas ist, das unsere Smartphones antreibt.

Selbst wenn wir noch ein wenig weiter herauszoomen, denken wir bei der Technologiebranche oft an Giganten wie Apple, Google, Microsoft, Facebook, Amazon und in China an Tencent, Baidu und Alibaba. Wir merken oft gar nicht, dass es dieselbe deflationäre Kraft in diesen Unternehmen ist, die wir bei der Nutzung ihrer Dienste bejubeln, oft ohne überhaupt darüber nachzudenken. Ob es nun die kostenlosen und reichhaltigen Informationen sind, die Google zur Verfügung stellt, oder die immer niedrigeren Preise und der zunehmende Service von Amazon: wir bekommen immer mehr für immer weniger.

Aber Technologie hat noch weitreichendere und wichtigere Verzweigungen. Technologie ist keine Branche, die auf unsere Telefone oder Google-Suchen oder Dinge, die wir bei Amazon kaufen, beschränkt ist. Technologie bahnt sich ihren Weg in alles. Sie ist zunehmend das Rückgrat jeder Industrie und jedes Unternehmens. Wenn du in naher Zukunft kein technologiebasiertes Unternehmen bist, wirst du wahrscheinlich bald gar kein Unternehmen mehr sein.

Wenn also die Technologie ihren Weg in jede Industrie findet, warum sollten wir dann davon ausgehen, dass wir in einigen Bereichen von der deflationären Kraft profitieren, aber überall sonst Inflation erleben? Wenn dieselbe Technologie, die uns in unseren Smartphones Überfluss beschert hat, nun in so gut wie jeder Branche Einzug hält, sollten wir dann nicht sowohl Überfluss als auch Preisdeflation in allem um uns herum erwarten?

Wenn alles – nicht nur Telefone oder Internetfirmen, sondern alles – viel mehr Leistung bietet und gleichzeitig im Preis fällt, könnte eine Familie, die in diesem Jahr 75.000 Euro verdient und damit kämpft, über die Runden zu kommen, im nächsten Jahr 70.000 Euro verdienen und mit diesem Geld auskommen. Und in einigen Jahren würde sie dann 60.000 Euro verdienen und es würde ihnen noch mehr bleiben, durch den natürlichen deflationären Trend in der Technologie, immer mehr für immer weniger zu bekommen. Das würde uns erlauben, aus der bestehenden Tretmühle der Jagd nach immer höheren Preisen auszusteigen, die immer höher bezahlte Jobs erfordern, um Schritt zu halten.

Das mag radikal klingen, aber wenn die Technologie deflationär ist und wir erwarten, dass die Technologie weiter in immer mehr Branchen vordringt, ist es vielleicht gar nicht radikal. Diese Erwartungshaltung könnte durchaus vernünftig sein.

Es gibt nur ein Problem: Wenn die Technologie alles billiger machen sollte, warum wird dann das Leben teurer?

Reaktionäre Wirtschaftspolitik

Überall auf der Welt steigen die Preise für Mieten, Wohnungen, Kraftstoff, Lebensmittel und viele andere Posten und halten uns in einem Hamsterrad der Arbeit. Für jeden, der in diesem Umfeld lebt, ist es fast unmöglich, an eine Deflation oder den damit möglichen Wohlstand zu glauben.

Doch dieser Preisanstieg ist künstlich, angetrieben durch einen enormen Anstieg von Krediten und Schulden.

Regierungen und Zentralbanken werden fast alles tun, um eine Deflation zu verhindern. Inflationsziele, die in der Regel bei 2 Prozent liegen, sind öffentlicher Bestandteil ihrer Mandate, zusammen mit einer Mischung aus immer wilderen Ideen, um die Inflation am Laufen zu halten. Jegliches reale Wachstum, das die Welt gesehen hat, ist nur auf eine beispiellose Ausgabenwut zurückzuführen, die durch billige Kredite und Schulden angeheizt wurde, die verdecken, was wirklich unter der Oberfläche passiert. Das Problem kommt von dem Glauben, dass wir die Deflation und die natürliche Ordnung der Dinge aushebeln können, indem wir mehr und mehr Schulden machen. Es ist ein bisschen so, als würde man versuchen, mit den Armen zu flattern, um die Schwerkraft zu bekämpfen: Die Schwerkraft wird gewinnen. Selbst ein Flugzeug, das gewaltige Energie aufwendet, um in der Luft zu bleiben, muss irgendwann landen.

Um die Höhe der Schulden in der Welt zu messen, ist es wichtig, die Gesamtverschuldung von Regierungen, Personen oder Unternehmen in Relation zu ihrem Einfluss auf das Gesamtwachstum des Bruttoinlandsprodukts (BIP) zu setzen. Andernfalls kann man leicht durch Taschenspielertricks über ein langsameres Schuldenwachstum in einem Teilbereich der Wirtschaft getäuscht werden, das durch schnell steigende Schulden in einem anderen Teilbereich ausgeglichen wird. Zum Beispiel bringt eine Regierung ihre Schulden unter Kontrolle, indem sie ein Programm nicht mehr finanziert, aber dieser Finanzierungsstopp führt dazu, dass sich die Schulden bei den Verbrauchern, die das Programm benötigen, schneller anhäufen; nur anhand der Gesamtverschuldung erkennt man die wirklichen Auswirkungen auf das BIP.

Es gibt bereits jetzt zu viele Schulden in der Welt, was paradoxerweise das Problem schwieriger zu lösen macht. Schulden in Kombination mit Deflation ist eine toxische Mischung, denn die Kreditnehmer müssen für ihre Zinszahlungen das Gleiche bezahlen, während sie weniger verdienen. Das erhöht den realen Wert der Schulden und macht es unwahrscheinlicher, dass sie jemals zurückgezahlt werden. Die Zahlungsausfälle steigen und Kredite fallen aus, was zu schweren wirtschaftlichen Depressionen führt.

Im Jahr 2000 betrug die Gesamtverschuldung in der Welt etwa 62 Billionen US-Dollar. Zur gleichen Zeit betrug die weltweite Wirtschaftsleistung im Jahr 2000 etwa 33,5 Billionen US-Dollar. Seit 2000 ist die Weltwirtschaft von 33,5 Billionen US-Dollar auf etwa 80 Billionen US-Dollar gewachsen, aber um dieses Wachstum zu erreichen, ist die Gesamtverschuldung auf über 247 Billionen US-Dollar im dritten Quartal 2018 angewachsen, so das Institute of International Finance. Mit anderen Worten, es hat ungefähr 185 Billionen US-Dollar an globalen Schulden gebraucht, um 46 Billionen US-Dollar an globalem Wachstum zu erzielen.

Wenn wir aufhören würden, diese Schulden zu machen und sie mit einer Rate von 1.000 Dollar pro Sekunde zurückzahlen würden, würde es fast 8.000 Jahre dauern. Stattdessen häufen wir sie immer weiter an. Und es wird sogar noch schlimmer – wenn es erforderlich war, 185 Billionen Dollar Schulden zu machen, um nur 46 Billionen Dollar Wachstum zu erhalten, dann werde ich in Kapitel 4 zeigen, warum es mindestens doppelt so viele Schulden braucht, um weitere 46 Billionen Dollar Wachstum zu generieren.

Ich stelle es mir recht amüsant vor, zur Bank zu gehen, um einen Kredit zu beantragen und diese großartige Idee zu pitchen, bei der ich für jeden 1,00 € Wachstum 4,00 € an Schulden hinzufügen würde. Selbst wenn ich den gesamten Gewinn von 1,00 € mit 100 Prozent besteuern würde, würde der eine Euro mir niemals erlauben, meinen ursprünglichen Kredit zurückzuzahlen. Die Fata Morgana des Wachstums ist heute nichts anderes als ein schuldengetriebenes Kaufrausch.

Schuldenbasierte Ausgaben sind nicht immer schlecht. Oftmals können Schulden genutzt werden, um intelligent zu wachsen, indem man kluge langfristige Investitionen finanziert. Ein Unternehmen, das sich verschuldet, um in die Automatisierung zu investieren, gewinnt einen Vorteil gegenüber seinen Konkurrenten und kann die Schulden dank der Automatisierung mit einer besseren Rendite in der Zukunft zurückzahlen. Aber wenn ein Unternehmen ständig mehr ausgibt, als es einnimmt, oder seine Schulden in Dinge investiert, die keine wirtschaftliche Rendite abwerfen, werden die Schulden zu einer Belastung für das zukünftige Wachstum, da die aktuellen Gelder verwendet werden müssen, um die Kosten für den Zinsdienst oder die Zahlungen zu decken. Irgendwann wird die Last der Schulden unerträglich und das Unternehmen ist gezwungen, umzustrukturieren oder den Betrieb zu schließen – was zwar die gesamten Schulden auslöscht, aber wiederum den Schuldnern schadet.

Im Großen und Ganzen verhält es sich in einer Volkswirtschaft genauso. Die Wirtschaft kann aufgrund der gleichen Hebelwirkung oder des angewandten Kredits schneller wachsen, indem die Nachfrage angekurbelt wird und das, was heute ausgegeben werden kann, auf Kosten einer zukünftigen Rückzahlung erhöht wird. Die Menschen und Haushalte haben mehr Geld, also geben sie mehr davon aus, und die Unternehmen und Volkswirtschaften wachsen mit einer schnelleren Rate. Aber dieses Geld muss zurückgezahlt werden ... so oder so.

Ist es da ein Wunder, dass die größten Akteure an den Finanzmärkten heute nicht auf das Wachstum der Unternehmen wetten, sondern auf die Marschrichtung der Zentralbanker und Regierungen in Bezug auf die Geldpolitik? Auf der einen Seite haben wir diese enorme deflationäre Kraft, die von der Technologie angetrieben wird, und auf der anderen Seite haben wir eine Kraft, die versucht, ihr entgegenzuwirken. Diese Kraft ist die Gelddruckerei.

In seinem Buch *Principles: So navigieren Sie Ihr Vermögen durch große Schuldenkrisen* verwendet Ray Dalio durch viel Recherche und Marktkenntnis Daten aus früheren Schuldenkrisen, um zu untersuchen, welche Auswirkungen es für die Regierungspolitik hat, wenn die Schulden aus dem Ruder laufen. Dalio macht einen großartigen Job, indem er die Komplexität der Märkte in eine leicht verständliche und wertvolle Lektüre destilliert. Wenn die Schulden zu groß werden, geschieht in seinen Worten Folgendes:

Es gibt vier Hebel, an denen die Politik ansetzen kann, um die Verschuldung und die Höhe des Zinsdienstes auf die für den Zinsdienst erforderlichen Einnahmen und Cashflows zu senken:

1. Sparen – weniger ausgeben
2. Ausfälle/Umstrukturierung von Schulden
3. Drucken von Geld oder anderen Garantien durch die Zentralbank
4. Transfers von Geld von denen, die mehr haben als sie brauchen, an diejenigen, die weniger haben (viel höhere Steuern für die Reichen)[2]

Dalio kommt zu dem Schluss, dass am Ende „die Politik immer druckt. Das liegt daran, dass Sparpolitik mehr Schmerz als Nutzen verursacht, große Umstrukturierungen zu schnell zu viel Reichtum vernichten und Transfers von Reichtum von den Besitzenden zu den Nichtbesitzenden ohne Revolution nicht in ausreichendem Maße stattfinden."[3] Und ich stimme mit Dalio überein, dass es sehr wahrscheinlich ist, dass die politischen Entscheidungsträger wieder drucken werden, während die Regierungen auf der ganzen Welt versuchen, das Problem weiterhin vor sich herzuschieben. Ich glaube nur nicht, dass das dieses Mal die richtige Lösung ist. Es wird die Dinge nur noch schlimmer machen.

Was jedoch keine historische Aufzeichnung früherer Schuldenkrisen aufzeigen konnte, ist die enorme deflationäre Kraft der Technologie. Es ist dieses Mal anders als historische Umbrüche wie die industrielle Revolution, und außerdem hat es gerade erst begonnen. Der größte Teil der Deflation liegt noch vor uns. Diese deflationäre Kraft, kombiniert mit einem globalen Markt, in dem alle staatlichen Akteure Wachstum und besser bezahlte Arbeitsplätze in ihren eigenen Volkswirtschaften vorantreiben müssen, lässt uns auf eine Zukunft ohne Präzedenzfall zusteuern, in der die Regeln neu geschrieben werden müssen.

Technologie an sich ist weder gut noch schlecht. Auch die deflationären Effekte, die sie mit sich bringt, sind es nicht. Unsere Regierungssysteme bestimmen, wie sie genutzt wird. Zumindest in der heutigen Zeit wird Technologie noch von Menschen entworfen und kann genutzt werden, um viel Gutes in der Welt zu tun und Wohlstand zu bringen: eine Welt, in der wir alle viel mehr für weniger bekommen. Aber heute ist es für jeden Einzelnen, geschweige denn für diejenigen außerhalb der Technologiebranche, schwierig, mit der Wachstumsrate der Technologie Schritt zu halten. Wir können mit Sicherheit behaupten, dass die Technologie, die wir heute um uns herum sehen, primitiv ist im Vergleich zu dem, was im Anrollen ist. Wir beginnen, ein ganz neues Spiel zu spielen, eines, bei dem viele Spielregeln das Gegenteil von dem sind, was wir kennen.

Jedes Spiel hat Gewinner und Verlierer. Ähnlich ist es, wenn wir das Spiel des Lebens betrachten: einige Menschen gewinnen häufiger als andere, und das ist in Ordnung. Leidenschaft, Risikobereitschaft, Erfindungsreichtum, harte Arbeit und Klugheit sollten belohnt werden. Die monumentale Herausforderung für jede Gesellschaft beginnt dann, wenn ein wirtschaftliches Spiel zu Gunsten einiger weniger manipuliert wird, während andere benachteiligt werden. Und wenn die Benachteiligten erkennen, dass sie ein Spiel spielen, das nicht gewonnen werden kann.

Das ist der Punkt, an dem wir uns heute in der Welt befinden, und auch wenn die meisten Menschen nicht wissen, warum, steigt die Unzufriedenheit. Die Besitzer von Vermögenswerten und diejenigen, die Zugang zu Schulden und Fremdkapital haben, sind die großen Gewinner. Das gilt auch für Technologieunternehmen, die dadurch Monopole schaffen, die größer sind, als es in der Vergangenheit jemals möglich war. Aber das hat seinen Preis. Der Preis ist der Populismus, der auf der ganzen Welt zunimmt. Und dieser Preis wird in Zukunft explodieren.

Im nachfolgenden Teil dieses Buches werde ich die Situation eingehend beleuchten: wie wir an diesen Punkt gelangt sind, wohin wir uns von hier aus bewegen werden und was wir dagegen tun können. Bereite dich darauf vor, herausgefordert zu werden.

1

WIE DIE WIRTSCHAFT FUNKTIONIERT, TEIL 1: GELD DRUCKEN

ICH HABE KÜRZLICH mit Chen Fong zu Abend gegessen, einem Freund aus dem Creative Destruction Lab, wo wir zahlreiche Technologie-Start-ups betreuen, in sie investieren und sie beraten. Er ist zudem emeritierter Professor an der medizinischen Fakultät der Universität von Calgary, Mitbegründer von Calgary Scientific und Mitglied des Order of Canada. Zusätzlich zu den etwa fünfzig Unternehmen, die Chen betreut und in die er investiert, findet er immer noch die Zeit, in sechs karitativen Gremien zu sitzen. Es war, gelinde gesagt, ein sehr ansprechender Abend mit einem tiefgründigen Denker. Während des Essens und nach ein paar Gläsern Wein drehte sich das Gespräch um die zunehmende Ungleichheit auf der Welt. Chen erzählte mir eine Geschichte über seine Schwiegereltern.

Es war kurz nach der Finanzkrise 2008. Chen hatte keinen Grund davon auszugehen, dass seine Schwiegereltern besorgt waren.

Sie waren über achtzig und finanziell abgesichert. Der Crash hatte ihren Lebensstil nicht beeinträchtigt. Aber sie beobachteten die Reaktion der Regierungen auf der ganzen Welt auf die Krise, und sie erinnerten sich daran, dass sie das schon einmal erlebt hatten. Er fragte sie, warum sie besorgt waren. Ihre Antwort blieb bei ihm hängen:

„Erst Währungskriege, dann Handelskriege, dann echte Kriege."

Vermutlich war das, was Chens Schwiegereltern sahen, die Wiederholung eines Szenarios, das vor rund achtzig Jahren zu Extremismus, politischen Umwälzungen und schließlich zu einem Weltkrieg führte. Dieses Szenario war die zunehmende Ungleichheit und der Verlust der Hoffnung in großen Teilen der Bevölkerung, was es aufsteigenden Politikern erlaubte, diesen Keil für eine Polarisierung zu nutzen und Protektionismus und Nationalismus voranzutreiben.

Was die Experten missverstehen

Wir wissen, dass 2008 kein gewöhnlicher Wirtschaftsabschwung war. Es war auch keiner, den die Mehrheit des wirtschaftlichen Establishments kommen sah. Die Experten erwarteten, dass die Welt so weiterlaufen würde, wie sie es gewohnt waren, bis sie sich weit jenseits des Randes der Klippe befanden:

15. November 2005

„Im Hinblick auf ihre Sicherheit werden Derivate größtenteils zwischen sehr erfahrenen Finanzinstitutionen und Einzelpersonen gehandelt, die einen beträchtlichen Anreiz haben, sie zu verstehen und sie richtig einzusetzen. Die Verantwortung der Federal Reserve ist es, sicherzustellen, dass die Institutionen, die sie reguliert, gute Systeme und gute Verfahren haben, um sicherzustellen, dass ihre Derivatportfolios gut gemanagt werden und keine übermäßigen Risiken in ihren Institutionen schaffen."

BEN BERNANKE Confirmation Hearing im Senat

15. November 2005

„Wir hatten noch nie einen Rückgang der Hauspreise auf landesweiter Basis. Also denke ich, dass es wahrscheinlicher ist, dass die Hauspreisentwicklung sich verlangsamt, sich vielleicht stabilisiert, vielleicht die Konsumausgaben ein wenig bremst. Ich denke aber nicht, dass es die Wirtschaft allzu weit von ihrem Vollbeschäftigungspfad wegbringen wird."

BEN BERNANKE im Interview mit CNBC

14. Februar 2007

„Die konjunkturelle Schwäche am Häusermarkt und der langsamere Anstieg der Hauspreise scheinen nicht in nennenswertem Umfang auf andere Sektoren der Wirtschaft übergeschwappt zu sein."

BEN BERNANKE halbjährlicher Monetary Policy Report an den Kongress

17. Mai 2007

„Wir erwarten keine signifikanten Spillover-Effekte vom Subprime-Markt auf den Rest der Wirtschaft oder das Finanzsystem."

BEN BERNANKE Rede in Chicago

4. September 2007

„Es ist nicht die Aufgabe der Federal Reserve – und es wäre auch nicht angemessen – Kreditgeber und Investoren vor den Konsequenzen ihrer finanziellen Entscheidungen zu schützen."

BEN BERNANKE im Interview mit CNBC

10. Januar 2008

„Die Federal Reserve prognostiziert derzeit keine Rezession."

BEN BERNANKE im Interview mit CNBC

16. Juli 2008

„Fannie Mae (Federal National Mortgage Association) und Freddie Mac (Federal Home Loan Mortgage Corporation) sind gut kapitalisiert und nicht in Gefahr zu scheitern."

BEN BERNANKE spricht vor dem Kongress

18. September 2008

„Wir sind in Gefahr eines breiten systemischen Zusammenbruchs, und es muss dringend gehandelt werden, um ihn abzuwenden.

Wir brauchen die Autorität, um mehrere hundert Milliarden auszugeben."

HANK PAULSON im Oval Office

18. September 2008

„Die Art von finanziellem Zusammenbruch, vor dem wir jetzt stehen, wird immer von einer tiefen, langen Rezession gefolgt... Wenn wir nicht in der Lage sind, dies abzuwenden, wird die nächste Generation von Ökonomen nicht über die dreißiger Jahre schreiben, sondern über das hier."

BEN BERNANKE im Oval Office

28. Oktober 2008

„Die Abwärtsspirale der Konjunkturdaten ist haarsträubend. Es wird überdeutlich, dass wir uns inmitten einer ernsthaften globalen Kernschmelze befinden."

JANET YELLEN Federal Reserve Transkripte[4]

Einer der wenigen Ökonomen, die das Geschehen zu dieser Zeit richtig vorhersagten, war Nouriel Roubini, ein Wirtschaftsprofessor an der New York University. Im Jahr 2006, zwei Jahre vor dem Zusammenbruch von Lehman Brothers und der Rettung des Finanzsystems, stand Roubini „vor einem Publikum von Ökonomen beim Internationalen Währungsfonds und verkündete, dass sich eine Krise zusammenbraut."

> In den kommenden Monaten und Jahren, so warnte er, werden die Vereinigten Staaten wahrscheinlich eine einmalige Immobilienpleite, einen Ölschock, ein stark sinkendes Konsumentenvertrauen und letztendlich eine tiefe Rezession erleben. Er skizzierte eine düstere Abfolge von Ereignissen: Hausbesitzer, die ihre Hypotheken nicht mehr bedienen können, Billionen von Dollar an hypothekenbesicherten Wertpapieren, die sich weltweit auflösen, und das globale Finanzsystem, das ins Wanken gerät. Diese Entwicklungen, so fuhr er fort, könnten Hedgefonds, Investmentbanken und andere große Finanzinstitutionen wie Fannie Mae und Freddie Mac lähmen oder gar zerstören.[5]

Der Fairness halber sollte erwähnt werden, dass Roubini in der Vergangenheit des Öfteren eine Rezession nicht erkannt hatte. Aber dieses Mal lag er richtig. Jahre der lockeren Kreditvergabe, gepaart mit finanztechnischer Zauberei, schufen eine noch nie dagewesene Immobilienblase in den Vereinigten Staaten. Als sich der Immobilienmarkt aufzulösen begann, lösten sich auch die Zusammenhänge auf, die den Anstieg verursacht hatten. Diese Verflechtungen waren von globaler Natur und drohten das gesamte Wirtschaftssystem zum Einsturz zu bringen.

Es war nicht der Immobilienmarkt selbst, der die Blase von 2008 verursachte. Wenn es nicht der Wohnungsbau gewesen wäre, dann wären die billigen Kredite in irgend einen anderen Sektor geflossen. Der kontinuierliche Anstieg von Schulden, die nicht zurückgezahlt werden können, war das Herzstück der Immobilienkrise und wird auch das Herzstück der nächsten Krise sein. Eine Blase platzt, wenn die Menschen aufwachen und erkennen, dass die Schulden niemals zurückgezahlt werden können. An diesem Punkt werden die Kredite gestrichen – und weil billige Kredite die Hauptursache für den Anstieg waren, brechen die Vermögenswerte zusammen. Das ist es, was in den frühen 2000er Jahren zur Blase bei den Technologieaktien führte. Es ist das, was zur Krise in Griechenland und zur aktuellen Krise in Venezuela geführt hat.

Viele Menschen glauben, dass das System jetzt viel sicherer ist. Dass wir Sicherheitsvorkehrungen mit Finanzkontrollen haben, um uns vor einem Zusammenbruch wie 2008 zu schützen. Und dass die Ursache gut verstanden wurde, zu viele Kredite an Einkommensschwache für den Wohnungsbau und toxische Vermögenswerte, die damit gekoppelt sind, zu gewähren. Wenn du das glaubst, wirf noch einmal einen Blick auf die Zeitleiste oben, um zu sehen, was die Experten im Vorfeld der Krise gesagt haben. Während der Immobilienmarkt selbst vielleicht sicherer geworden ist, ist es das System nicht.

Da die Kreditvergabe weltweit weiter voranschreitet, ist es wie in einem Hütchenspiel, bei dem man erraten kann, wo die nächste Krise ihren Ursprung haben wird. Tatsächlich verlagert sich das Hütchenspiel nun auf die Währungen selbst und das gesamte Wirtschaftssystem, das auf ihnen aufgebaut ist.

Ein Finanzsystem, das auf Kredit basiert, ist nur ein Tausch von heutigem Geld gegen zukünftiges Geld. Ich gebe dir heute Euros und verliere vorübergehend den Nutzen meines Geldes im Austausch dafür, dass ich später mehr davon haben werde. Tatsächlich haben wir aber den umgekehrten Fall: den Nutzen von mehr Geld heute und weniger morgen, wenn man den Kredit mit Zinsen zurückzahlt.

Dieses System basiert auf Vertrauen – Vertrauen, dass du das bezahlst, was du versprochen hast zu bezahlen. Es ist das gleiche, ob dieses Vertrauen in eine Person, ein Unternehmen oder eine Regierung besteht. Nimmt man das Vertrauen weg, wirkt sich das auf die Kreditwürdigkeit einer Person oder eines Unternehmens aus. Nimmt man das Vertrauen aus einem System heraus, kann das ganze System sehr schnell zusammenbrechen.

Die Welt im Gleichgewicht

Die Weltwirtschaft kann als eine große Volkswirtschaft betrachtet werden, die durch Vertrauen, Verflechtungen, Geldbewegungen und Schulden angetrieben wird. Das bedeutet, dass das Bruttoinlandsprodukt (BIP) eines einzelnen Landes nicht isoliert betrachtet werden kann.

Es gibt vier Komponenten, aus denen sich das BIP zusammensetzt:[6]

1. Konsumausgaben oder persönlicher Bedarf (C)
2. Investitionen (I)
3. Nettoexporte (X)
4. Staatsausgaben (G)

Die mathematische Formel zur Berechnung der Komponenten des BIP (Y) ist einfach: $Y = C + I + X + G$. Das BIP setzt sich aus dem Zusammenspiel dieser vier Komponenten zusammen. Die Länder setzen vor allem auf unterschiedliche Hebel, weil die Inputs miteinander konkurrieren. Das BIP sagt uns, wie jedes Land die vier Inputs zusammen managt. Als Nebenprodukt dessen verrät es uns auch, worauf eine Regierung mehr Wert legt, um ihre Wirtschaft und

Arbeitsplätze voranzutreiben. Länder mit höherem Einkommen verlassen sich in der Regel auf den Konsum als Haupttreiber des BIP-Wachstums, während Länder mit niedrigerem Einkommen eher auf den Nettoexport angewiesen sind. Diese Faktoren konkurrieren miteinander: In Ländern mit höherem Einkommen steigen natürlich die Konsumausgaben, aber weil die Arbeitsplätze dort besser bezahlt werden, sind die Exporte in andere Länder teurer und somit benachteiligt.

Das bedeutet auch, dass es völliger Unsinn ist, wenn Politiker von Handelsüberschüssen oder -defiziten mit ihren Handelspartnern sprechen und dabei nur einen Teil der Gleichung betrachten. Mathematisch gesehen muss die Handelsbilanz der Welt gleich Null sein: Für jeden Käufer muss es einen Verkäufer geben und für jeden Verkäufer einen Käufer.

Schauen wir uns als Beispiel die Handelsbeziehung zwischen den USA und China an. China hat ein Handelsdefizit mit den Vereinigten Staaten, was bedeutet, dass die Vereinigten Staaten mehr aus China importieren als sie dorthin exportieren. Viele, darunter auch der aktuelle Präsident der USA, behaupten, dass dies unfair ist.

Im Folgenden wird dargestellt, wie sich das Gleichgewicht zwischen den beiden Ländern tatsächlich darstellt. Fast 70 Prozent des Bruttoinlandsprodukts der Vereinigten Staaten bestehen aus Konsumausgaben; in China machen die Konsumausgaben nur etwa 30 Prozent des BIP aus. In China erfordert die Förderung der Produktion die Aufrechterhaltung niedrigerer Löhne (im Vergleich zur Welt), steuerliche Anreize für Produktion und Vertrieb und Investitionen in die Automatisierung, um eine Produktion zu erreichen, die es ihren Exporten ermöglicht, auf dem Weltmarkt zu gewinnen. Umgekehrt benötigen die Vereinigten Staaten, um die Konsumausgaben von 70 Prozent der Wirtschaft zu halten, relativ gesehen höhere Löhne, eine hohe Kreditschöpfung mit niedrigen Zinsen (Schulden, um diese erhöhten Ausgaben zu finanzieren) und niedrigere Steuern. Donald Trumps Steueranreize, die am 2. November 2017 in Kraft traten, hatten den Effekt, dass sie 1) die Verbraucherausgaben und das Wachstum der Wirtschaft erhöhten – mit anderen Worten: Ich gebe dir mehr Geld, damit du es ausgibst, was das kurzfristige Wachstum des BIP und der Arbeitsplätze antreibt; dies erhöhte 2) das Handelsdefizit mit China, da die Verbraucher mehr importierte Produkte kauften, und es erhöhte auch 3) das US-Haushaltsdefizit im Jahr 2018 auf fast 800 Milliarden Dollar. Über zehn Jahre hinweg schätzt das Congressional Budget Office, dass allein die Steuersenkungen den USA zusätzliche 2,28 Billionen Dollar an Staatsschulden bescheren werden.

Jedes Land hält also eine Politik aufrecht, die die eigene Seite der Gleichung mit staatlicher Hilfe begünstigt. Wenn sich eine dieser Variablen in einer der beiden Volkswirtschaften zu schnell ändert, bricht das Chaos aus und der größte Teil der jeweiligen Wirtschaft bricht zusammen.

Dieses Gleichgewicht zu verstehen und informierte Entscheidungen zu treffen ist wichtig, denn wir leben alle in der gleichen Welt; jede Seite einer Beziehung beeinflusst die andere. Eine wachsende Verbraucherschicht in China könnte sehr wohl dazu beitragen, die Weltwirtschaft anzukurbeln, aber dafür müssen die chinesischen Arbeiter besser bezahlt werden. Und wenn amerikanische Arbeiter nach China verkaufen wollen, werden sie weniger verdienen müssen. Ich bin mir sicher, dass viele Menschen in den USA, die von Chinas Rolle als Produzent frustriert sind, die 996 Arbeitswochen (9 Uhr morgens bis 9 Uhr abends, 6 Tage pro Woche) für Durchschnittslöhne von 1.400 Dollar pro Monat nicht akzeptieren würden, die viele ihrer chinesischen Pendants haben.

Das gleiche Kräfteverhältnis ist auf der ganzen Welt zu beobachten. Als die Europäische Union eine gemeinsame Währung einführte, gab der Euro Griechenland, Italien, Spanien, Portugal und anderen Ländern, die zuvor eine niedrigere Währung hatten, mehr Kaufkraft. Die Menschen in Griechenland konnten zum Beispiel mehr von Deutschland kaufen, das der drittgrößte Exporteur der Welt ist. Deutsche Banken waren glücklich, Kredite an Griechenland zu vergeben, und beide Länder wuchsen schnell – das eine wegen der Exporte, das andere wegen der Konsumausgaben. Deutsche Banken gaben Griechenland deutsches Geld, um damit Güter von Deutschland zu kaufen, mit der Erwartung, dass Deutschland später noch mehr Geld zurückbekommen würde – was Griechenland irgendwie aufbringen müsste. Als klar wurde, dass Griechenland nicht in der Lage sein würde, das Geld zurückzuzahlen, wurde Griechenland in eine Krise gezwungen. Wäre Griechenland aus den Krediten ausgestiegen, hätte nicht nur Griechenland darunter gelitten. Die deutschen Banken, die für die Kredite bürgten, hätten sie abschreiben müssen, was die deutsche Wirtschaft ausgebremst hätte.

Das geschieht auch zwischen China und den USA, aber nicht so, wie du vielleicht denkst. China hat als Folge des Handels US-Staatsanleihen gekauft. Es besitzt mittlerweile mehr als 1,1 Billionen Dollar an US-Reserven und steht an der Spitze der weltweiten Liste der Inhaber von US-Staatsanleihen. Ähnlich wie bei Deutschland, das Griechenland Geld leiht, kann man dies als Händlerfinanzierung betrachten, wie du sie vielleicht von einem Autohändler bekommst: Ich stelle dir billiges Kapital zur Verfügung, damit du meine Waren kaufst, und ich verdiene auf lange Sicht gesehen mehr. Es hilft auch, einen US-Markt für Chinas Exporte zu sichern, indem man die Zinsen niedrig hält, so dass die Verbraucher mehr ausgeben. Aber China kann vernünftigerweise nicht aufhören, Staatsanleihen zu kaufen, ohne seine eigene Wirtschaft kollabieren zu lassen, denn dann würden sich die Zinsen in den USA deutlich nach oben bewegen und die Konsumausgaben abwürgen, was wiederum Chinas Wirtschaft zusammenbrechen lassen würde. Es ist eine Rückkopplungsschleife in vernetzten Volkswirtschaften.

Und ohne anhaltende schuldengetriebene Ausgaben wäre es so, als würde man eine Stecknadel in einen Ballon stecken, denn das Wachstum würde zusammenbrechen und wir würden plötzlich bemerken, was schon die ganze Zeit da war. Den natürlichen Trend der technologischen Deflation.

Wenn Volkswirtschaften und gut bezahlte Arbeitsplätze in Gefahr sind, ist es in der Politik jedoch am einfachsten, die Schuld auf Außenstehende zu schieben oder die Situation zu manipulieren, um kurzfristige Vorteile zu erlangen – und die Sache auf die lange Bank zu schieben. Dies ignoriert die Auswirkungen des technologischen Wachstums und dient nur dazu, mehr globale Spannungen zu erzeugen. Arbeitsplätze im Kohlebergbau wiederherzustellen, während Kohlenwasserstoffe durch erneuerbare Energien ersetzt werden, ist so, als würde man mehr Hufschmiede ausbilden, während die Pferdekutsche durch das Automobil ersetzt wird. Es geht nicht auf die eigentliche Ursache für das Verschwinden der Arbeitsplätze ein: die Technologie. Es erlaubt auch nicht den Fokus auf die wichtigsten Jobs oder Dinge, die getan werden müssen, um die Zukunft zu ermöglichen.

Der Blick nach außen ignoriert auch die jahrzehntelange Regierungspolitik, die dazu geführt hat, dass die Staatsverschuldung in den meisten Ländern bereits viel zu hoch ist und weiterhin viel schneller wächst als die Wirtschaft, was zu einer unhaltbaren Situation führt, in der die Bedienung der Schulden eine zunehmende Belastung für die Wirtschaft darstellt – und letztendlich unmöglich wird.

Die Wirtschaft als Schneeballsystem

In seinem Buch *Between Debt and the Devil (Zwischen Schulden und dem Teufel)* führt Adair Turner, der ehemalige Vorsitzende der Financial Services Authority in Großbritannien, die die Finanzdienstleistungsindustrie reguliert, die Leser auf den Weg der ungebremsten Kreditaufnahme durch Unternehmen und Einzelpersonen, die diese Kredite nicht durch die Schaffung von mehr Gütern und Dienstleistungen finanzieren, sondern indem sie sich auf die Preisinflation der Vermögenswerte verlassen, die sie bereits besitzen. Dies wiederum heizt die Preisinflation der Vermögenswerte an; die Menschen häufen mehr Schulden an und drehen wie Hamster das Rad immer schneller, bis sie stolpern oder kollabieren.

Wenn die Schulden viel schneller wachsen als die Wirtschaft eines Landes, an welchem Punkt hört die Musik dann auf zu spielen? Das ist oft schwer zu erkennen, denn die Preisinflation von Vermögenswerten kann dazu führen, dass sich Einzelpersonen, Unternehmen und sogar Länder viel besser fühlen, als sie tatsächlich dastehen. In der Zeit vor dem Jahr 2008 schien die Wirtschaft sehr stabil zu sein, da Einzelpersonen in den Vereinigten Staaten den neu gewonnenen Wertzuwachs ihrer Häuser nutzten, um Kredite für Autos, Boote und Urlaube aufzunehmen. Doch wenn der Vermögenswert (in diesem Fall das Haus) an Wert verliert, müssen die Schulden dennoch weiterbezahlt werden. Wir gaukeln uns selbst vor, dass Vermögenswerte wie Aktien oder Häuser langfristig immer steigen, weil sie das schon immer getan haben. Wir sollten uns fragen, ob dieselben Vermögenswerte in den letzten zwanzig Jahren gestiegen wären, wenn in dieser Zeit nicht 185 Billionen Dollar an neuem Kapital in die Wirtschaft geflossen wären. Wenn das aufhört, was irgendwann der Fall sein wird, werden sich die Dinge sehr schnell ändern.

Wenn es ein immer größeres Kreditwachstum erfordert, um wirtschaftliches Wachstum zu erreichen, wie unterscheiden sich unsere Volkswirtschaften dann von einem Schneeballsystem? Ein Schneeballsystem erzeugt eine Illusion von Gewinnen, weil es frühe Investoren mit Investitionen von späteren Investoren bezahlt. Obwohl das System ein Betrug ist, kann es wie ein gutes Geschäft aussehen, da die frühen Investoren darüber sprechen, wie großartig ihre Renditen sind. Da dieses System immer mehr Kapital erfordert, um die Investoren auszuzahlen, geht es solange weiter, bis die Anzahl der neuen Investoren am unteren Ende der Pyramide immer weniger wird, sodass frühere Investoren nicht mehr ausgezahlt werden können, was das ganze System zum Einsturz bringt. An welchem Punkt wird die Verschuldung nachlassen, so dass das gesamte System zusammenbricht? Wann hört die Zukunft auf, die Vergangenheit zu finanzieren?

Um das System am Laufen zu halten, hat die Währungspolitik überall auf der Welt Zielinflationsraten. Aus der Perspektive der Verschuldung macht das Sinn: Inflation macht es einfacher, die Schulden zurückzuzahlen, weil du das Geld von gestern, als der Euro mehr kostete, mit dem Geld von morgen bezahlst, wenn der

Euro weniger wert ist. In den Vereinigten Staaten hatte 1970 ein Stundenlohn von 3,25 Dollar die gleiche Kaufkraft wie ein Job mit 25,00 Dollar pro Stunde heute. Eine Kinokarte, die 1970 1,55 Dollar kostete, kostet heute mehr als 9,00 Dollar. Eine Gallone Benzin kostete 1970 36 Cent; heute sind es 2,98 Dollar. Schulden, die du damals aufgenommen hast und die dich 100 Stunden Arbeit gekostet haben – also 325 Dollar – könnten heute mit 13 Stunden Arbeit abbezahlt werden. Sogar inklusive Zinsen kannst du einen großen Vorteil daraus ziehen.

Für diejenigen, die nicht in der Lage sind, auf Schulden zuzugreifen und sie in Vermögenswerte zu investieren, die im Wert gestiegen sind, ist die Inflation eine Strafe, weil ihre Dollars nicht mehr so viel wert sind, wie sie es früher waren.

Und da die Inflation dazu führt, dass deine Währung mit der Zeit weniger wert wird, müssen wir uns fragen: Beruht eine Währung nicht auf dem Vertrauen in den Wert einer solchen Währung? Und bedeutet das nicht, dass die Regierungen durch die Festlegung von Inflationszielen das erklärte Ziel haben, dieses Vertrauen zu unterwandern?

Billiges Geld

Was können wir dagegen tun? Werfen wir einen Blick auf die Krise von 2008, um zu verstehen, was passieren kann.

In einer vernetzten Wirtschaft, die von Krediten und immer mehr Schulden angetrieben wird, gibt es keine einfachen Lösungen. Nachdem die Immobilienpreise kollabiert waren, hatten die Regierungen die Wahl, 1) die Banken und die Risikoträger zu retten und damit ein moralisches Wagnis einzugehen, oder 2) eine weltweite Wirtschaftskrise zu riskieren, da das Vertrauen in das Finanzsystem zusammengebrochen war und die Märkte zum Stillstand gekommen wären. Sie entschieden sich für Tür Nummer eins: die Banken und Risikoträger zu retten und dabei ein moralisches Unbehagen zu erzeugen.

Wir haben keine Möglichkeit, wirklich zu wissen, wie groß und dauerhaft der Schaden gewesen wäre, wenn die Regierungen und Zentralbanken der Welt nicht mit massiver Unterstützung eingegriffen hätten, um das Wirtschaftssystem zu retten. Wir können jetzt bequem den Sofa-Fußballtrainer spielen, aber die politischen Entscheidungsträger hatten es damals mit Veränderungen in Echtzeit und ohne alle Informationen in einer vernetzten Weltwirtschaft zu tun, die zum Stillstand hätte kommen können und viel mehr Schaden angerichtet hätte, als wir uns vorstellen können. Sie wussten, dass jede Entscheidung auf den Prüfstand gestellt und für viele Generationen hinterfragt werden würde.

Das heißt, sie trafen eine Entscheidung, die den Kapitalismus veränderte, indem sie zahlreiche Verursacher des Chaos mit risikolosen Profiten auf Kosten der Steuerzahler beschenkten. Mit der quantitativen Lockerung in den Vereinigten Staaten und anderen geldpolitischen Lockerungen auf der ganzen Welt haben die Zentralbanken und Regierungen entschieden, wer gewinnt und wer verliert. Und es sind die Effekte zweiter und dritter Ordnung dieser Entscheidung, die die Saat der Unzufriedenheit auf der ganzen Welt säen.

Quantitative Lockerung bezieht sich auf den Akt der Injektion von Finanzmitteln in eine Wirtschaft durch eine Zentralbank. Um Liquidität zu erzeugen, müssen neue Dollars oder Euros geschaffen werden und diese müssen in die Wirtschaft fließen. Viele Leute bezeichnen den ersten Teil als „Drucken von neuem Geld", obwohl das Geld eigentlich nicht gedruckt werden muss – es kann einfach als Bilanzkredit von einer Zentralbank vergeben werden. Zum Beispiel hat sich die Bilanz der US-Notenbank von knapp 900 Milliarden Dollar im Jahr 2008 auf heute etwa 4 Billionen Dollar ausgeweitet.

Der zweite Teil, die Zuführung des neu geschaffenen Geldes in die Wirtschaft, erfolgt auf verschiedene Arten, wie z.B. durch groß angelegte Ankäufe von Vermögenswerten aus dem öffentlichen und privaten Sektor, wie das Troubled Asset Relief Program, bei dem die Regierung faule oder unrentable Vermögenswerte aufkauft. Auf diese Weise nehmen die Regierungen schlechte Vermögenswerte aus den Bilanzen der Unternehmen und geben ihnen stattdessen frisches, neues Kapital.

Eine weitere Möglichkeit, neues Geld in das System zu bekommen, ist die direkte Vergabe von Krediten an Geschäftsbanken. In den Vereinigten Staaten wurde den Banken im Jahr 2008 die Möglichkeit gegeben, sich Bundesmittel zu einem Zinssatz von 0 Prozent zu leihen. Die Banken konnten dann diese Dollars zu höheren Zinssätzen verleihen, um ihre beschädigten Bilanzen im Laufe der Zeit wieder aufzubauen. Einige Nicht-Banken, wie Morgan Stanley und Goldman Sachs, änderten damals ihre Statuten und wurden zu Banken, um ebenfalls Zugang zu dem kostenlosen Geld zu erhalten. Ohne diese Möglichkeit hätten viele der Banken und Investmentbanken fusioniert, wären zu Schleuderpreisen aufgekauft worden oder wären ganz und gar kollabiert.

Es liegt in der Natur der Sache, dass quantitative Lockerungen auch zu einer Abwertung der Währung führen, auch wenn das nicht das ist, was sie eigentlich bewirken sollen. Die Regierung hat nicht wirklich mehr Vermögen; sie stellt ihr Vermögen nur mit mehr Währungseinheiten dar, was bedeutet, dass jede Währungseinheit weniger wert ist – so als würde man eine Pizza in zwölf statt in acht Scheiben schneiden oder ein Vermögen unter zehn statt neun Erben aufteilen. Unmittelbar nach der Ankündigung der ersten Runde der quantitativen Lockerung verlor der US-Dollar an Wert, und auch andere Währungen, bei denen die Lockerungspolitik im Vordergrund stand, fielen ebenfalls und blieben im Gleichgewicht zum US-Dollar. Infolgedessen hast du als Besitzer von Dollars, Euros oder Bargeld einen Wertverlust erlitten. Wenn du in diesen Währungen bezahlt wurdest, war dein Lohn weniger wert – auch wenn du es wahrscheinlich solange nicht bemerkt hast, bis die Benzinpreise im Verhältnis zu deinem Gehaltsscheck gestiegen sind. Als die US-Währung schwächer wurde, stiegen die Vermögenspreise auf der ganzen Welt im Gleichschritt.

Die Ölpreise sind ein gutes Beispiel, um das zu demonstrieren, denn Öl ist ein Vermögenswert mit begrenztem Angebot. Wenn die Währung eines Landes an Wert verliert und das Land Öl importieren muss, muss es mehr von dieser Währung verwenden, um die gleiche Menge an Öl zu kaufen. Aufgrund von drei Geldentwertungsrunden in den Vereinigten Staaten stiegen die Ölpreise von 30 Dollar pro Barrel auf über 100 Dollar. Länder mit starken Rohstoffsektoren, deren Angebot begrenzt ist, sahen den Wert ihrer Währungen im Gleichschritt mit der Lockerung in den Vereinigten Staaten steigen. In meinem eigenen Land, Kanada, zum Beispiel, sind natürliche Ressourcen reichlich verfügbar; Öl, Gold, Holz und andere Rohstoffe sind die Haupttreiber der Wirtschaft. Der kanadische Dollar, der normalerweise zu etwa 75 Cents zum US-Dollar gehandelt wird, stieg nach 2008 auf ein Rekordhoch gegenüber dem US-Dollar.

Andere Länder mit bedeutenden Rohstoffsektoren – wie Brasilien, Russland und Saudi-Arabien – erlebten ebenfalls einen Anstieg ihrer Währungen. Damit einhergehend stiegen auch ihre eigenen Lohnkosten im Vergleich zu den USA.

Es gibt einen direkten Zusammenhang zwischen dem Wert einer Währung und der Lohnrate – also wie hoch die Löhne der Arbeiter sind. Ein Land, das seine Währung abwertet, senkt indirekt auch seine Lohnrate im Vergleich zu globalen Konkurrenten, was kurzfristig zu einem gewissen Jobwachstum beitragen kann, da seine Waren für Käufer in anderen Ländern weniger kosten. Wenn zum Beispiel der thailändische Baht im Vergleich zum US-Dollar an Wert verliert und die thailändischen Arbeiter immer noch gleich bezahlt werden, kosten die Waren, die Thailand produziert, für US-Kunden weniger, was kurzfristig den Arbeitsplätzen in Thailand helfen kann, weil mehr US-Kunden diese Waren kaufen werden. Aber die Kosten, die thailändische Arbeiter für alle importierten Waren bezahlen müssen, die sie kaufen, können im direkten Verhältnis zur Währungsabwertung steigen.

Länder werten oft ihre Währung ab, um ihren Exportmärkten zu helfen. Aber in einer global vernetzten Welt mit vielen Ländern, die jeweils ihre eigenen nationalen Interessen und Arbeitsplätze vorantreiben, macht das weniger Sinn. Andere Länder, die versuchen, um die gleichen knappen Arbeitsplätze zu konkurrieren, werten ihre Währungen ab, um ihre Volkswirtschaften vor dem Zusammenbruch zu bewahren. Dieser Wettlauf nach unten bei den Währungen dient nur dazu, die globalen Vermögenspreise weiter in die Höhe zu treiben. Und das endlose Spiel der Abwertung einer Währung im Vergleich zu den anderen dient nur als kurzfristiges Allheilmittel, denn die Preise für Vermögenswerte werden viel schneller steigen als Arbeitsplätze geschaffen und Löhne erhöht werden können, um mit dem Anstieg der Vermögenspreise Schritt zu halten.

Wie der Wirtschaftswissenschaftler John Maynard Keynes schrieb:

> Lenin soll erklärt haben, dass der beste Weg, das kapitalistische System zu zerstören, darin besteht, die Währung zu entblößen. Durch einen fortlaufenden Inflationsprozess können Regierungen, heimlich und unbeobachtet, einen wichtigen Teil des Reichtums ihrer Bürger konfiszieren. Durch diese Methode konfiszieren sie nicht nur, sondern sie konfiszieren nach Belieben; und während der Prozess viele verarmt, bereichert er einige Wenige. Der Anblick dieser willkürlichen Umverteilung des Reichtums erschüttert nicht nur die Sicherheit, sondern auch das Vertrauen in die Fairness der bestehenden Verteilung des Reichtums. Diejenigen, denen das System Gewinne beschert, die über ihre Verhältnisse und sogar über ihre Erwartungen oder Wünsche hinausgehen, werden zu „Profiteuren", die das Objekt des Hasses der Bourgeoisie sind, die der Inflationismus verarmt hat, nicht weniger als des Proletariats. In dem Maße, wie die Inflation fortschreitet und der reale Wert der Währung von Monat zu Monat wild schwankt, werden alle dauerhaften Beziehungen zwischen Schuldnern und Gläubigern, die das eigentliche Fundament des Kapitalismus bilden, so sehr durcheinandergebracht, dass sie fast bedeutungslos werden; und der Prozess des Reichtumerwerbs verkommt zu einem Glücksspiel und einer Lotterie.[7]

Die Regeln verändern

Wenn Regierungen nicht in der Lage sind, die Spielregeln substanziell zu ändern oder Einfluss zu gewinnen, weil andere Länder gezwungen sind, als Reaktion darauf abzuwerten, um ihre Arbeitsplätze zu erhalten, sind der nächste Schritt – wie von Chens Schwiegereltern vorhergesagt – Zölle und Handelskriege.

Viele Politiker auf der ganzen Welt erlangen ihre Macht mit dem Versprechen, die Grenzen zu schließen, so auch Donald Trump, der dank seiner protektionistischen America-first-Haltung gewählt wurde. Er versprach auch, das Handelsdefizit mit China zu beseitigen, nur um später ansehen zu müssen, wie es weiter auf einen neuen Höchststand anwächst. Und eine bevorzugte Waffe in seinem Arsenal sind Zölle.

Könnten Zölle helfen?

Das letzte Mal, als in den USA Zölle in größerem Umfang eingeführt wurden, hat das nicht gut geendet. In den 1930er Jahren hatten die USA ein ähnliches Ziel wie viele Länder heute. Eine weltweite Kreditausweitung führte zur Großen Depression. Um die Arbeitsplätze in der amerikanischen Landwirtschaft vor ausländischer Konkurrenz zu schützen, verabschiedeten die USA den Smoot-Hawley Tariff Act, benannt nach den Kongressabgeordneten, die ihn entworfen hatten. Dieses Gesetz hob die Zölle an, um Arbeitsplätze zu schützen, unterschätzte dabei aber auf dramatische Weise die Reaktion der anderen Länder. Sie waren so töricht zu glauben, dass sie ihre bestehenden Exporte beibehalten und gleichzeitig ihre eigene Wirtschaft vor Importen schützen könnten. Die daraus resultierenden Handelskriege, bei denen Kanada und Europa Vergeltung übten und die Zölle auf US-Waren erhöhten, haben nach allgemeiner Auffassung die Große Depression verlängert und sie für genau die Landwirte verschlimmert, die das Zollgesetz eigentlich schützen sollte.

Wir sehen heute, wie auf der ganzen Welt dasselbe passiert, da jedes Land auf seine eigene Weise Vergeltungsmaßnahmen ergreift. Unsere Volkswirtschaften und Länder sind miteinander verbunden, ebenso wie unsere Menschen. Kein Land arbeitet in Isolation.

Gibt es eine andere Option?

Stellen wir uns für einen Moment eine Welt vor, in der die Zentralbanker beschlossen haben, die Banken scheitern zu lassen, etwas, von dem viele sagen, dass es der richtige Weg gewesen wäre – der Kapitalismus verlangt tatsächlich nach einer solchen Bereinigung. Am Ende des Jahres 2008 gibt es keine Bailouts. Keine quantitative Lockerung. Es ist kein schwieriges Gedankenexperiment.

Vermögenspreise brechen zusammen. Die Kredite auf diese Vermögenswerte werden notleidend. Der Großteil des Bankensystems kollabiert. Nur die besten Kredite können zurückgezahlt werden. Viele Menschen werden in den Ruin getrieben, da der Zusammenbruch alle dahinrafft, die unnötige Risiken eingegangen sind. Einige von ihnen sind Menschen wie du und ich und Rentner, Menschen, die das Risiko, das wir mit einigen der exotischen Investitionen eingingen, von denen uns gesagt wurde, sie seien sicher, falsch verstanden haben. Außerdem werden viele weitere durch den Mangel an Liquidität im System ruiniert, was bedeutet, dass bestimmte, als sicher geltende Investitionen ebenfalls scheitern. Dieses Ergebnis könnte zu einer Depression führen, die so schwerwiegend ist, dass sie die Große Depression wie einen Spaziergang im Park aussehen lassen würde. Aber in dieser Umgebung würden harte Dollars im Wert explodieren und diejenigen, die über Ersparnisse und Bargeld verfügen, würden extrem niedrig bewertete Vermögenswerte und falsch bewertete Geschäfte aufkaufen und ihr Vermögen machen.

Stell dir vor, wie anders dein Leben aussehen könnte. Immobilien wären nicht annähernd so teuer, wie sie es heute sind. Aktien wären wahrscheinlich immer noch in der Nähe historischer Tiefststände. Unsere Politiker wären andere – tatsächlich wären einige von ihnen nicht mehr unsere Politiker, weil sie mit ihren Schulden und dem Zusammenbruch der Vermögenspreise untergegangen wären.

Die geldpolitische Lockerung und die künstlich niedrig gehaltenen Zinssätze waren ein großes Experiment, das auf der Weltbühne ausgetragen wurde, ohne die nachgelagerten Effekte zu berücksichtigen. Für die Wohlhabenden und diejenigen, deren Vermögen künstlich angehoben wurde, ist dieses Experiment gut ausgegangen. Wenn wir ehrlich zu uns selbst sind, ist ein Großteil des Reichtums und der Privilegien, die wir genießen, nicht auf unseren Einfallsreichtum oder harte Arbeit zurückzuführen, sondern darauf, dass die Regierungen der Welt beschlossen haben, Geld zu drucken. Unsere Vermögenswerte, einschließlich Immobilien und Aktien, waren die Nutznießer, da ihr Wert weit über das hinaus gestiegen ist, was sie ohne das Gelddrucken erreicht hätten.

Währenddessen finden sich diejenigen ohne Vermögen in einer Tretmühle wieder, die sich immer schneller bewegt und mit der sie nicht Schritt halten können.

Es ist, als würden wir in einer Bizarro-Welt leben, in der alles rückwärts läuft. *Bizarro* – ein Comic von Dan Piraro – findet nicht auf einer kugelförmigen Erde statt, sondern auf einer würfelförmigen Edre (Erde rückwärts buchstabiert). In einem Bizarro Comic vom April 1961, macht ein Verkäufer einen regen Handel mit Bizarro-Anleihen, die „garantiert Geld für dich verlieren". Das ist heute nicht einmal mehr ein Witz. In vielen Teilen der Welt bieten die Banken Negativzinsen: Geld behält unter deiner Matratze mehr Wert als in einer Bank.

Während der Markt also immer mehr Stimulierungen von Seiten der Regierungen feiert und Aktien und Immobilien weiter in die Höhe steigen, sollte der Markt auch die Verwerfung unserer Gesellschaften erkennen. Wie Paul Volcker, ehemaliger Vorsitzender der Federal Reserve, im Jahr 2018 sagte: „Das zentrale Problem ist, dass wir uns zu einer Plutokratie entwickeln. Wir haben eine riesige Anzahl enorm reicher Menschen, die sich selbst davon überzeugt haben, dass sie reich sind, weil sie klug und produktiv sind."[8]

Ich bin in einer Welt aufgewachsen, in der ich glaubte, dass alles möglich ist und dass harte Arbeit und Einfallsreichtum belohnt werden. Daran glaube ich noch immer. Ich glaube auch an den Kapitalismus, wo Risiko belohnt *und* bestraft wird und wo der freie Markt der ultimative Schiedsrichter für deinen Erfolg ist. Deshalb schmerzt es mich so sehr zu sehen, wie er zusammenbricht. Ein Markt, bei dem die Regierung in die Entscheidung eingreift, wer gewinnt oder verliert, ist nichts anderes als Vettern-Kapitalismus, in dem Reichtum nicht durch den Wert, den du schaffst und die Risiken, die du eingehst, um dorthin zu gelangen, geschaffen wird, sondern durch ein politisches System, das seine Insider belohnt.

Und für jede Person, die auf der Gewinnerseite dieser Entscheidung steht, gibt es viele andere auf der Verliererseite. Ihre Kosten für Nahrung, Unterkunft, Gas und Gesundheit steigen, weil ihr Geld und ihre Löhne weniger wert sind. Vermögenswerte, die sie noch nicht besitzen, laufen ihnen im Preis davon. Sie spüren den Druck eines völlig ungerechten Systems.

Genau wie du, sind sie sich vielleicht nicht bewusst, wie viel ihnen in diesem Tausch gegeben wurde, und genau wie du, sind sie sich auch nicht bewusst, wie viel ihnen genommen wurde. Aber sie wissen, dass etwas falsch läuft – und sie haben die Nase voll.

2

WIE DIE WIRTSCHAFT FUNKTIONIERT, TEIL II: SCHÖPFERISCHE ZERSTÖRUNG

DAS GRÖSSTE PROBLEM bei all den Lösungen, die wir heute anstreben, ist, dass das inflationäre Umfeld, auf das wir uns für das Wachstum verlassen haben, durch die Technologie versagt. Keine Zölle, Währungsmanipulationen oder Schuldeneskalation werden dieses Problem lösen. Und während sich unsere Volkswirtschaften in das digitale Zeitalter bewegen, in dem Technologie und Daten allem zugrunde liegen, deflationieren sie nicht nur, sie werden auch zunehmend miteinander vernetzt. Informationen haben nicht die gleichen Beschränkungen wie physische Güter: Sie reisen reibungslos über Grenzen hinweg. Sie sind viel effizienter und eliminieren eine Menge Verschwendung aus dem System. Aber ein großer Teil dieser Verschwendung und Ineffizienz sind unsere Jobs.

Das wurde uns schon einmal erzählt – nur passierte dann genau das Gegenteil, als Technologie und Innovation einige Arbeitsplätze zwar veränderten, aber insgesamt einen positiven Langzeiteffekt auf die Jobs und Volkswirtschaften hatten. Im 19. Jahrhundert ersetzten Maschinen einen Großteil der harten Arbeit, die bis dahin vorherrschte, und die Gesellschaft wurde bereichert. Diese Technologie schuf mehr neue Arbeitsplätze als sie zerstörte und die Ignoranten, die befürchteten, dass dies das Ende der Arbeit sein würde, wurden eines Besseren belehrt. Oder vielleicht waren sie einfach zu früh dran.

Rund um die Welt nehmen die Spannungen zu, weil die Preise steigen und gut bezahlte Arbeitsplätze in Gefahr sind. Eine Studie des Pew Research Centers aus dem Jahr 2019 bestätigt diese Wahrnehmung. Nur 14 Prozent der erwachsenen US-Bürger sagen, dass bis zum Jahr 2050 die durchschnittliche arbeitende Person in den USA mehr Jobsicherheit haben wird.[9]

Aufgrund dieser Spannung und Angst verlieren die Menschen an Empathie und folgen fremdenfeindlichen Ideologen. Dabei übersehen wir alle den wichtigsten Punkt: Es ist unser inflationäres System, das immer mehr Arbeitsplätze erfordert, das verändert werden muss.

Raus mit dem Alten, rein mit dem Neuen

Eine der Säulen des Kapitalismus ist die freie Marktwirtschaft – sie ist das Herzstück der Entwicklung aller modernen Volkswirtschaften – ein nahezu konstanter Fluss von innovativen Unternehmern, die Monopole brechen und dann selbst neue schaffen. Der paradoxe Begriff „schöpferische Zerstörung" wurde von dem österreichischen Ökonomen Joseph Schumpeter (1883-1950) geprägt. In Schumpeters Vision des Kapitalismus war die von den Unternehmern geförderte Innovation die disruptive Kraft, die das Wirtschaftswachstum aufrechterhielt, auch wenn sie den Wert etablierter Unternehmen zerstörte. Darüber hinaus war der Wert, der in etablierten Unternehmen zerstört wurde, derjenige, den sie aufgrund eines gewissen Maßes an Monopolmacht genossen, die aus einem früheren technologischen, regulatorischen, organisatorischen oder wirtschaftlichen Paradigma abgeleitet war.

Neue Technologien verändern oft das, was wertvoll ist, auf eine Art und Weise, die von etablierten Unternehmen, die Jahre damit verbracht haben, ihr eigenes Konzept zu perfektionieren, um Märkte zu erobern, missverstanden wird. Selbst wenn das Muster gut verstanden wird, kann das etablierte Unternehmen benachteiligt sein: Technologie verändert oft den Ort, an dem Geschäftswert entsteht, und kann dadurch den Wert der Vermögenswerte des etablierten Unternehmens reduzieren, während sich der Markt gleichzeitig verschiebt. Es sind genau diese Vermögenswerte, die einst hoch bewertet und manchmal hoch gehebelt waren, die selbst zur sprichwörtlichen Schlinge um den Hals werden.

Chris Anderson, ehemaliger Redakteur von *The Economist* und Autor von *The Long Tail*, deutet einige dieser Veränderungen an. In seinem Buch erklärt er, wie große etablierte Unternehmen, die sich auf ihre Macht zur Kontrolle der Verteilung verlassen, gefährdet sind, wenn die Verteilungskosten fallen. Vor Google zum Beispiel erforderte die Verteilung von Informationen eine andere, weniger skalierbare Infrastruktur, und die Macht kam von der Kontrolle der Verteilung. Ob diese Verteilung in Form einer Zeitung mit ihrer physischen Infrastruktur, einem Netzwerk im Fernsehen oder einem großen Marketingbudget, das andere verdrängte, stattfand, die Kontrolle der Verteilung war von größter Bedeutung und teuer. Die digitale Distribution veränderte die Regeln. Informationen konnten sich viel weiter und schneller verbreiten, was den Wert der traditionellen Verteilungsmacht reduzierte.

Blockbuster (Videoverleih) hatte auf dem Höhepunkt seiner Popularität mehr als 84.000 Mitarbeiter und mehr als 9.000 Filialen. Ihr Vorteil lag in einer physischen Vertriebsstrategie, bei der sich die Läden in der Nähe der Kunden befanden. Das Unternehmen nutzte die Macht seiner Größe, um mehr Titel auf Lager zu haben und mit Produzenten von Inhalten zu verhandeln. Aber Blockbuster hat die Geschwindigkeit des technologischen Fortschritts nicht erkannt und folglich auch nicht die Welt, in der die digitale Verteilung sofort und kostenlos (oder fast kostenlos) erfolgt – eine Welt, in der die Kunden nicht mehr in die Filiale gehen und zwei oder drei Dollar hinlegen, um ein Video auszuleihen und dann Verspätungsgebühren zu zahlen, weil sie vergessen haben, zum Laden zurückzufahren und es rechtzeitig zurückzugeben.

Heute erscheint es offensichtlich, aber zu der Zeit, als die Führungskräfte diese Entscheidungen trafen, machten Downloadgeschwindigkeiten Streaming unmöglich und Netflix verließ sich auf die physische Lieferung von DVDs. Unfähig zu begreifen, wie schnell sich die Technologie entwickelte, wurde Blockbuster, selbstgefällig. Als sie erkannten, was auf sie zukam, war es bereits zu spät. Sie spielten ein Spiel, das sie nicht gewinnen konnten. Blockbusters wichtigster Wettbewerbsvorteil, der jahrelang den Wert des Unternehmens ausmachte – der Besitz von 9.000 Filialen und die damit verbundenen Kosten – wurde fast über Nacht zu ihrem Nachteil. Das Innovativste, was sie tun konnten, war das Hinzufügen von Süßwarenbereichen in ihren Läden. Die zusätzlichen Einnahmen verzögerten nur das Unvermeidliche: Die Einnahmen stiegen kurzfristig an, nur um im nächsten Jahr von der Klippe zu fallen.

Hatte Blockbuster ein schlechtes Management? Nein. Sie waren in den bestehenden Rahmenbedingungen gefangen. Selbst wenn sie gewusst hätten, was auf sie zukommt und es umgehen konnten, verschaffte ihnen ihr bestehendes Geschäftsmodell keinen Vorteil auf dem neuen Markt. Die Kosten, um das alte Geschäft am Laufen zu halten und sich auf ein neues Geschäft umzustellen, wären außerordentlich hoch gewesen. Netflix ist entstanden, Blockbuster wurde zerstört.

Ich weiß, wie es von beiden Seiten ausgesehen haben muss. Ich habe es selbst erlebt: ein Unternehmen mit einem Geschäftsmodell zu führen, das eine Zeit lang funktionierte, aber dann zu erkennen, dass ein Übergang notwendig war, um die Zukunftsfähigkeit zu bewahren.

Die BuildDirect Reise

Ich habe BuildDirect Ende 1999 mitbegründet, weil ich den Wunsch hatte, mehr Transparenz und Verantwortlichkeit in den Bereich Bauen und Renovieren zu bringen. Mit der Hilfe eines außergewöhnlichen Teams hatten wir das Glück, einige sehr harte Jahre zu überstehen. Es brauchte den Glauben einiger großartiger Investoren und alles, was wir persönlich zu bieten hatten. An einem Punkt, mit drei Kindern unter vier Jahren, stimmte meine Frau zu, unser Familienhaus zu verkaufen und den gesamten Erlös in das Geschäft zu investieren. Das Unternehmen war erfolgreich und verdoppelte jedes Jahr seinen Umsatz als E-Commerce-Unternehmen, bevor wir es gegen die Wand fuhren … mit Absicht.

Wir waren Opfer unseres eigenen Erfolgs. Die Kunden wollten mehr bei uns kaufen, aber wir ließen sie im Stich, weil wir oft nicht das Inventar hatten. Wir hatten jahrelang versucht, dieses Problem zu lösen, aber wir konnten einfach nicht mit dem Wachstum mithalten. Also ging ich Ende 2013 zu unserem Vorstand und sagte ihm, dass unser einziger Weg nach vorne darin bestand, nahezu unsere gesamte Arbeitsweise zu ändern. Wenn wir das nicht täten, würden wir stagnieren und scheitern. Wenn wir es täten, könnten wir etwas exponentiell Wertvolleres schaffen.

Unsere Idee war es, unsere Plattform zu öffnen – unser Onboarding für neue Produkte, unsere Vorhersagedaten darüber, was sich am besten verkaufen würde, unser Logistiknetzwerk für die Lieferung, alles – damit unsere Lieferanten die Nachfrage verstehen, ihren Bestand schnell entsprechend anpassen und den Kunden das geben können, was sie wollen. Kurz gesagt, wir würden uns aus dem Weg gehen und unsere Lieferanten auf den Fahrersitz setzen. Was einst proprietär war, würden wir hergeben. Letztendlich würde dies eine größere Auswahl und bessere Ergebnisse für den Kunden bedeuten.

Ein Unternehmen als Startup zu führen – zu lernen und den richtigen Product-Market-Fit zu finden – ist das, was es erfolgreich macht. Ein Unternehmen zu steuern, das eine halbe Milliarde Dollar Marktkapitalisierung erreicht hat und schnell wächst, ist eine ganz andere Sache. Genau die Dinge, die das alte Geschäft erfolgreich machen, verlangsamen den Übergang zum neuen.

Wir haben die Plattform mit dem Home Marketplace im Februar 2016 gestartet und sie ging ab wie eine Rakete – nur um dann der Eigendynamik zum Opfer zu fallen. Die Lieferanten liebten die Plattform und fügten unserer Seite schneller Produkte hinzu, als wir es uns hätten vorstellen können. Wir sind von 6.000 Produkten, oder SKUs, sehr schnell auf über 150.000 gestiegen. Aber Teile der notwendigen Technologie, um dieses Wachstum zu bewältigen, waren noch in der Entwicklung. Das Ergebnis war, dass die Kunden die Produkte, die sie brauchten, nicht so leicht finden konnten. In der Zwischenzeit verfügten die Lieferanten über großartige Daten, aber sie hatten noch nicht die Werkzeuge, um ihre Angebote darauf abzustimmen. Wir waren auf halbem Weg, die Plattform zu bauen, die wir uns vorgestellt hatten, aber die Fertigstellung würde viel mehr Geld kosten als erwartet. Erschreckenderweise gab es keine Möglichkeit, umzukehren.

Die berühmte Analyse von Elon Musk – „Unternehmer zu sein ist wie Glas zu essen und in einen Abgrund zu starren" – kommt mir in den Sinn, wenn ich an diese Monate zurückdenke. Der Druck an diesem Punkt der Reise war horrend. Du verlierst Mitstreiter. Investoren, Zulieferer und Mitglieder deines Teams sehen ihre festesten Überzeugungen bis zum Äußersten strapaziert. Einige Beziehungen, von denen ich dachte, sie seien felsenfest, bröckelten.

Die Leute hatten Grund zu zweifeln. Unser einst wachsender Umsatz war ins Stocken geraten. Lieferanten, die seit Jahren mit uns zusammenarbeiten, sahen ihre Produkte unter der Lawine neuer Angebote auf unserer Seite begraben, und Kunden konnten die Produkte, die sie brauchten, nicht mehr so leicht finden. Es ist viel schwieriger, an eine große Vision zu glauben, wenn jeder neue Datenpunkt vor einer Katastrophe warnt.

Als sich dieses Problem verschärfte, traf ich die schicksalhafte Entscheidung, mehr Schulden in das Unternehmen einzubringen, um zu versuchen, die Technologie zu verbessern. Mit dieser Kapitalinfusion an Ort und Stelle, haben wir weitergemacht. Der Weg war richtig, aber er musste vollendet werden, um den Wert zu schaffen, den wir uns vorstellten.

Unsere Lieferanten haben sich mit uns verbündet. Großartige Mitarbeiter packten mit an, brachten unser Team zusammen und konzentrierten sich auf Lösungen unter sehr schwierigen Umständen. Wir hatten eine Menge Leute, die entschlossen waren, die Dinge zum Laufen zu bringen, egal was passiert – und wir brauchten jeden einzelnen von ihnen. Als ich ihr Engagement und ihre Leidenschaft sah, wurde mir klar, dass sich das alles gelohnt hat, egal wie es ausgeht.

Dann, als die Technologie die Nachfrage einholte, begannen sich die Dinge zu fügen. Die Einnahmen begannen wieder zu wachsen – dieses Mal allerdings mit geringeren Kosten. Unglaublicherweise überquerten wir diese Kluft – gemeinsam, mein ganzes Team und ich; wir schafften es. Es funktionierte. Nach so vielen Jahren war der Traum, die einfachste und vertrauenswürdigste Lösung für Heimwerker zu schaffen, in greifbarer Nähe.

Leider gab es aber auch neue Hürden. Der Versuch, von einem alten Geschäftsmodell auf ein neues umzusteigen, braucht Zeit, und ich spürte das Gewicht der alten Erwartungen, die uns zurückhielten, als wir versuchten, vorwärts zu sprinten. Darüber hinaus brachten die Partner und die Schulden, die wir zur Finanzierung unserer Technologie aufnahmen, bestimmte Gegebenheiten mit sich. Ihr Verständnis von Wachstum war anders, ihre Zeitpläne für die Rendite waren anders, ihre Risikobereitschaft war anders. Am Ende traf ich die Entscheidung, Schulden aufzunehmen, um unser Unternehmen an einem entscheidenden Punkt in seiner Geschichte zu finanzieren. Es fühlte sich zu der Zeit wie ein letzter Ausweg an. Diese Entscheidung führte zu einem unvorhergesehenen Hindernis in der Art und Weise, wie ich BuildDirect vorwärts führte, insbesondere wie wir unsere Vision aufrechterhalten und die Investitionen der Mitarbeiter, Investoren und Partner schützen konnten, die den größten Teil der 18 Jahre an unser Unternehmen geglaubt hatten.

Diese Reise war viel aufregender und erschreckender, als ich es mir jemals hätte vorstellen können. Sie war auch lebensverändernd. Ich erlebte aus erster Hand, wie schnell die Technologie die Welt verändert. Ich habe mich auf den Weg gemacht, um eine Branche zu verändern, und der Versuch, das zu tun, hat mich verändert. Der ganze Prozess zwang mich dazu, immer wieder und hartnäckig Bilanz zu ziehen: Was war mir am wichtigsten? Wie konnte ich einen Gewinn für die Menschen sicherstellen, die an das Unternehmen glaubten, auch wenn das bedeutete, letztlich alles zu verlieren? Und was würde ich tun, wenn alles auf Null hinausliefe – könnte ich damit leben?

Am Ende erkannte ich, dass die Dinge im Leben, die ich am meisten schätze – Familie, Freunde, Integrität – nicht von den Geschäftsergebnissen abhängen und mir nicht weggenommen werden können, egal was passiert. So gesehen waren all die Herausforderungen und Risiken, die mit dem Führen eines Unternehmens verbunden sind, viel besser zu bewältigen. So gesehen ist das riskanteste Unterfangen von allen, aus den Augen zu verlieren, wer ich war. Mich selbst zu verraten, war der einzige Weg, wirklich zu scheitern. Und aus diesem Grund bin ich fortgegangen – mit nichts, aber zugleich mit allem.

Damals war mir das nicht bewusst, aber es sollte sich als eines der größten Geschenke herausstellen.

Die günstigen Gelegenheiten

Schöpferische Zerstörung geschieht nicht in gleichmäßigem Tempo über die Zeit. Zu bestimmten Zeitpunkten in der Geschichte gibt es mehr Möglichkeiten für Unternehmer, eine Disruption zu schaffen. Wie Bill Gross, Gründer und CEO von Idealab, feststellte, ist die am meisten übersehene Komponente bei der Gründung eines erfolgreichen Unternehmens die Rolle von Glück und Timing. Zu früh, und die Kosten oder der Markt passen nicht; zu spät, und es bilden sich bereits neue Monopolstrukturen, die einen Einstieg nahezu unmöglich machen.

Ich bin mir der Rolle von Glück und Timing in meiner eigenen Geschichte sehr bewusst, ebenso wie in jener vieler meiner Freunde, die auf dem schmalen Grat erfolgreich waren – oder gescheitert sind. Im Jahr 2015 hielt Bill Gross einen großartigen TED Talk in Vancouver (der mehr als zwei Millionen Mal angesehen wurde), in dem er seine Forschung über die Unterschiede zwischen erfolgreichen und gescheiterten Unternehmen diskutierte. Die Ergebnisse überraschten selbst Bill, als er feststellte, dass vor allem das Timing für den Erfolg von Startups ausschlaggebend ist. Tatsächlich konnten 42 Prozent des Erfolgs auf das Timing zurückgeführt werden. Unter den fünf wichtigsten Faktoren für den Erfolg befanden sich noch: das Team/die Ausführung mit 32 Prozent, die Idee mit 28 Prozent, das Geschäftsmodell mit 24 Prozent und die Finanzierung mit 14 Prozent.

Manchmal ist der Akt der kreativen Zerstörung und das Glück im Timing ausschlaggebend. Chinas bemerkenswerter Aufstieg in den letzten dreißig Jahren dient als gutes Beispiel. Chinesische politische Veränderungen, die 1978 begannen, schufen die Voraussetzungen für eine komplette Neuerfindung der Wirtschaft. Als sich die Politik änderte, stieg auch das Tempo der Urbanisierung, da die Arbeiter vom Land in die Städte gezogen wurden, um dort besser bezahlte Jobs zu finden. Der Prozess der Öffnung der Märkte für Kapital und Handel führte zur Etablierung Chinas als wichtiger Exporteur, und Unternehmer haben durch diesen Übergang einige der weltweit führenden Unternehmen gegründet, die enormen Reichtum für das Land und für diese Unternehmer geschaffen haben. Ich denke besonders an Jack Ma, den ehemaligen Lehrer, der aus bescheidenen Verhältnissen aufstieg und mit Alibaba eines der weltweit führenden Unternehmen gründete. Stell dir vor, anstatt in den frühen 2000er Jahren zu starten, hätte er versucht, sein Unternehmen in den 1970er Jahren zu gründen, mit einer geschlossenen Wirtschaft in China. Anstatt eines der größten Unternehmen unserer Zeit aufzubauen, wäre dieser Jack Ma – mit dem gleichen unternehmerischen Antrieb und den gleichen Fähigkeiten – wahrscheinlich Lehrer geblieben.

Disruptionsfenster öffnen sich auch durch Durchbrüche in der Technologie. Die industrielle Revolution war eine solche Zeitspanne. Heute befinden wir uns inmitten von etwas noch Radikalerem. Mit anderen Worten: Im richtigen Moment geboren zu sein, erhöht deine Chancen auf Erfolg. Das ist der Grund, warum Ausdauer eine so wichtige Rolle im Unternehmertum spielt. Wenn die Zeitfenster, die sich öffnen, klein sind, ist es wahrscheinlicher, dass erfolgreiche Unternehmer früh und nicht spät dran sind, was von ihnen verlangt, dass sie alles tun, was nötig ist, um ihr Unternehmen am Laufen zu halten, bis der Markt sich öffnet.

Schau dir die Autoindustrie an. Henry Ford scheiterte mit seinem ersten Geschäft, weil die Technologie, die für die Herstellung des Automobils benötigt wurde, die Skalierung zu teuer machte. Er gründete die Detroit Automobile Company im Jahr 1899; sie scheiterte Ende 1901, weil die Autos von geringer Qualität und zu hochpreisig waren. Aber er blieb hartnäckig, und eine sich schnell verändernde Technologielandschaft ermöglichte ihm den Durchbruch mit dem Model T und dem Montagefließband. Das Model T wird dafür gewürdigt, dass es den preiswerten Transport in großem Stil ermöglichte. Dieses Geschäft und seine Monopolmacht halfen Ford dabei, andere neuartige Ideen zu entwickeln, die zu Symbolen der Innovation wurden, darunter seine Ideen rund um Lohn und Arbeit, die in der Folge zu einer lebendigen Mittelschicht führten.

Ford war erfolgreich, weil er kreativ und ausdauernd war, aber auch, weil er das richtige Timing hatte. Schau dir die größten Automobilunternehmen der Welt heute an: Viele von ihnen starteten in einem ziemlich schmalen Zeitfenster, als die Pferdekutschenindustrie reif für den Untergang war. In den USA wurde Ford 1903 und General Motors 1908 gegründet; in Deutschland BMW 1916 und Daimler-Benz 1926; in Schweden Volvo im Jahr 1927; in Japan Nissan im Jahr 1933, Toyota im Jahr 1937 und Honda im Jahr 1948. Von den tausenden anderen Autofirmen, die gegründet wurden, fusionierten die meisten oder scheiterten.

Und dann schloss sich das Zeitfenster. Selbst eine visionäre Führungspersönlichkeit wie John DeLorean, ein Außenseiter der Branche, dem das erste Muscle Car zugeschrieben wird, während er bei GM arbeitete, und der als jüngster General Manager von Chevrolet schnell aufstieg, scheiterte kläglich, als er ausstieg und mit seiner DeLorean Motor Company gegen diese Monopolmacht antrat.

Viele von diesen Automobilgiganten, die mehr als 100 Jahre lang florierten, könnten in den kommenden Jahren aufgrund einer sich radikal verändernden Technologielandschaft rund um selbstfahrende und elektrische Autos untergehen.

Den Zeitpunkt des Wandels vorherzusehen und daraus einen Vorteil zu ziehen, sind vielleicht die wichtigsten Fähigkeiten eines visionären Unternehmers. Warum ist es dann so selten, dass bisherige Gewinner auch Gewinner bleiben? Sie hatten offensichtlich das Skillset, um Monopole aufzubauen und zu gedeihen. Bleiben sie in dem gefangen, was sie in der Vergangenheit erfolgreich gemacht hat und halten sich davon ab, sich in der wandelnden Landschaft weiterzuentwickeln?

Für viele Unternehmen ist das heute eine wichtige Frage, denn das Umfeld verändert sich so schnell, dass es immer schwieriger wird, mit den Erfolgen der Vergangenheit zu bestehen und für die Zukunft zu planen.

Die meisten Menschen wissen nicht einmal, dass Jeff Bezos, der Gründer und CEO von Amazon und einer der größten Visionäre und Unternehmer unserer Zeit, einst kurz vor dem Abgrund stand und für genau die Dinge kritisiert wurde, die sein Unternehmen heute so erfolgreich und gefeiert machen. Im Jahr 2001 hatte Amazon etwa 94 Prozent seines Marktwerts von seinem Höchststand im Jahr 1999 verloren und die Analysten waren sich einig, dass das Unternehmen nicht überleben würde. Einer dieser Analysten, Ravi Suria von Lehman Brothers, schrieb den folgenden bissigen Bericht:

> Aus Sicht der Anleihen finden wir die Bonität extrem schwach und zunehmend schlechter… Die Unfähigkeit des Unternehmens, bares Geld pro verkaufter Einheit zu verdienen, zeigt sich

> deutlich in der schwachen Bilanz, dem schlechten Working Capital Management und dem massiven negativen operativen Cashflow – finanzielle Merkmale, die unzählige Einzelhändler in der Geschichte in den Ruin getrieben haben … Zu der operativen Schwäche kommt der wachsende Schuldenberg hinzu, da Amazon seine Umsätze im letzten Jahr im Wesentlichen durch eine Vielzahl von Quellen finanziert hat. Von 1997 bis zum letzten Quartal hat das Unternehmen 2,8 Milliarden Dollar an Finanzmitteln erhalten, während die Einnahmen 2,9 Milliarden Dollar betrugen – satte 0,95 Dollar für jeden Dollar an verkaufter Ware … In der aktuellen Situation mit hoher Schuldenlast, hohen Zinskosten, steigenden Lagerbeständen und steigenden Expansionskosten glauben wir, dass die aktuellen Barbestände dem Unternehmen im besten Fall bis zum ersten Quartal 2001 reichen werden … das Unternehmen wird innerhalb der nächsten vier Quartale kein Bargeld mehr haben, es sei denn, es gelingt ihm, ein Finanzierungskaninchen aus seinem ziemlich magischen Hut zu ziehen.[10]

Heute sieht diese Analyse geradezu verrückt aus. Amazons Reichweite ist atemberaubend. Es kontrolliert ein Geschäftsfeld, das fast 8 Prozent des gesamten US-Einzelhandelsumsatzes, bzw. 45 Cent jedes online verkauften Dollars ausmacht. Alle anderen Einzelhändler zusammen – einschließlich Walmart, Home Depot, Target, eBay, Best Buy und Costco – kämpfen um die restlichen 55 Cent, die online verkauft werden. Es hat 199 Millionen monatliche Unique User auf seinen Seiten und 100 Millionen Prime-Mitglieder, die eine jährliche Gebühr an Amazon für besondere Vergünstigungen zahlen.[11] Neben dem Verkauf von Produkten und Dienstleistungen nutzt

Amazon auch die Technologie, die es entwickelt, indem es anderen erlaubt, für ihre Geschäfte darauf zuzugreifen. Amazon Web Services ist ein 80-Milliarden-Dollar-Geschäft für sich und kontrolliert 32 Prozent des Cloud-Computings.

Ironischerweise war es Lehman Brothers, die nicht erkannten, was in der Kreditkrise 2008 auf sie zukam und deshalb in den Konkurs getrieben wurde.

Abgesehen von der Intelligenz, dem Tatendrang und der Neugier von Bezos, ist es unschwer zu erkennen, dass ohne ein wenig Glück und Timing alles anders hätte laufen können. Es ist spannend, einen Moment innezuhalten und sich vorzustellen, wie anders die Geschichten über Bezos' Vision oder Amazons operatives Management verlaufen wären, wenn es andersherum gewesen wäre – was genauso gut möglich war.

Das Muster der schöpferischen Zerstörung und der Monopolmacht fällt auf, wenn wir uns die Liste der Top-Unternehmen der Welt vor nur zehn Jahren im Vergleich zu heute ansehen. Vor zehn Jahren wurden viele der Top-Unternehmen der Welt im späten 19. Jahrhundert gegründet. Heute wird die Liste von Technologieplattformen dominiert, die Netzwerkeffekte und Datenerfassung nutzen, um ihre Dienstleistungen zu verbessern.

Dies ist eine wichtige Ära. Es gibt immer noch unglaubliche Möglichkeiten, da die Veränderungen in der Technologie es einfacher machen, Informationen zu konsolidieren und neue Plattformen in Branchen zu schaffen, in denen sie noch nicht existieren. Aber die großen Plattformen wissen das auch: Sie haben hunderte von Millionen Menschen, die ihre Dienste jeden Tag nutzen, sie haben ein Verständnis dafür, was an ihren Modellen anders ist, wie es nur die wenigsten haben, und sie verfügen bereits über eine Monopolstellung. Mit ihnen um die Macht der Plattformen zu konkurrieren, selbst in einem neuen Markt und einem sich schnell verändernden Umfeld, wird mehr als nur ein wenig Glück und Timing erfordern. Für Nicht-Technologie-Unternehmen wird es sogar noch schwieriger, wenn man vergangene Erfolge als Leitfaden für die Zukunft verwendet.

Größte Unternehmen im Jahr 2019 versus 2009

2019				2009			
Rang	**Unternehmen**	**Land**	**Mrd USD**	**Rang**	**Unternehmen**	**Land**	**Mrd USD**
1	Apple	US	1,099	1	PetroChina	China	390
2	Microsoft	US	1,056	2	Exxon- Mobil	US	345
3	Alphabet (Googles Muttergesellschaft)	US	873	3	Industrial & Commercial Bank of China	China	250
4	Amazon	US	872	4	China Mobile	China	210
5	Facebook	US	531	5	Microsoft	US	205
6	Berkshire Hathaway	US	517	6	Walmart	US	198
7	Alibaba	China	442	7	China Construction Bank	China	195
8	JPMorgan Chase	US	400	8	Johnson & Johnson	US	172
9	Visa	US	372	9	Procter & Gamble	US	170
10	Johnson & Johnson	US	343	10	Royal Dutch Shell	UK & Niederlande	169

Es ist ein noch größeres Problem, als man meinen könnte. Die großen Plattformen kontrollieren viel mehr, als dir vielleicht bewusst ist. Weil sie die Highways und die Communitys der Technologie kontrollieren, haben sie eine asymmetrische Macht über alle anderen Arten von Unternehmen. Sie sind auch diejenigen, die an der Spitze der Erschaffung künstlicher Intelligenz (KI) stehen, was sie sehr wohl zu den mächtigsten und wichtigsten Unternehmen machen könnte, die jemals existiert haben.

Wenn eine Superintelligenz von einem kommerziellen Unternehmen oder einer kleinen Anzahl von Unternehmen geschaffen wird, wird der Wert vor allem ihnen zugutekommen. Wenn das passiert, wäre es schwer vorstellbar, dass der unternehmerische Prozess so weitergeht wie in der Vergangenheit. Würde in einer Umgebung, in der ein Unternehmen die KI kontrolliert, diese KI selbst nicht in kurzer Zeit die Macht konsolidieren? Wie könnten wir vernünftigerweise erwarten, dass ein Unternehmer ohne die gleichen Mittel gegen eine solche Superintelligenz antreten kann? Wenn du zumindest teilweise davon überzeugt bist, dass Glück und Timing genauso viel mit Erfolg zu tun haben wie alles andere, dann könnte dieses Zeitfenster logischerweise das bisher erfolgreichste von allen sein – und alle darauffolgenden Zeiten wären ungünstig. Und auch das hätte fatale Folgen für die Art und Weise, wie unsere Wirtschaftssysteme aufgebaut sind. Eine große Strukturreform wäre nötig, um den unternehmerischen Prozess in Gang zu halten.

Der Aufstieg der Plattformen

Die neuen Supermonopole, darunter Google, Apple, Amazon, Alibaba und Tencent, sind entstanden, weil sie verstanden haben, wie sich die Welt verändert hat – wo die Macht gehalten wird, hat sich verändert und die früheren Monopole haben es schwer, in diesen Bereichen zu konkurrieren. Nicht nur das: aufgrund des immensen Wertes, den sie ihren Nutzern bringen – ihre Plattformen sind darauf ausgelegt, Netzwerkeffekte und die Daten, die ihnen diese bringen, zu nutzen – werden diese Monopole wahrscheinlich weiterhin ihre Macht ausbauen.

Starke Netzwerkeffekte sind heute der Kern eines jeden Plattformgeschäfts. Tatsächlich machten Netzwerkeffekte in einer aktuellen Dreijahresstudie von NFX 70 Prozent des Wertes von Technologieunternehmen in den letzten dreiundzwanzig Jahren aus.[12] Netzwerkeffekte unterscheiden sich stark von den Skaleneffekten, die traditionell die Macht antrieben. Je größer ein Unternehmen war, desto mehr Kaufkraft und Einfluss hatte es, um die Konkurrenz zu verdrängen. Im Gegensatz dazu liegt ein Netzwerkeffekt vor, wenn der Wert eines Produktes oder einer Dienstleistung mit zunehmender Anzahl der Nutzer mehr Wert für jeden Nutzer hat. Eine Telefonanlage ist ein gutes Beispiel: Wenn ich der Einzige mit einem Telefon bin, ist der Dienst nutzlos, weil ich niemanden anrufen kann. Mit jedem zusätzlichen Nutzer wird der Dienst für alle Nutzer wertvoller, was wiederum eine positive Rückkopplungsschleife des Wertes erzeugt, die zu exponentiellem Wachstum führt.

Eine Plattform so zu gestalten, dass sie starke Netzwerkeffekte ausnutzt, führt zu Lock-in und Winner-take-all-Märkten. Das Internet selbst hat einen der stärksten Netzwerkeffekte, und folglich auch viele der Top-Unternehmen, die darauf aufbauen. Ironischerweise haben die Netzwerkeffekte, die das Internet zum großen Gleichmacher machen sollten, da es die Macht weg von den Monopolen umverteilt, dazu geführt, dass sich noch mehr Macht in den Händen weniger konzentriert.

Jenseits von Netzwerkeffekten erlangt jede Verbraucherplattform ihre Macht auf ähnliche Art und Weise. Die meisten Menschen glauben fälschlicherweise, dass die Mehrheit der Macht durch die Konsumenten der Plattform gewonnen wird. Das ist nur zum Teil richtig und liegt größtenteils daran, worauf der Kern der Plattform wirklich ausgerichtet ist. Der Wert, den sie den Verbrauchern bieten, ist außergewöhnlich, was die Verbraucher immer mehr antreibt, aber das Geheimnis, das sie alle gemeinsam haben, ist, dass sie den Wert, den sie den Verbrauchern geben, durch ihren Fokus auf die Bündelung der Angebote ableiten. Und zwar nicht nur einen Teil des jeweiligen Angebots, sondern das Ganze.

Alle Plattformen gewinnen ihre Macht dadurch, dass sie das gesamte verfügbare Angebot bündeln und um das Publikum wetteifern. Dieses Angebot kann viele verschiedene Formen annehmen, aber das Muster ist bemerkenswert einheitlich. Auf Facebook bist du das Angebot. Auf LinkedIn ist das Angebot das Unternehmen selbst. Auf Amazon und Alibaba sind es die Produkte und Lieferanten. Auf YouTube sind es die Videos. Auf Airbnb sind es die Mietwohnungen. Bei iTunes oder Spotify sind es die Songs und Musiker. In einem App-Store sind es die Apps. Stelle dir bei jedem dieser Beispiele nur einmal den Service ohne die schiere Anzahl von "Anbietern" vor, die um Aufmerksamkeit konkurrieren. Da die Plattformbesitzer das Angebot nicht besitzen, sondern es aggregieren, kann das Angebot fast unbegrenzt skalieren, ohne die negativen Auswirkungen des

Besitzes jenes Angebots. Nur wenige Käufer erkennen das Ausmaß der Angebotspalette, weil sie nur die Top-Ergebnisse „sehen“, und die Top-Ergebnisse werden ständig für sie angepasst, um die Conversion zu steigern. Amazon hat mehr als 500 Millionen Produkte, die um deine Aufmerksamkeit buhlen, mit Teams, die versuchen, ihre Produkte zu optimieren, um an der Spitze zu bleiben. Google indiziert mittlerweile mehr als 130 Billionen einzelne Webseiten.[13] Jede dieser Seiten gehört zu einer Website, und jede kommerzielle Website hat ein Team hinter sich, das alles tut, um in den Suchergebnissen ganz nach oben zu kommen.

Für die Nutzer auf den Plattformen ist der offensichtliche Hauptvorteil eine größere Auswahl und einzigartige Inhalte oder Produkte. Sie müssen nirgendwo anders hingehen. Der sekundäre Effekt ist wichtiger: Es entsteht ein Wettbewerb, der die Anbieter dazu bringt, um die Aufmerksamkeit der Nutzer zu konkurrieren. Dieser Wettbewerb ermöglicht ein besseres Käufererlebnis, da die am besten umgesetzten Produkte oder Dienstleistungen natürlich an die Spitze kommen. Der Wettbewerb liefert auch umfangreiche und differenzierte Daten, um maschinelles Lernen anzuwenden. Das Machine Learning wiederum treibt ein besseres Käufererlebnis voran, indem es das beste Produkt oder die beste Dienstleistung für jeden Kunden aus dem riesigen Angebot identifiziert.

Stell dir vor, Google hätte den gleichen Inhalt wie die Gelben Seiten oder YouTube hätte den gleichen Inhalt wie dein lokaler Kabelsender. Es gäbe weniger Wert für die Nutzer und weniger Grund, einen der beiden Anbieter zu nutzen. YouTube erstellt nicht den Großteil der Inhalte, die es hostet: Es bietet einen Ort, um sie zu bündeln und daher liegen alle Kosten in den Händen der Inhaltsanbieter, die Videos erstellen, die sich abheben, während der Nutzen von YouTube für seine Nutzer steigt, je mehr Inhalte es bündelt. Bei der letzten Zählung wurden jeden Tag mehr als 576.000 Stunden Video auf YouTube veröffentlicht. Und wenn ein Video einmal dort ist, ist es jederzeit verfügbar (außer, es wird absichtlich entfernt). Das ist eine enorme Menge an Möglichkeiten, um das fast unendliche Angebot an die Nachfrage anzupassen.

Stell dir vor, Airbnb würde auf die gleiche Weise wie Hotels konkurrieren, mit einem begrenzten Angebot an Zimmern. Wenn Airbnb eine Auswahl von zehn Zimmern in New York hätte, um mit einem Hotel zu konkurrieren, das du normalerweise wählst, würde das Hotel jedes Mal gewinnen. Aber das Spiel ändert sich, sobald Airbnb viel mehr Angebot auf seiner Plattform aggregiert. Ab einem bestimmten Punkt bietet der Service den Nutzern einen immensen Wert durch den Zugang zu einem einzigartigen Angebot, das sie vorher nicht zu sehen bekamen; die Anbieter heben ihre Angebote in diesem Fall durch verschiedene Mittel wie bessere Fotos oder Bewertungen hervor, die wiederum einen steigenden Wert für die Nutzer darstellen. Und ebenso wie bei YouTube hat Airbnb nicht nur keine Kosten für das Angebot jenseits ihrer Technologie, sondern der Wert, den sie gewinnen, liegt in der Konkurrenz des Angebots. Heute hat Airbnb mehr als sechs Millionen Einträge.

Aufgrund dieses Musters sind die Plattformen für die Nutzer unschlagbar und werden immer besser. Es ist kein Wunder, dass wir an sie gebunden sind. Für Verkäufer kann es jedoch schwieriger sein – vor allem, wenn man sich einer Plattform zu spät anschließt.

Alteingesessene Lieferanten versus Tech-Disruptoren

Produkt/Service	Alte Unternehmung (von Menschen getroffene Wahl, verzerrt das wahre Bild)	Disruptor (ermöglicht neue Optionen)	Angebotszahl des Disruptors
Musik	Sony Music BMG	iTunes	30 Mio. Songs
Bücher als zentraler Stützpunkt und Ausweitung auf alles andere	Barnes & Noble Chapters	Amazon	Über 500 Mio. SKUS (166 Mio. in Mode und Beauty)
Unterkunft	Four Seasons Holiday Inn Hilton	Airbnb	Über 6 Mio.
Suche/Medien	WarnerMedia Gelbe Seiten Zeitungen	Google YouTube	Über 133 Billionen

Früh auf einer Plattform zu sein, kann tolle Ergebnisse für das Angebot bringen. Ein Hack, den ich auf Twitter benutzt habe, ist ein gutes Beispiel dafür. Als ich das Muster erkannte, dass Inhalte für die Plattformbesitzer wichtig waren und es darauf ankam früh dabei zu sein, entschied ich mich, Anfang 2008 einen Blogbeitrag mit dem Titel „Warum jeder CEO auf Twitter sein muss" zu schreiben. In diesem Fall war ich ein Lieferant (ein CEO), der die Plattform für andere CEOs validierte. Zwei Tage später geschah etwas Außergewöhnliches: nachdem ich den Dienst zuvor monatelang mit begrenzten Interaktionen genutzt hatte, explodierte mein Twitter-Account – und gewann über 1.000 Follower pro Tag. Ich brauchte einige Zeit, um herauszufinden, was passiert war. Dann schickte mir ein Freund einen Screenshot seines Twitter Onboarding-Prozesses: Es gab eine Liste mit zehn CEOs, denen jedes neue Twitter-Mitglied folgen sollte. Da war ich – der Einzige der zehn, der nicht auf die Liste gehörte. Genau zwischen Richard Branson und Bill Gates. Als ich mehr Follower gewann, erhöhte sich die Rate, da meine Followerzahl selbst andere davon überzeugte, dass ich es wert war, mir zu folgen. Dieser eine Blogpost und die darauffolgenden Aktionen von Twitter trieben meine Followerzahl fast über Nacht auf über 185.000.

Dieses Beispiel zeigt, dass ein frühes Engagement auf einer Plattform zu beeindruckenden Ergebnissen führen kann, indem es eine große Verbreitung und Reichweite schafft, wo es vorher keine gab. Diese frühen Erfolge sind sehr real, wobei ein Großteil des Wertes auf den Anbieter fällt. Neue Stars werden erschaffen, egal ob es sich um Gamer, Instagram- oder Twitter-Prominente, Airbnb-Angebote oder Produkte handelt. Diese Stars ermutigen wiederum weitere Anbieter, die diesen Erfolg sehen und ihn duplizieren wollen. Durch diesen Wettbewerb gewinnt die Plattform mehr Einfluss auf die Preisgestaltung der Anbieter und jeder Anbieter ist gezwungen, härter zu arbeiten, um mitzuhalten.

Als Lieferant auf der Plattform, ist die Analogie, die mir in den Sinn kommt, das Aufheben von 100-Dollar-Scheinen, während eine Dampfwalze auf dich zukommt. Ich benutze Google als Beispiel, aber das Muster lässt sich auf fast jede Plattform anwenden. Als Google und E-Commerce noch relativ neu waren, war der Gewinn der „organischen“ oder kostenlosen Suche fast wie ein Lottogewinn. Und weil es relativ wenig Konkurrenz gab, brauchte es nicht viel, um die ersten Plätze in ihrem Suchalgorithmus zu „gewinnen“. Für mein Unternehmen und viele andere, die früh dabei waren, fühlte es sich an, als würden wir 100-Dollar-Scheine einsammeln – und wir wussten nicht, dass eine Dampfwalze kommen würde. Das Geschäft wuchs schnell, weil unsere „Werbekosten" im Wesentlichen gratis waren. Unsere „Lieferung" von Inhalten an Google war ein Erfolg. Als mehr Unternehmen diese Macht erkannten, stürmten unsere Konkurrenten herein und versuchten ebenfalls, die begehrten Spitzenplätze zu gewinnen, was es für uns schwieriger machte, sie zu erhalten. Die Dampfwalze bewegte sich nun auf uns zu und wir mussten uns ebenfalls bewegen – dorthin, wo es nur noch 20-Dollar-Scheine zu holen gab. Wir erinnerten uns daran, wie sich das Aufheben von 100-Dollar-Scheinen anfühlte und wollten dieses Gefühl zurück, also erweiterten wir unser Team, um zu konkurrieren und bessere Inhalte zu erstellen. Dieser ganze Wettbewerb ging auf unsere Kosten, um Google zu erobern. Die Konkurrenten machten uns weiter die von uns gewünschten Begriffe streitig, was unsere Kosten für den Erfolg ständig erhöhte und gleichzeitig unsere Chancen auf den Erfolg verringerte.

Um zu sehen, wie unwahrscheinlich es ist, heute eine Top-Platzierung zu gewinnen, nehmen wir ein Beispiel für die Suche nach Hartholzböden. „Hartholzböden" (engl. hardwood flooring) bringt heute 1,25 Milliarden Suchergebnisse bei Google hervor. Das sind eine Menge Teams und eine Menge Geld, die um einen begrenzten Platz auf der ersten Seite der Google-Suchergebnisse kämpfen. Google gibt uns die Illusion der Wahl. Wie oft hast du als Google-Nutzer schon die Seite 35.000 aufgerufen? Hierin sehen wir den Trugschluss. Wir können die freie Wahl haben, wenn wir lange genug suchen, aber aufgrund unserer begrenzten Zeit vertrauen wir dem, was Google an die Spitze der Ergebnisse setzt und gehen selten bis zur zweiten Seite.

Und so tat unser Unternehmen immer mehr und bekam immer weniger – nicht fähig, aus dem Rad auszusteigen, nachdem wir uns auf sie als unseren primären Kanal verlassen hatten. Dann, gerade als wir alle Hoffnung verloren hatten, bot sich uns eine einmalige Gelegenheit: unser Unternehmen begann, 5 Cent pro Klick an Google zu zahlen und unsere Ergebnisse wurden über allen organischen Platzierungen gelistet. Es spielte keine Rolle, dass wir immer noch ein Team von Leuten hatten, die daran arbeiteten, die organische Suche zu gewinnen, und dass die organischen Platzierungen nun weniger wertvoll waren, weil sie in den Suchergebnissen von den bezahlten Ergebnissen nach unten gedrängt wurden. Wie bei dem Muster zuvor bei der organischen Suche, funktionierte das Bezahlen für Top-Spots anfangs wirklich gut. Aber das Muster wiederholte sich schließlich bei den bezahlten Ergebnissen, als die Konkurrenten heranrauschten. Die 5 Cent stiegen auf über 5,00 Dollar. Durch diese Erfahrung habe ich auch erkannt, dass es in einer wettbewerbsorientierten Welt immer ein Unternehmen gibt, das mehr als das wirtschaftlich Vernünftige zahlen wird, um „den Markt zu gewinnen." Eines Tages, bei enormen Kosten und sich verschlechternden Erträgen, wird dich die Dampfwalze überrollen.

Die gesamte Dynamik ist der Grund, warum die meisten Plattformen Monopolunternehmen sind. Am Anfang sind die potenziellen Ergebnisse zu beeindruckend, als dass der Lieferant die Gelegenheit ignorieren könnte. Später sind alle Käufer schon da, so dass es fast keine andere Wahl gibt, als mitzumachen. Der Netzwerkeffekt der Plattform schafft eine Welt, in der die „Kosten" für die Lieferanten, um die Aufmerksamkeit der Käufer zu erlangen, ständig steigen, aber dadurch niedrigere Kosten oder einen höheren Wert für die Käufer mit sich bringen.

In der Vergangenheit wurden Monopole oft wegen ihrer negativen Auswirkungen auf die Verbraucher in Form von erhöhten Preisen oder der Einschränkung von Märkten aufgebrochen. Die heutigen Monopole sind anders aufgebaut und bewirken genau das Gegenteil für die Verbraucher. Die Verbraucher gewinnen in Form von besseren Preisen und Services – was eine Deflation ist – und deshalb sind die Monopole schwer zu stoppen. Wie ich auf die harte Tour gelernt habe, bist du entweder die Plattform oder die Arbitrage auf der Plattform. Auf lange Sicht gibt es nichts dazwischen.

Am Vorabend der Zerstörung

Es ist etwas ironisch, dass Schumpeters Begriff der schöpferischen Zerstörung im Kapitalismus so häufig verwendet wird, um den Prozess der Innovation zu feiern. Schumpeter selbst war pessimistisch, was die langfristige Nachhaltigkeit des Prozesses angeht. Er sah, dass er letztendlich zur Untergrabung der eigenen institutionellen Rahmenbedingungen des Kapitalismus führen würde. In seinen eigenen Worten: „Indem er den vorkapitalistischen Rahmen der Gesellschaft zerbrach, zerbrach der Kapitalismus somit nicht nur Barrieren, die seinen Fortschritt behinderten, sondern auch tragende Pfeiler, die seinen Zusammenbruch verhinderten. Der kapitalistische Prozess untergräbt in der gleichen Weise, in der er den institutionellen Rahmen der feudalen Gesellschaft zerstört hat, auch seinen eigenen."[14]

Schumpeters Ansicht stimmt mit der des Nobelpreisträgers Hyman Minsky überein, aber nicht so, wie du vielleicht denkst. Minsky, ein amerikanischer Wirtschaftswissenschaftler, stellte die

Theorie auf, dass lange Perioden finanzieller Stabilität auf natürliche Weise zu Instabilität führen, weil die Verschuldung steigt. Der „Minsky-Moment" ist der Kipppunkt, an dem die schuldengetriebene Vermögensblase zusammenbricht, Vermögenswerte schwer zu jedem beliebigen Preis zu verkaufen sind und ein Marktkollaps folgt. Interessanterweise prognostizierte Minsky jedoch keinen Schuldenabbau. Obwohl Minsky, der 1996 verstarb, für den Minsky-Moment berühmt ist, war sein prominentester Aufruf etwas anderes. Minsky erkannte, dass selbst Regierungen, die Regeln des freien Marktes predigten, wenn sie mit einem systematischen Zusammenbruch konfrontiert würden, immer als Kreditgeber der letzten Instanz agieren und den Markt retten würden. In der Tat glaubte er, dass sie dazu gezwungen wären, weil es kurzfristig zu viel Schmerz verursachen würde, wenn sie es nicht täten. In seinem 1986 erschienenen Buch *Stabilizing an Instable Economy* schrieb Minsky: „Jedes Mal, wenn die Federal Reserve ein Finanzinstrument schützt, legitimiert sie die Verwendung dieses Instruments zur Finanzierung von Geschäftstätigkeiten. Das bedeutet, dass die Federal Reserve nicht nur eine beginnende Krise abbricht, sondern die Bühne für eine Wiederaufnahme des Prozesses der zunehmenden Verschuldung bereitet – und die Einführung neuer Instrumente ermöglicht."[15]

Das ist der Punkt, an dem ich glaube, dass Minsky und Schumpeter übereinstimmen. Es sind nicht die Schulden selbst, die den Kapitalismus untergraben. Es ist der Akt der Stabilisierung einer Wirtschaft durch die Vergemeinschaftung von Verlusten, wenn sie mit einem Zusammenbruch konfrontiert ist, der den eigenen institutionellen Rahmen des Kapitalismus untergräbt.

Anstatt also die Schulden in der globalen Finanzkrise von 2008 abzuschreiben, ist die Schuldenlast der Welt um fast 50 Prozent gestiegen und ist nun mehr als dreimal so groß wie die Weltwirtschaft. Und wenn der Stimulus aus den Märkten entfernt wird, können wir erwarten, dass die Dinge zusammenbrechen und sehr schnell kollabieren. Wenn Minsky Recht hat, sollten wir daher mehr Stimulus-Pakete und damit mehr Chaos erwarten, da man das Problem wieder einmal auf die lange Bank schieben wird.

Wie Nassim Nicholas Taleb in seinem Buch *Antifragilität* klug anmerkt: „Kleine Waldbrände reinigen das System periodisch vom brennbarsten Material, sodass dieses keine Gelegenheit hat, sich anzusammeln. Das systematische Verhindern von Waldbränden, 'um sicher zu gehen', macht den großen Brand viel schlimmer."[16] Indem sie weiterhin Schulden anhäufen und die Probleme ignorieren, haben Regierungen und Zentralbanken einige der kleinen Brände verhindert – in diesem Fall den Schmerz der Restrukturierung. Mir ist klar, dass die Krise von 2008 und die geldpolitische Lockerung, die es den Volkswirtschaften der Welt ermöglichte, der Restrukturierung zu entkommen, als „kleines Feuer" zu bezeichnen, so ähnlich ist, als würde man die Große Depression eine „Rezession" nennen. Das Problem ist jedoch, dass bei der Wahl dieser Option, die Größe des Brandes der bevorsteht, unvorstellbar ist. Monopole, die lange Zeit floriert haben, kippen oft sehr schnell, weil sie einen bevorstehenden Übergang nicht erkennen. Kipppunkte können sich auf vielfältige Weise ergeben und ganz plötzlich auftreten, oft mit wenig Vorwarnung der kaskadierenden Effekte. Aber was passiert, wenn es sich bei dem Monopol nicht um ein Unternehmen oder einen kleinen Teil einer Gesamtwirtschaft handelt, sondern um unser gesamtes vernetztes Wirtschaftssystem? Unsere Art, Geld zu erzeugen und unsere inflationäre Neigung? Wenn man das schleppende Wachstum des Bruttoinlandsprodukts mit einer illusionären Inflation von

Vermögenswerten und einem unmöglich aufrechtzuerhaltenden Anstieg der Schulden vor dem Hintergrund einer exponentiell wachsenden Technologie betrachtet, beginnt der Phasenwechsel in den Fokus zu rücken.

Wir werden eine ganz neue Art brauchen, die Dinge zu betrachten und vielleicht eine ganz neue Art zu leben. Was in der Technologie als nächstes kommt, verändert die Regeln auf eine Art und Weise, die zu wenige verstehen.

3

ES IST SCHWER, ANDERS ZU DENKEN

Wir blicken oft auf frühere Generationen oder auf andere Bereiche der Welt und sehen Beispiele des Denkens, die wir mit unserem heutigen Wissen fast nicht glauben können. Unsere Geschichte ist voll von lang gehegten Glaubenssätzen, die die Art und Weise, wie die Menschen leben, bestimmt haben … bis diese Glaubenssätze plötzlich verändert wurden.

Vor nur 400 Jahren erzürnte Galileo Galilei die Kirche, indem er andeutete, dass die Erde vielleicht nicht das Zentrum des Universums ist. Wenn es wahr wäre, würde die Veränderung einige der grundlegenden Säulen der Lehren der Kirche und ihrer darauffolgenden Macht brechen. Für die Bevölkerung ohne Teleskope war es ebenso schwer zu akzeptieren: Es passte nicht zu ihrer alltäglichen, bodennahen Sicht der Realität. Zwischen 1450 und 1750 brodelte die Hysterie um Hexen in der Gesellschaft und führte zu tausenden von Hinrichtungen. Ereignisse wie die Ausbreitung von Krankheiten wurden der Hexerei zugeschrieben, während die wahre Quelle nicht sichtbar war.

Und natürlich wurden nicht alle Menschen im 18. oder 19. Jahrhundert plötzlich aufgeklärt. Erst im August 1920 gewährte der 19. Zusatzartikel zur US-Verfassung endlich das gleiche Wahlrecht für Frauen in Amerika. Schon fast 100 Jahre zuvor hatten Frauenrechtlerinnen wie Susan B. Anthony und Elizabeth Cady Stanton unermüdlich dafür gekämpft, dass Frauen die gleichen Rechte wie Männer haben sollten. Anthony wurde 1872 verhaftet, weil sie wählen ging. Ihre Position erscheint uns heute selbstverständlich, aber 1911 gab J.B. Sanford, Senator und Vorsitzender des Democratic Caucus, einer damals vorherrschenden Überzeugung Ausdruck: „Der Einfluss der Mutter wird im Haus gebraucht. Sie kann wenig Gutes tun, wenn sie auf der Straße herumläuft und ihre Kinder vernachlässigt. Die Frau ist eine Frau. Sie kann sich nicht ungeschlechtlich machen oder ihre Sphäre verändern. Lasst sie mit ihrem Los zufrieden sein und die hohen Pflichten erfüllen, die der große Schöpfer für sie vorgesehen hat, und sie wird in den Regierungsangelegenheiten weit mehr erreichen, als sie jemals erreichen kann, wenn sie im schmutzigen Pool der Politik mitmischt."[17]

Heute blicken wir auf solche geschichtlichen Anekdoten und halten uns für aufgeklärt und vergessen dabei, dass es noch nicht lange her ist, dass die Mehrheit der Bevölkerung – sowohl Männer als auch Frauen – dagegen gekämpft hat. Es fällt uns schwer zu glauben, dass einige andere Gesellschaften diese Überzeugungen genauso ablehnen und bekämpfen, wie es unsere Vorfahren taten. Aber wir denken dieselben Gedanken, die Menschen schon immer hatten, und wir haben immer noch lang gehegte Überzeugungen und Vorurteile. Es stellt sich heraus, dass Glaubenssätze schwer zu ändern sind, selbst wenn die Fakten auf der Hand liegen. Ganze Bevölkerungsgruppen erfinden Geschichten, die ihr Handeln leiten, ohne zu merken, dass vieles davon ein Hirngespinst ist und wenig mit den Fakten zu tun hat.

Wie viele unserer eigenen Überzeugungen halten den Fakten stand? Wie viele unserer gegenwärtigen Handlungen, die von diesen Überzeugungen angetrieben werden, werden zukünftigen Generationen geradezu töricht vorkommen? Wird das wirtschaftliche Dogma von heute, dass Wachstum immer gut ist, egal wie sehr man die Regeln beugt, um es zu erreichen, den Historikern von morgen genauso irrational erscheinen wie die geozentrische Weltanschauung, die Hexenverbrennung oder die Ungleichheit der Wähler für uns heute?

Auf schwachen Fundamenten bauen

Unser Verstand akzeptiert Muster, die mit unserer Wahrnehmung der Realität übereinstimmen und verwirft andere Muster, mit denen wir nicht vertraut sind. Wir verlassen uns auf einfache Rahmen oder mentale Modelle, damit die begrenzte Energie unseres Gehirns auf das gelenkt werden kann, was wir für am wichtigsten halten und sich nicht darin verzettelt, Dinge in Frage zu stellen, die wir bereits kennen.

Denke an all die Dinge, die du im Autopilot-Modus tust: Du wachst auf, duschst, putzt dir die Zähne, ziehst dich an, frühstückst und fährst ins Büro, alles ohne viel aktives Denken zu erfordern. Jetzt stell dir vor, du müsstest jede dieser Tätigkeiten lernen, als wäre es dein erstes Mal. Wenn du jede Aufgabe wieder und wieder bewusst durchdenken müsstest, wärst du erschöpft, bevor du das Haus verlässt. Die Fähigkeit, zu lernen und Informationen aufzunehmen, setzt dein Gehirn frei, um über wichtigere Dinge nachzudenken.

Tiefes Denken und Lernen ist auch anstrengend für unsere Energiespeicher, deshalb brauchen wir Vereinfachung und Verfestigung. Unser Verstand lernt durch Wiederholung oder Emotionen Dinge und verlässt sich dann, nachdem er sie in sein Gedächtnis aufgenommen hat, auf diese Informationen und hinterfragt sie oft nicht mehr; wir stecken unsere Energie in andere Dinge, die wir für wichtiger halten. Wie beim Bau einer Struktur mit einem starken Fundament, machen wir unsere mentalen Modelle zur Grundlage für das Hinzufügen neuer Informationen. Wir bemerken Dinge, die mit unserer Sichtweise übereinstimmen und wir verwerfen Dinge, die das nicht tun. Während wir unser begrenztes Wissen auf diesem Fundament aufbauen, bemerken wir vielleicht nicht einmal, wenn das Fundament selbst schwach ist.

Und so können wir, während wir mit unserem Leben weitermachen und eine riesige Menge an Informationen filtern, leicht blind für wichtige Informationen werden, gefangen in unserer eigenen Blase, einige Informationen oder alternative Ansichten ignorieren, selbst wenn sie für uns hilfreich sein könnten. Unsere Entscheidungen werden von dem geprägt, was wir als Tatsachen ansehen, und wenn neue Informationen auftauchen, die das widerlegen, was wir glauben, dann versteifen wir uns oft auf unsere ursprüngliche Sichtweise.

Es bedeutet auch, dass wir oft nur das sehen können, was direkt vor uns ist, ohne die größeren Einflüsse zu sehen, die unser Leben formen.

Wie wir bei der Finanzkrise 2008 gesehen haben, sehen selbst Top-Experten große Veränderungen vielleicht nicht kommen, weil auch sie Menschen mit den gleichen kognitiven Verzerrungen sind wie wir alle und in etablierten Bahnen denken. Je länger ein Muster anhält, desto bequemer wird es für die Experten, das Muster zu erklären und ihre Ansichten zu bekräftigen, was sie daran hindert, Dinge zu sehen, die der Verstand eines Anfängers ohne weiteres sehen könnte. Schließlich erweisen sich in langen Perioden der Stabilität die meisten alternativen Sichtweisen als falsch und die Experten haben oft Recht, wenn sie sie abtun. Aber in Zeiten des großen Wandels ist der Verstand des Anfängers im Vorteil. Ohne das gleiche gefestigte Wissensfundament fragt der Verstand des Anfängers nach dem *Warum*, mit der Absicht, die Antwort zu entdecken und nicht, um eine bestehende Realität zu verteidigen. Er ist einer der Haupttreiber des Prozesses der kreativen Zerstörung. Die Position des Experten ist einer der Hauptfaktoren, die kreativ zerstört werden müssen.

George Eastman erfand die Kodak Black Kamera im Jahr 1888 mit dem Ziel, „die Kamera so praktisch wie einen Bleistift zu machen." Bis 1907 hatte das Unternehmen mehr als 5.000 Mitarbeiter und dominierte über 100 Jahre lang die Fotoindustrie. Im Jahr 1976 hielt Kodak 90 Prozent der Filmverkäufe und 85 Prozent der Kameraverkäufe in den Vereinigten Staaten. Auf dem Höhepunkt im Jahr 1996 hatte das Unternehmen über zwei Drittel des Weltmarktes, mit einem Umsatz von 16 Milliarden Dollar und einem Unternehmenswert von über 31 Milliarden Dollar. Der Niedergang von Kodak war insofern unglaublich, weil ein Kodak-Mitarbeiter, Steve Sasson, tatsächlich 1975 die erste Digitalkamera und 1989 die erste DSLR-Kamera erfand. Beide Male stieß er auf Führungskräfte, die nicht erkannten, wie die Digitalkamera die Zukunft der Branche prägen würde. Sie waren so gefangen in ihrem Rahmen, die „Film"-Verkäufe zu erhalten, dass man leicht erkennen kann, warum. Und so meldete Kodak, nachdem es mehr als 130 Jahre lang floriert hatte, 2012 Konkurs an.

Sears erfand 1892 das Versandhausgeschäft mit Katalogen. Davor hatten die Verbraucher nur begrenzten Zugang zu Massenware. Durch die Erweiterung der Produktauswahl und den Direktversand nach Hause wuchs Sears, Roebuck and Company schnell und der Versandkatalog wurde zur Ikone. Das Unternehmen eröffnete 1927 sein erstes physisches Geschäft und bis Walmart es in den frühen 1990er Jahren überholte, war Sears der größte Einzelhändler in den Vereinigten Staaten. Im Jahr 2018 meldete Sears Konkurs an. Dabei beruhte das ursprüngliche Geschäft von Sears auf demselben Prinzip wie das von Amazon heute: eine größere Auswahl, die zu dir nach Hause geliefert wird.

Das passiert nicht nur in der Wirtschaft. Es passiert uns allen und es passiert viel häufiger, als wir vielleicht glauben. Gefangen in unserer eigenen Wahrnehmung der Realität, halten wir oft an falschen Überzeugungen fest. So sicher wir uns auch fühlen, unsere eigenen Ansichten sind nicht immer richtig.

Denken in zwei Geschwindigkeiten

Der Nobelpreisträger, Psychologe und Autor Daniel Kahneman wirft ein Licht auf die kognitiven Verzerrungen, die uns zu fehlerhaftem Denken und Argumentieren führen können. In einem meiner Lieblingsbücher, Thinking, Fast and Slow, beschreibt Kahneman die zwei Systeme, die wir zum Denken nutzen: System 1 ist schnell – schnelle Entscheidungen, die auf unserer Intuition basieren und von

Emotionen beeinflusst werden. System 2 ist langsamer, überlegter und durchdachter – und, nicht überraschend, nicht so fehleranfällig wie unser schnelles Reaktionssystem.

Wenn wir System 1 verwenden, verlassen wir uns schnell auf das von uns geglaubte Narrativ, egal wie fehlerhaft und nicht durch überprüfbare Beweise untermauert es auch sein mag. Wir haben kognitive Voreingenommenheiten, die uns dazu bringen, uns selbst zu täuschen, und selbst diejenigen, die ein tiefes Verständnis für kognitive Verzerrungen haben, können getäuscht werden. Kahneman erklärt: „Während wir durch unser Leben navigieren, lassen wir uns normalerweise von Eindrücken und Gefühlen leiten, und das Vertrauen, das wir in unsere intuitiven Überzeugungen und Vorlieben haben, ist normalerweise gerechtfertigt. Aber nicht immer. Wir sind oft selbst dann zuversichtlich, wenn wir uns irren, und ein objektiver Beobachter wird unsere Fehler mit größerer Wahrscheinlichkeit entdecken als wir selbst."[18]

Schauen wir uns ein paar Beispiele aus unserem Alltag an: den Ankereffekt und den Sunk-Cost-Bias.

Der Ankereffekt tritt auf, wenn unser Verstand bei der Entscheidungsfindung zu viel Gewicht auf die ersten Informationen legt. Alle nachfolgenden Urteile werden dann in Bezug auf diesen Anker getroffen. Wenn du dir 1.000 Dollar von einem Freund leihen musst, ist es viel einfacher, ihn zuerst um 5.000 Dollar zu bitten und dann zu sagen, dass du eigentlich nur 1.000 Dollar brauchst, als um 500 Dollar zu bitten und dann auf 1.000 Dollar zu erhöhen. Auch wenn die endgültige Bitte die gleiche ist, wird die spätere Zahl jeweils mit dem anfänglichen Anker verglichen und es fühlt sich besser an, wenn man in diesem Fall vom Großen zum Kleinen geht. Diese kognitive Verzerrung täuscht uns oft: in Verhandlungen, wo jemand den anfänglichen Anker hoch ansetzt, bei Verkaufspreisen und sogar in unseren Beziehungen.

Der Sunk-Cost-Bias (Versunkene-Kosten-Falle) tritt auf, wenn du weiterhin Zeit oder Geld in etwas investierst, aufgrund der Zeit oder Emotion, die du bereits investiert hast. Wie Kahneman aufzeigt, ist das Verlustpotenzial ein viel stärkerer Motivator als das Gewinnpotenzial. Wenn jemand in einer schlechten Beziehung, einer Investition oder einem Job bleibt, ist er oft unbewusst ein Opfer des Sunk-Cost-Bias und hält aus Angst vor Veränderung am Status Quo fest, obwohl der Status Quo etwas ist, das er nicht will. Das passiert nicht nur bei Individuen, sondern auch in Systemen. Ich persönlich glaube, dass der Sunk-Cost-Bias uns dazu bringt, an einem Wirtschaftssystem festzuhalten, das eindeutig versagt, aus Angst vor dem Verlust des Status Quo.

Dies sind nur zwei der rund 150 bekannten kognitiven Verzerrungen. Weitere Voreingenommenheiten wie Confirmation Bias – wenn wir nach Informationen suchen, die unsere Vermutungen bestätigen – und Bias-Blind-Spot – wenn wir eine Voreingenommenheit in der Entscheidungsfindung anderer erkennen, während wir sie bei uns selbst nicht sehen – bedeuten, dass wir oft nicht so schlau sind, wie wir glauben. Muster verstärken sich selbst und wir sehen nicht, dass wir uns in unseren eigenen Schubladen eingeschlossen haben. Aber diese Schubladen sind bei anderen einfacher zu erkennen, was die Tür für kreative Zerstörung öffnet.

Das ist der Grund, warum Amazon fast dreimal so hoch bewertet wird wie Walmart, einst das wertvollste Unternehmen der Welt. Walmart wurde zum König des Einzelhandels, indem es unerbittlich eine bessere Auswahl und einen besseren Mehrwert für die Verbraucher anstrebte. Die Management-Teams waren mit einigen der klügsten Köpfe der Welt besetzt... eingesperrt in einer von ihnen selbst geschaffenen Schublade, die sie verteidigten, während sie nicht erkannten, dass sie zu dem wurde, was letztlich ihrem Unternehmenswert schadete.

Ein Laden – selbst ein großer – ist durch die Stellfläche limitiert. Selbst die größten Läden haben eine Obergrenze von 130.000 Produkten. Wenn du hohe Kosten für deine Läden hast und deine Regalfläche begrenzt ist, kannst du nur die meistverkauften Produkte auswählen. Um die besten Produkte auszuwählen, musst du Kaufleute einstellen, die sich durch das riesige Angebot wühlen. Die Gatekeeper der Produkte, die Auswählenden, glauben, dass sie aufgrund des selbstverstärkenden Mechanismus der Nachfrage in ihren Läden wirklich gut in ihrem Job sind: Konsumenten können nicht wählen, was sie nicht sehen. Aber jedes Produkt, das bei Walmart nicht ausgewählt wird, sucht auch noch nach Konsumenten. Amazon füllt dieses Bedürfnis mit seiner schier endlosen Regalfläche: 500 Millionen Produkte statt 130.000. Es beschäftigt nicht dieselben Einkäufer, weil die Kunden die Auswahl treffen, während die Lieferanten die Werbung machen. Eingeengt durch die Schubladen ihrer großen, aber nicht grenzenlosen Läden, konnten die Walmart-Führungskräfte nicht erkennen, dass sie bei genau dem geschlagen wurden, worauf Walmart sich verließ: größere Auswahl und bessere Preise. Selbst wenn man die Online-Auswahl von Walmart in die Gesamtzahl der Produkte einbezieht, hat Walmart immer noch weniger als 5 Prozent der Artikel von Amazon.

Wie Jeff Bezos 2019 sagte: „Ich werde sehr oft gefragt: ‘Was wird sich in den nächsten zehn Jahren ändern?’ Und das ist eine sehr interessante Frage; es ist eine sehr häufige Frage. Ich bekomme fast nie die Frage: 'Was wird sich in den nächsten zehn Jahren nicht ändern?' Und ich behaupte, dass die zweite Frage eigentlich die wichtigere von beiden ist – denn du kannst eine Geschäftsstrategie um die Dinge herum aufbauen, die in der Zeit stabil sind … In unserem Retailgeschäft wissen wir, dass die Kunden niedrige Preise wollen, und ich weiß, dass das auch in zehn Jahren noch so sein wird. Sie wollen eine schnelle Lieferung; sie wollen eine große Auswahl."[19]

Wird etwas das Monopol von Amazon ersetzen? Es besteht die Chance, dass Amazon oder die anderen, die um die Schaffung künstlicher Intelligenz wetteifern, einen Lock-In erlangen, den wir unterschätzen, was wiederum zu asymmetrischen Vorteilen für die Plattformen führt, die fast unmöglich zu brechen wären. Aber die Technologie verlangsamt sich nicht. Neben der künstlichen Intelligenz könnte eine Disruptionswelle wie der 3D-Druck wieder verändern, woher die Wertschöpfung kommt und eine Gelegenheit für ein neues Unternehmen bieten, alles neu zu erfinden.

Anstatt einfach zu glauben, dass du besser mit der Disruption umgehen kannst als Walmart – oder Blockbuster, oder Kodak, oder Sear – stell dir vor, du wärst an ihrer Stelle. Stell dir vor, es wäre dein Unternehmen und was du tun würdest, wenn die meisten Gewinne immer noch aus den Läden kommen, aber die Zukunft im Digitalen liegt. Tatsächlich steckst du in ihren Schuhen – vielleicht nicht im Geschäftsleben, aber die gleiche disruptive Kraft widerfährt dir und allem um dich herum. Und so einfach es auch ist, Beispiele wie diese zu lesen und zu sagen, dass wir nicht in die Falle tappen würden, die Beweislage sagt etwas anderes. Wir sind alle Menschen, und wir alle haben kognitive Verzerrungen, die es schwierig machen, wichtige Veränderungen zu sehen.

Aber es kommt noch mehr dazu. Jenseits unserer Tendenzen und eingefahrenen Denkweisen haben wir ganze Narrative, von denen wir erwarten, dass die Dinge ihnen folgen.

Mythen, nach denen wir leben

Vor Jahren habe ich ein Interview mit Mark Burnett, dem Executive Producer der Show Survivor, gesehen, in dem er einem Literaturprofessor für seine Hilfe bei der Entwicklung einer Erfolgsformel für eine Show dankte. Dieser Professor war Joseph Campbell, Autor des 1949 erschienenen Buches *The Hero with a Thousand Faces*. Burnett sprach über den Einfluss dieses Buches und Campbells Ideen nicht nur auf *Survivor*, sondern auf viele unserer Lieblingsstories. Ich war fasziniert und wollte mehr erfahren. Ich war überrascht zu erfahren, dass George Lucas, Bob Dylan und viele andere große Geschichtenerzähler unserer Zeit ebenfalls den Einfluss von Campbells Arbeit auf ihre eigenen bestätigten.

Campbells Theorie basiert auf seiner Beobachtung eines gemeinsamen Musters hinter den Elementen der meisten Geschichten, unabhängig von ihrem Ursprung. Es ist in allen Mythologien und Religionen zu finden. Er nennt es „die Reise des Helden" oder „Monomythos". Wir sehen es überall, und wir *erwarten* es überall.

Sie beinhaltet einen Helden, der auf ein Abenteuer geht, sich fast unüberwindbaren Hindernissen stellt, einen Sieg erringt und dann transformiert nach Hause kommt. Sie hat siebzehn Etappen, die auf verschiedene Weise charakterisiert werden können, aber im Allgemeinen drei Hauptteilen folgen:

1. Der Aufbruch – Hier lebt der Held der Geschichte in einer normalen Welt und erhält einen Aufruf zum Abenteuer. Der Held zögert typischerweise, dem Ruf zu folgen, wird dann aber von einem Mentor unterstützt.

2. Die Initiation – Der Held muss viele Widrigkeiten und Prüfungen überstehen, bis er schließlich das Haupthindernis oder die zentrale Krise seines Abenteuers erreicht. Indem er sie überwindet, gewinnt der Held einen unerwarteten Schatz.

3. Die Rückkehr – Der Held kehrt in die normale Welt zurück, wo er den Schatz zum Wohle seiner Gemeinschaft nutzen kann. Der Held selbst wird durch das gesamte Abenteuer verändert, da er neue Weisheiten erlangt – was das unerwartete Geschenk ist.

Zahlreiche Geschichten von Menschen passen in eine Erzählung, die im Allgemeinen der Heldenreise folgt. Ohne den Helden oder den Kampf, gibt es keine Geschichte. Die Geschichte lässt sich gut erzählen, weil sie etwas ist, mit dem wir uns alle in unserem eigenen Leben mit Problemen, Lernprozessen, Erfolg und Versagen identifizieren können. Wir sehen den Helden in uns selbst und drücken die Daumen für ihn. Durch diese Verbindung wird es zu einer Geschichte, an die wir uns erinnern und die wir weitergeben. Es ist leicht zu verstehen, warum diese Art von Geschichten so fesselnd ist. Bevor es die Möglichkeit gab, unser Wissen in großem Umfang aufzuzeichnen, waren einfache, fesselnde Erzählungen die einzige Möglichkeit, unser Wissen an die nächste Generation weiterzugeben.

Du kannst das Campbell-Framework überall sehen. Die brillante „Think Different" Marketingkampagne für Apple von 1997 feiert die Heldenreise:

> Ein Hoch auf die Verrückten. Die Außenseiter. Die Rebellen. Die Störenfriede. Die runden Nägel in den eckigen Löchern. Diejenigen, die die Dinge anders sehen. Sie mögen keine Regeln. Und sie haben keinen Respekt vor dem Status Quo. Du kannst sie zitieren, ihnen nicht zustimmen, sie verherrlichen oder verteufeln. Das Einzige, was du nicht tun kannst, ist sie zu ignorieren. Denn sie verändern die Dinge... Sie treiben die menschliche Spezies voran... Während einige sie als die Verrückten sehen mögen, sehen wir das Genie. Denn die Menschen, die verrückt genug sind zu denken, dass sie die Welt verändern können, sind diejenigen, die es tun.

Diese Geschichten, die wir erschaffen, sind wichtig, weil sie uns erlauben, der Welt um uns herum einen Sinn zu geben, indem sie eine Erzählung mit Emotionen durchdringen. Emotionen sind es, die unsere Geschichten einprägsam machen. Je mehr Emotionen in einer Geschichte stecken, desto mehr bleibt sie haften. Wir erfinden und benutzen ständig Geschichten, um zu erklären, wie die Welt funktioniert und wie wir in sie hineinpassen. Die Geschichten, die wir wählen, neigen dazu, unsere Überzeugungen zu verstärken, von Religion über Politik bis hin zu Gut gegen Böse, Kapitalismus oder Sozialismus oder alles andere, woran wir glauben. Ein leicht nachvollziehbarer Handlungsbogen erlaubt es uns, die Komplexität der Welt zu vereinfachen. Diese einfachen Erzählungen verstärken nicht nur, wie wir die Welt sehen, sondern auch, wie wir über uns selbst denken.

Das Problem ist jedoch, dass wir unsere eigenen Geschichten oder Überzeugungen nicht sehr oft hinterfragen und so zwangsläufig weiter an etwas glauben, auch wenn es keinen logischen Sinn ergibt. Schlimmer noch, weil diese Geschichten in unseren Köpfen so mächtig sind, können wir diese einfachen Erzählungen nutzen, um andere als Bösewichte zu definieren, egal ob sie einer anderen religiösen Gruppe, einem Unternehmen oder etwas Anderem angehören. Wir werden darauf später im Buch noch genauer zurückkommen.

Der Held der Geschichte der kreativen Zerstörung ist der Unternehmer. Die Reise des Unternehmers – wie meine eigene Geschichte, als ich BuildDirect gründete und leitete – passt in den gleichen Handlungsbogen. Der Unternehmer findet seine Berufung, steht dabei aber vor fast unüberwindbaren Hindernissen; das Abenteuer ist schwierig, und es werden harte Lektionen gelernt, die den Unternehmer oft verändern. Damit die Geschichte Sinn macht, muss es ein Hindernis geben, das überwunden werden muss – je größer, desto besser, egal ob dieses Hindernis ein Bösewicht ist oder nicht.

Und manchmal, wenn wir mit einer Herausforderung konfrontiert sind, aber nicht bereit sind, uns mit dem wirklichen Problem auseinanderzusetzen, erschaffen wir einen falschen Bösewicht und projizieren den Kampf auf ihn. Anstatt die Veränderungen in unserem Leben zu akzeptieren, die wir vornehmen müssen, um mit einer neuen Weltrealität umzugehen, können wir zum Beispiel entscheiden, dass eine Gruppe von „Anderen" schuld ist und uns als „Helden" in einer Erzählung gegen sie darstellen. Das ist schon einmal passiert. Es passiert wieder, wie wir sehen werden.

Wie können wir unsere Fehler überwinden?

Wie können wir mit all diesen Narrativen und Voreingenommenheiten, die unser mentales Betriebssystem ausmachen, erkennen, ob etwas falsch ist? Besonders in einer Zeit, in der es immer mehr Informationen gibt, die um unsere Aufmerksamkeit konkurrieren und versuchen, unsere Gedanken und Handlungen zu beeinflussen? Selbst wenn wir akzeptieren, dass wir anfällig für Fehlurteile sind, woher wissen wir, wann wir tiefer graben müssen? Wann könnten unsere eigenen Ansichten nicht auf einem stabilen Fundament stehen?

Glücklicherweise gibt es eine Reihe von Möglichkeiten. Eifrige Leser und Lernwillige – und vor allem diejenigen, die über verschiedene Fachgebiete hinweg lesen – werden dir sagen, dass sie verschiedene Themen lesen, damit sie Muster über Disziplinen oder Branchen hinweg verknüpfen können. Durch diese Praxis trainieren sie ihr Gehirn, Möglichkeiten zu identifizieren, zu sehen, was an einem Ort funktioniert hat und es anderswo anzuwenden. Auf diese Weise zwingen sie sich selbst dazu, aus den Mauern auszubrechen, die sie gefangen halten könnten und offen für neue Möglichkeiten zu sein.

Eine andere Art der Fehlerkorrektur für diese natürlichen Verzerrungen und Erzählungen ist laut meinem Freund Bob Sutton, so zu argumentieren, als ob du Recht hättest, aber zuzuhören, als ob du Unrecht hättest. Bob ist Stanford-Professor und Bestsellerautor von *The No Asshole Rule* und hat jahrzehntelang studiert, was große Führungskräfte ausmacht. Die besten Führungskräfte lernen ständig, sind neugierig darauf, wo sie Fehler gemacht haben und suchen aktiv nach Bereichen, in denen sie vielleicht falsch liegen. So zu argumentieren, als hätte man Recht, und zuzuhören, als hätte man Unrecht, ermöglicht es den Leadern, selbstbewusst eine Richtung einzuschlagen und gleichzeitig in der Lage zu sein, den Kurs zu korrigieren, wenn neue Informationen auftauchen, die einen besseren Weg nahelegen. Bobs Forschung legt nahe, dass dies nicht nur ein schnelleres Lernen ermöglicht, sondern dass Führungskräfte durch die Verwendung ähnlicher Rahmenbedingungen das Vertrauen in ihre Teams wecken, neue Ideen einzubringen und den Status Quo in Frage zu stellen. Anstatt dass die Führung den Kopf in den Sand steckt, gewinnen die besten Ideen.

Dies spiegelt den Ansatz wider, der von Paul Saffro am Palo Alto's Institute for the Future entwickelt und gelehrt wurde, um in einer Welt zu gedeihen, in der die Zukunft unsicher ist. Das Institut lehrt „starke Meinungen, schwach zu vertreten". Starke Meinungen erlauben es den Leadern, schnell voranzukommen, was wichtig ist, weil es eine Überlastung mit Informationen und Entscheidungen vermeidet. „Ein schwaches Vertreten" fügt die Demut hinzu, ständig zu lernen und bereit zu sein, den Kurs zu korrigieren. Es erlaubt der Führung, Bestätigungsfehler zu überwinden.

Diese Kombination aus mutigen Schritten, gefolgt von ständiger Reflexion, ermöglicht einen Lern- und Feedback-Zyklus, der es Führungskräften und ihren Unternehmen letztendlich erlaubt, Fehler schneller zu korrigieren, als es sonst möglich wäre. Dieser Prozess wird von den besten Führungspersönlichkeiten in der Wirtschaft angewandt, und auch außerhalb der Wirtschaft gibt es den gleichen Prozess bei den Menschen, die wir für die Weisesten unter uns halten. Ihre Weisheit kommt von einer erhöhten Lernrate mit dem Bestreben nach Feedback von überall und jedem.

Wir werden alle Weisheit brauchen, die wir bekommen können, um unsere Gesellschaften zu befähigen, in einer Welt zu gedeihen, in der sich die Technologie schnell über das hinaus entwickelt, was sich die meisten überhaupt vorstellen können.

4

DER TECHNOLOGIE-BOOM

Als ich zwölf Jahre alt war, wollte ich berühmt-berüchtigt reich sein. Ich scherzte oft mit meinen Eltern darüber, ob ich sie auf mein zukünftiges Anwesen lassen oder sie am Wassergraben stoppen lassen würde. (Seitdem habe ich eine Menge gelernt.) Beim Abendessen baten mich meine Eltern eines Abends zu überlegen, was ich lieber hätte – natürlich nur hypothetisch: eine Million Dollar auf der Stelle oder einen Penny, der sich einunddreißig Tage lang jeden Tag verdoppelt. Ich machte den gleichen Fehler, den fast alle von uns machen. Ich konnte mir nicht vorstellen, dass eine geringe Summe wie ein Penny, der sich mit der Zeit verdoppelt, so groß werden kann.

In der Tat, in nur einunddreißig Tagen würde die Verdopplung eines einzigen Pennys zu 10.737.418,24 Dollar werden. Was aber noch mehr auffiel als der Dollar-Betrag – besonders für einen Zwölfjährigen, der dachte, er wüsste alles – war, wie falsch ich lag.

Ich war mir sicher, dass ich diesen Fehler nicht noch einmal machen würde.

Ein paar Jahre später erzählte uns einer meiner Lehrer eine Geschichte, wie das Schachspiel in Indien erfunden wurde. Der Herrscher von Indien war so zufrieden mit dem Spiel, dass er den Erfinder des Schachspiels nach seiner Belohnung fragte. Der Erfinder bat um ein einzelnes Reiskorn auf dem ersten Feld des Schachbretts und dann zwei auf dem zweiten und vier auf dem dritten, die sich auf jedem weiteren Feld des Schachbretts verdoppelten. Der Herrscher, erstaunt über einen so geringen Preis, stimmte sofort zu. Ungefähr zwei Wochen später stellte der Herrscher fest, dass er ausgetrickst worden war und die Anzahl der Reiskörner mehr betrug, als in seinem Land verfügbar war, und ließ den Erfinder hinrichten.

Nachdem ich ein exponentielles Muster deutlich verschlafen hatte, als meine Eltern mir die Wahl mit dem Penny gaben, war ich mir sicher, dass ich das Muster intuitiv verstehen würde, wenn ich es das nächste Mal sehen würde. Aber wieder einmal, wie bei der Verdopplung des Pennys, wurde ich getäuscht. Als mein Lehrer die endgültige Zahl von 18.446.744.073.709.551.615 Reiskörnern verkündete, war ich überwältigt, wie groß sie tatsächlich war. Bei 0,029 Gramm pro Reiskorn entspricht das mehr als einer halben Billion Tonnen. Die gesamte Weltreisproduktion liegt heute bei etwa einer halben Milliarde Tonnen, das ist also ein Reisvorrat für tausend Jahre bei den derzeitigen Raten.

Denkst du, du hast das Muster jetzt verstanden? Stell dir vor, ich falte ein Stück Papier fünfzig Mal auf sich selbst. (Ich kann es nur sieben Mal falten, bevor es zu viel Widerstand leistet, aber nehmen wir für den Moment an, dass ich es bis zu fünfzig Mal falten kann.) Wie dick wäre das Stück Papier bei der fünfzigsten Faltung?

Diese Frage habe ich schon zehntausenden von Menschen gestellt. Meistens bekomme ich eine Antwort von etwa zwei Zentimetern, und selten bekomme ich eine Antwort, die höher als die Decke ist, es sei denn, jemand hat die Antwort schon einmal gehört. Es scheint, dass ich mit meiner Unfähigkeit, exponentielles Wachstum intuitiv zu verstehen, nicht alleine bin. Auch wenn ich dein Gehirn jetzt darauf vorbereitet habe, größer zu denken, bevor du weiterliest, rate doch bitte mal.

Die Antwort ist, dass das Stück Papier bei der fünfzigsten Faltung von der Erde bis zur Sonne reichen würde: 149 Millionen Kilometer.

Verdoppelung

Die meisten Menschen sind sich des Mooreschen Gesetzes im Allgemeinen bewusst. Gordon Moore, Mitbegründer von Intel, beschrieb das, was wir heute als Moore's Gesetz bezeichnen, 1965 in einem Artikel im *Electronics Magazine.* Er beobachtete, dass sich die Anzahl der Transistoren auf einer Leiterplatte jedes Jahr verdoppelte und dies mindestens für die nächsten zehn Jahre tun würde. Später erweiterte er diese Vorhersage und revidierte sie, indem er sagte, dass sich die Verdopplung alle zwei Jahre fortsetzen würde. Im Laufe der letzten fünfzig Jahre hat sich das Mooresche Gesetz weiterentwickelt und die tatsächliche Verdopplung fand etwa alle achtzehn Monate statt. Über die bloße Verdopplung der Rechenleistung hinaus sollten wir einen jährlichen Preisverfall von 21 Prozent pro Leistungseinheit erwarten.[20]

Diese Kombination führt zu bemerkenswerten Steigerungen. Zum Beispiel sind laut der Zeitschrift *Computerworld* die Kosten für ein Megabyte Festplattenspeicher von etwa 1 Million Dollar im Jahr 1967 auf heute 2 Cent gefallen.[21]

Wenn man Moores Gesetz mit der Vorstellung vergleicht, ein Stück Papier zur Sonne zu falten, dann gab es bisher ungefähr dreiunddreißig Verdoppelungen von Transistoren auf der Platine. Das Papier wäre nach dreiunddreißig Faltungen etwa 1.136 Kilometer dick – das entspricht etwa der Entfernung von Boston nach Detroit, was zwar weit ist, aber bei weitem nicht der Entfernung zur Sonne entspricht. In den ersten Faltungen des Papiers – zum Beispiel, wenn du es sieben Mal gefaltet hast und es immer noch weniger als einen Zentimeter dick ist – ist es schwer zu sehen, wie es möglich ist, dass ein dünnes Stück Papier bei der fünfzigsten Faltung die Sonne erreichen könnte.

Genauso ist es mit der Technologie: Wenn sie über die anfänglichen Verdoppelungen hinaus fortschreitet, ist es schwierig, sich vorzustellen, was mit jeder weiteren Verdoppelung möglich ist. Aber genau deshalb ist das so wichtig. All die Fortschritte, die wir heute um uns herum sehen, sind auf die vergangenen Verdoppelungen zurückzuführen. Und in achtzehn Monaten wird sich die Rechenleistung erneut verdoppeln und damit alles das, was wir in den letzten fünfzig Jahren hatten, ebenfalls verdoppeln. Achtzehn Monate bis zwei Jahre danach wird sie sich wieder verdoppeln. Anstatt kleine Schritte auf unserem Weg zur Sonne zu machen, machen wir jetzt massive Sprünge. Die Technologie beschleunigt sich nicht nur, die Information nimmt nicht nur an Geschwindigkeit zu: es ist fast unvorstellbar, wie sehr sie das tut, und was daraufhin alles noch passieren wird.

Es fällt mir schwer zu behaupten, dass das Moore'sche Gesetz unbegrenzt in die Zukunft fortbestehen wird. Nichts verdoppelt sich für immer, aber zumindest für die nächste Anzahl von Verdoppelungen deuten Forschung und Roadmaps der existierenden Siliziumtechnologie darauf hin, dass sich die Rate fortsetzen wird. Mit theoretischen Grenzen, wie viele Transistoren auf Siliziumchips platziert werden können, wäre es keine abwegige Annahme, sich vorzustellen, dass das Mooresche Gesetz oder etwas Ähnliches sich im Laufe der Zeit verlangsamt, bevor es sich wieder in Form einer neuen Technologie beschleunigt. Die Natur ähnelt oft einer sigmoidalen Funktionskurve, wenn sie über einen längeren Zeithorizont gestreckt wird. S-Kurven ähneln einer S-Form, in der das Wachstum zuerst ganz langsam ist, dann exponentiell, und dann verlangsamt es sich, bevor es einen weiteren Stufenwechsel erreicht, der das neue S der exponentiellen Rate erzeugt, bevor es sich wieder verlangsamt. Du könntest dir einen Buchstaben S vorstellen, der auf sich selbst gestapelt ist. Auch wenn sich das Mooresche Gesetz unweigerlich verlangsamt, könnten neuere Technologien wie Quantencomputer, alternative Materialien zu Silizium oder eine beliebige Anzahl anderer Technologien, die derzeit erforscht werden, es ermöglichen, dass sich die Rate der Rechenleistung wieder exponentiell beschleunigt. Das langsamere Wachstum zwischen den Zyklen wird sich ebenfalls wieder beschleunigen und auch wenn es technisch gesehen nicht das Mooresche Gesetz sein wird, wird es sich ähnlich verhalten.

Sigmoidale Funktionskurve der Technologie

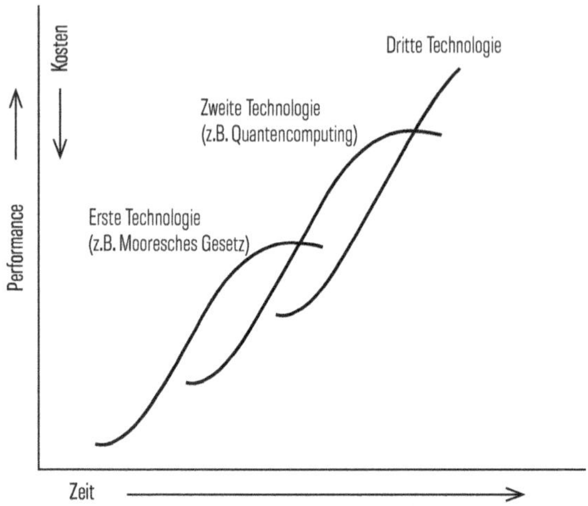

Auch ohne anhaltendes exponentielles Wachstum, angetrieben durch das Mooresche Gesetz, sind wir bereits in einen beschleunigten Zyklus des Lernens und der Verbesserung eingetreten, der auf den vorherigen Innovationswellen aufbaut. Die heutige Computertechnik hat bereits einen Großteil der Welt vernetzt und damit die Kommunikation reibungslos gemacht. Und ein Großteil der Daten und des Wissens, auf dem wir aufbauen, wurde digitalisiert. Mit schneller, kontinuierlicher Kommunikation kann auf digitalisierte Daten mit wenig oder gar keinen Kosten zugegriffen werden. Und im Gegensatz zu analogen Informationen – von mündlichen Überlieferungen bis hin zu Fotokopien – verlieren digitalisierte Daten nicht an Qualität, wenn sie vervielfältigt oder bewegt werden. Einmal digitalisiert, gespeichert und in der Cloud gesichert und anschließend in verschiedenen Rechenzentren abgelegt, sind die Informationen für immer da.

All diese Digitalisierungen schaffen auch eine beeindruckende Datenerfassung, viel mehr als uns überhaupt bewusst ist, und die Datenerfassung durch vernetzte Computer, Menschen, Kameras und Sensoren hat gerade erst begonnen. Diese Geräte miteinander zu verbinden, um aus den Daten zu lernen, ist wohl eine weitaus einfachere Aufgabe als der Aufbau des ursprünglichen Netzwerks. Die Entwicklung des Deep Learning in der künstlichen Intelligenz wird heute hauptsächlich durch das Sammeln von Daten und großen Datensätzen vorangetrieben. In der Tat ist jedes Plattformunternehmen heute eigentlich ein Datenunternehmen mit KI im Kern. Auch andere Daten bewegen sich aus ihren bisherigen Silos heraus und lassen eine Intelligenz entstehen, die mit anderen Datensätzen kombiniert werden kann, um mit einer Geschwindigkeit zu lernen, die weit über der des Menschen liegt. Vieles von dem, was es heute an Technologie gibt, war vor ein paar Jahrzehnten noch Science Fiction. Ich erinnere mich noch an meinen ersten Computer und meine erste Internetverbindung mit einem Einwahlmodem: das kreischende Geräusch eines Festnetzanschlusses und eines Modems, das versuchte, eine Verbindung herzustellen, gefolgt von einem schmerzhaft langsamen Laden jeder Seite mit Inhalten. Die heutige vierte Generation der drahtlosen Verbindung ist im Durchschnitt 100 Mal so schnell wie mein Einwahlmodem. Aber auch diese Geschwindigkeit wird sich bald so langsam anfühlen wie mein altes Modem. Netzwerke der fünften Generation (5G), die seit 2019 eingeführt werden, versprechen eine zwanzigfache Steigerung der Geschwindigkeit im Vergleich zu dem, was wir heute haben.[22]

Heute haben viele Menschen durch ein einfaches Mobiltelefon und eine Reihe von Schnittstellen mehr Macht in ihren Händen, als die Regierungen ganzer Länder vor nur dreißig Jahren hatten. Technologie hat unser Leben so sehr verändert, dass wir sie als selbstverständlich ansehen – wir sind frustriert, wenn unser WLAN nicht in zwei Sekunden überträgt, was im Jahr 2000 noch zwanzig Minuten gedauert hätte. Ich erinnere mich noch daran, wie ich in meiner Jugend durch Südostasien und Indien reiste und wochenlang nicht mit meinen Eltern telefonieren konnte. Heute macht eine Technologieentwicklungsfirma, die ich in Indien mitgegründet habe, täglich Zoom-Video-Standups mit anderen Teams aus der ganzen Welt. Informationen, für die ein erfahrener Recherchearbeiter mit speziellem Zugangsrecht in den 1990er Jahren Stunden, Tage oder Wochen gebraucht hätte, um sie zu finden, können heute in Sekunden gegoogelt werden. Anstatt in einer neuen Stadt zu einer Tankstelle zu fahren, um eine Straßenkarte zu kaufen und dann zu versuchen, die richtige Route auf der Karte zu finden, können wir ganz einfach mit Waze oder einer beliebigen Anzahl von anderen Apps navigieren, die uns zusätzlich zu Zeitverzögerungen, roten Ampeln und anderen wichtigen Informationen visuelle und sprachliche Wegbeschreibungen geben. All das gibt es kostenlos mit einer Mobilfunkverbindung.

Denke daran, dass sich die Grundpfeiler der technologischen Revolution weiterhin duplizieren. Es gibt Entwicklungen am Horizont, die das, was wir heute kennen, primitiv aussehen lassen werden. Und viele dieser Technologien sind nicht unabhängig voneinander. Sie speisen sich gegenseitig, was wiederum zu einer weiteren Beschleunigung führt. Zum Beispiel liefern die gleichen Daten, die durch Visualisierung in selbstfahrenden Autos, Drohnen oder Robotern erfasst werden, dem Netzwerk mehr Daten, um schneller zu lernen. Wenn es sich heute so anfühlt, als ob es schwer ist, mit der

Geschwindigkeit des heutigen Fortschritts Schritt zu halten, dann warte nur auf das, was noch kommen wird.

Der technologische Fortschritt hat uns enorm geholfen, unser Leben angenehmer zu gestalten. Wie wir jedoch sehen, entstehen die meisten unserer heutigen Arbeitsplätze durch die gleichen Ineffizienzen und Verschwendungen, die die Technologie auf lange Sicht ersetzt. Und all das untergräbt die Grundlage unserer Volkswirtschaften: Wachstum und Inflation.

Lass uns einen tieferen Blick auf drei Technologien werfen, die in nicht allzu ferner Zukunft zum Mainstream werden könnten. Du bist dir dieser Technologien wahrscheinlich sehr bewusst, aber da die Akzeptanz noch recht gering ist, ist ihr Einfluss auf die Gesellschaft jenseits des Hypes bisher begrenzt.

Selbstfahrende Autos

Seit der ersten DARPA Grand Challenge, die 2004 ins Leben gerufen wurde, um die Entwicklung der ersten vollautonomen Bodenfahrzeuge voranzutreiben, haben wir einen weiten Weg zurückgelegt. Keiner der Teilnehmer an diesem ersten Wettbewerb hat das Rennen überhaupt beendet. Fünfzehn Jahre später nähert sich die Zeit, in der wirklich autonome, selbstfahrende Autos ihren Durchmarsch durch die Branchen beginnen werden.

Die Society of Automobile Engineers (SAE) hat eine Klassifizierung von sechs Stufen des autonomen Fahrens entwickelt:

Level 0 – Ein menschlicher Fahrer wird benötigt, um alles zu kontrollieren. Bremsen, Geschwindigkeit, Lenkung, etc.

Level 1 – Die meisten Systeme werden immer noch vom Fahrer kontrolliert, aber bestimmte Systeme wie die Lenkung oder die Geschwindigkeit könnten automatisch gesteuert werden.

Level 2 – Der Fahrer kann sich gleichzeitig vom Lenken und Beschleunigen/Bremsen lossagen. Das System nutzt Informationen über die Umgebung. Der Fahrer muss immer bereit sein, die Kontrolle über das Fahrzeug zu übernehmen.

Stufe 3 – Der Fahrer muss immer noch die Kontrolle übernehmen, wenn er gewarnt wird, aber Stufe 3 ist die erste Stufe, bei der der Fahrer in einigen Verkehrs- und Umgebungsbedingungen sicherheitskritische Funktionen auf das Fahrzeug übertragen kann. Die in den vorherigen Levels geforderte Aufmerksamkeit des Fahrers ist nicht mehr erforderlich.

Level 4 – Dies ist das erste Level, das vollständig autonomes Fahren ermöglicht, was bedeutet, dass ein Fahrer überhaupt nicht mehr benötigt wird. Der Nachteil ist, dass es nicht alle Fahrumgebungen abdeckt.

Level 5 – Dies ist volle Autonomie unter allen Fahrbedingungen, einschließlich extremer Umgebungen. Es wird kein Lenkrad benötigt.

Zu Beginn des Jahres 2019 sind die meisten Autos auf der Straße noch auf Level 1, mit ein paar Beispielen von Autos (wie Tesla), die bereits Level 2 Autonomie erreicht haben. Tesla und Audi (mit ihrem A8) werden wahrscheinlich bald die ersten Unternehmen sein, die Level 3 Autonomie, bei der die Fahrer ihre Augen von der Straße nehmen können, auf dem allgemeinen Markt anbieten. Waymo, das Unternehmen, das sich im Besitz von Alphabet und GM befindet, führt das Rennen um Level 4 an und hat bereits Millionen von Fahrkilometern in Kalifornien und Arizona getestet. Anstatt ihre ersten Bemühungen auf den allgemeinen Markt zu richten, haben sie sich stattdessen auf Taxis konzentriert. Der Rollout wird langsam beginnen, aber er wird sich selbst rückkoppeln und schnell expandieren. Da die globalen Forschungs- und Entwicklungsbudgets in diesem Bereich zunehmen, sollte Level 4 Autonomie bis 2025 weit verbreitet sein.

Die aktuelle Nutzungsrate eines Autos wird auf 5 Prozent geschätzt. Das bedeutet, dass 95 Prozent der Zeit, in der du dein Auto besitzt, es ungenutzt in einem Parkhaus oder einer Einfahrt steht. Die gesamte Automobilbranche produziert und verkauft derzeit Autos, um einen Markt von Personen zu unterstützen, die sie nur 5 Prozent der Zeit nutzen. Der Zugang verändert die Voraussetzung für den Besitz, daher wird autonomes Fahren die Nutzungsrate von Autos wahrscheinlich deutlich erhöhen. Hier ist der Grund: Wenn ich ein Auto haben kann, wann immer ich es brauche, ohne dass ich einen Fahrer benötige, werde ich mich wahrscheinlich entweder 1) dafür entscheiden, kein Auto zu kaufen, weil ich Zugang zu einem Auto habe, wann immer ich es brauche, oder 2) wenn ich ein Auto kaufe, erlaube ich, dass es von anderen genutzt wird, um mir zu helfen, für den Aktivposten zu bezahlen, den ich besitze. Bei beiden Entscheidungen sollte die Auslastung der Autos viel höher liegen. Das bedeutet, dass die aktuellen Prognosen über eine stetig steigende Nachfrage nach Automobilen sehr falsch sind. Stattdessen könnte die Automobilproduktion und damit die Arbeitsplätze um 50 Prozent oder mehr sinken, wenn autonome Autos zu einer Mainstream-Technologie werden. Automobilunternehmen, die ihr

Geld nicht mehr mit dem Verkauf und Service von Fahrzeugen verdienen, werden ihre Modelle anpassen müssen, um überlebensfähig zu bleiben. Höchstwahrscheinlich wird diese Anpassung dazu führen, dass sie Autos als eine Dienstleistung verkaufen, ähnlich wie Software-as-a-Service-Modelle in der Technologiebranche heute.

Das sind nicht die einzigen Effekte zweiter und dritter Ordnung von selbstfahrenden Autos. So sehr die Fahrer auch von den großartigen neuen Diensten profitiert haben, so schwierig ist es zu erkennen, wie Mitfahrzentralen wie Uber oder Lyft in Zukunft Geld verdienen werden. Die gleiche Schlüsselüberlegung, wie sie ihre Kosten senken und ihre Gewinne steigern können, indem sie die Fahrer abschaffen (Automatisierung), wird sie gegen die Automobilhersteller in Konkurrenz treten lassen, die ihre Geschäftsmodelle neu erfinden, um im Markt zu bleiben. Ein Anstieg der Auslastung bedeutet weniger Nachfrage nach Automobilen. Wenn die Hersteller die Wahl haben zwischen 1) einem Rides-on-Demand-Service für eine monatliche Gebühr oder 2) der Möglichkeit, beim Kauf zusätzliche Dollars mit einem Auto zu erwirtschaften, wenn man es nicht nutzt, indem man das Fahrzeug dem Netzwerk hinzufügt, welchen Vorteil bieten dann Uber und Lyft?

Dies würde die Automobilhersteller in Plattformunternehmen verwandeln. Ein solches Unternehmen wird eine sehr ähnliche Entwicklung durchlaufen wie andere Technologieplattformunternehmen, da das neue Modell von Netzwerkeffekten profitiert. Dieses Rennen ist wichtig, da die Dichte des Netzwerks (Verfügbarkeit und Auswahl an Fahrzeugtypen) das Hauptkriterium für eine schnelle Akzeptanz sein wird. Wie bei den meisten Technologieplattformen, die Netzwerkeffekte hervorrufen, werden mehr Autos auf der Plattform (in jeder Region) mehr Wert für die Verbraucher schaffen, was es sehr wahrscheinlich macht, dass sich die Branche zu einem großen Plattform-Gewinner konsolidiert.

Es wird auch unsere Städte verändern. Das Parken in den Städten ist auf eine Auslastung von 5 Prozent ausgelegt, was bedeutet, dass die Menge an Parkplätzen in den Städten gigantisch ist. Laut einem Bericht aus dem Jahr 2015 sind 14 Prozent der Fläche von Los Angeles County für Parkplätze vorgesehen.[23] Du brauchst Platz zum Parken, während dein Auto zu Hause steht, sowie an jedem Ort, zu dem du mit deinem Auto fährst: Schule, Arbeit, Einkaufen, und so weiter. All diese Parkplätze sind oft ungenutzt, werden aber dennoch für Spitzenzeiten benötigt, wenn sie gebraucht werden. Wenn die Auslastung der Autos von 5 Prozent ansteigt, sinkt die Menge an Stellplätzen, die benötigt wird, um Autos zu parken, wenn sie nicht gebraucht werden, was wertvolle Bodenfläche freisetzt – was sich auf die Bodennutzung und die Preise auswirkt, was sich auf die Dichte auswirkt, was wiederum die Autonutzung beeinflusst … Wenn man den Menschen aus der Gleichung herausnimmt, entfernt man auch menschliches Versagen. Ungefähr 94 Prozent der Autounfälle werden durch menschliches Versagen verursacht. Laut dem National Safety Council betrugen die geschätzten Kosten für Todesfälle, Verletzungen und Sachschäden durch Kraftfahrzeuge im Jahr 2017 in den Vereinigten Staaten 413,8 Milliarden Dollar. Die Kosten beinhalten Lohn- und Produktivitätsverluste, medizinische Ausgaben, Verwaltungskosten, Arbeitgeberkosten und Sachschäden.[24] Wenn das autonome Fahren Einzug in den Mainstream hält, wird sich diese Zahl deutlich reduzieren. Schon jetzt versprechen Autofirmen wie Waymo und Tesla, ihre eigene Versicherung anzubieten – eine offensichtliche Anspielung auf ihren Glauben an die Überlegenheit der Technologie gegenüber menschlichen Fahrern.

Die Versicherungsgesellschaften selbst werden irgendwann Opfer eines Trends, der nicht die gleichen Gefahren mit sich bringt wie bisher. Während ich mich auf das Beispiel des Automobilsektors konzentriert habe, dringt dieselbe Technologie, die im Automobilbereich eingesetzt wird – Visualisierung, Kartierung, Umgehung von Hindernissen – in den Markt für Unternehmensanwendungen wie Speditionen und Lieferdienste ein. Eine Technologie, die die Kosten so signifikant reduziert und bessere Ergebnisse produziert, ist wiederum deflationär und aufgrund der Marktanreize nicht zu stoppen. Im Moment haben wir sowohl den Overhead des existierenden Altsystems in Form von Fahrern (mehr als 3 Prozent der Arbeitskräfte in den USA sind Fahrer), Fertigungskapazitäten, um für die 5 Prozent Auslastungsrate zu produzieren, Versicherungen und Unfälle, kombiniert mit all den neuen Investitionen in autonome Fahrzeuge. Das bedeutet, dass die heutigen Arbeitsplatzzahlen und Wachstumsraten der Wirtschaft viel höher sind, als sie in Zukunft sein werden, wenn das alte System auf das neue umgestellt wird.

Die deflationären Kräfte des Übergangs sind noch nicht einmal ansatzweise zu spüren. Zum Beispiel benötigen selbstfahrende Autos heute immer noch die Aufsicht eines menschlichen Fahrers, weil die Regulierung verlangt, dass jemand auf dem Sitz sitzt und bezahlt wird, auch wenn er nie gebraucht wird. Da die Autos selbst die Aufgaben besser erledigen als Menschen, ist das Endspiel unausweichlich. Es wird keine doppelten Systemkosten geben. Mit der Technologie, die sich in den Mainstream bewegt, wird der Wandel stattfinden und viel Verschwendung und Kosten aus dem System vertreiben. Das kann großartig für die Menschheit sein. Das Problem ist, dass Verschwendung und Kosten die Jobs von heute sind.

Virtual und Augmented Reality

Heute kleben wir an unseren Smartphones als Schnittstelle zu unserer Technologiewelt: Laut Deloitte hat der durchschnittliche Nutzer im Jahr 2018 zweiundfünfzig Mal am Tag sein Smartphone gecheckt.[25] Aber wir werden bald noch tiefer darin versunken sein. Virtuelle und Augmented Reality (Mixed Reality) werden eine andere, eindringlichere Verbindung mit unserer Technologie bieten, und es wird die Art und Weise verändern, wie viele Dinge getan werden.

Nimm zum Beispiel ein Startup in Vancouver namens LlamaZOO, das in einer neuen Kategorie der Datenerfassung namens Spatial Data tätig ist, die an der Schnittstelle zwischen Digital Twinning (ein exakter Zwilling der physischen Welt, der digital ist), Mixed Reality und Business Intelligence liegt. Durch das Twinning der realen Welt über Satellitenbilder, Drohnen und Lidar und das Hinzufügen von globaler Positionierung, Kartierung und anderen Datenströmen, nutzt das Unternehmen Mixed Reality, um die Kosten für Planung und Arbeit in der physischen Welt zu reduzieren. Es ermöglicht die Fernanalyse von massiven Datenmengen, ohne weit entfernte Standorte von Menschen durchqueren zu lassen. Das Unternehmen zählt bereits große Namen wie Teck Resources, Goldcorp und Chevron zu seinen Kunden. In einer Fallstudie sparte LlamaZOO mehr als 55 Millionen Dollar pro Jahr für ein großes Forstunternehmen, indem es interaktiv Regionen für die Höhe einzelner Bäume für die Ernte vermaß und die beste Straßenplanung analysierte, um die Umweltauswirkungen zu reduzieren. Diese Einsparungen kommen direkt aus dem Wegfall von Reisekosten, Vermessungen und Fehlern, die dadurch entstehen, dass man die integralen Informationen nicht sieht. Und all diese Einsparungen werden heute in Arbeitsplätzen gemessen.

Für diejenigen, die die Vorreiterrolle dieser Technologie erlebt haben, fühlt es sich an wie etwas, das man nur schwer „ungesehen" machen kann. Damit meine ich, dass es schwer zu erklären ist, wie schnell du das Headset, das du trägst, vergisst und eine völlig andere Welt erlebst, eine, die sich sehr real anfühlt. Nachdem ich persönlich Zeit in Redmond im Microsoft HoloLens-Labor verbracht habe und auf einem virtuellen Mars herumgelaufen bin, der von der NASA als Software des Jahres ausgezeichnet wurde, kann ich dir sagen, dass eine Reise zum Mars via Virtual Reality eine Erfahrung ist, die sich nur schwer in Worte fassen lässt. Die Software ermöglicht Zusammenarbeit und Interaktion durch virtuelle Avatare.

Ich saß etwa drei Meter entfernt auf der Code Conference im Jahr 2016, als Elon Musk bekanntermaßen die Wahrscheinlichkeit diskutierte, dass wir alle in einer Simulation leben. Er erklärte seine These, die erstmals von Nick Bostrom, Philosoph und Autor des Buches *Superintelligence*, vorgestellt wurde, am Beispiel der virtuellen Realität/Augmented Reality. Er fuhr fort zu argumentieren, dass die Wiedergabetreue in der virtuellen Realität sich bereits der Wiedergabetreue der realen Welt annähert (es fühlt sich real an) und weiterhin mit einem bemerkenswerten Tempo voranschreitet. Wenn es sich heute real (oder fast real) anfühlt und schnell voranschreitet, ist die Wahrscheinlichkeit ziemlich hoch, dass mit der Verbesserung der Technologie und der zunehmenden Nutzung die Grenzen zwischen Realität und virtueller Realität verschwimmen und wir nicht mehr genau wissen, in welcher Realität wir uns befinden. Musk fuhr fort zu fragen, wie hoch die Chancen sind, dass wir diese Technologie zum ersten Mal erschaffen haben. Er argumentierte, dass wenn es nicht das erste Mal wäre, wir es nicht wissen würden, weil wir Teil einer Simulation wären. Er schlussfolgerte dann, dass er denkt, dass

„es eine Milliarde-zu-eins Chance gibt, dass wir in einer Basisrealität leben."

In welcher Realität wir auch immer leben, wir entwickeln eine sehr realistische nächste Stufe der virtuellen Realität. An welchem Punkt wird die virtuelle oder gemischte Realität so gut, dass sie die Art und Weise, wie wir unser Leben leben, dramatisch verändert? Ist es zum Beispiel so schwer, sich eine Welt vorzustellen, in der die Menschen mehr Zeit in der gemischten Realität verbringen und weniger Zeit auf Reisen? Viele andere Branchen wurden gestürzt, als die digitale Erfahrung und der Komfort besser wurden als die analoge Version. Wir glauben nicht, dass dies passieren kann, weil unser Verstand die gegenwärtige Realität in die Zukunft projiziert und die gegenwärtige Technologie als inkonsequent abtut. Aber wenn wir den Rausch des Skifahrens in den Alpen am Morgen und die Ruhe einer Strandkabine auf den Fidschi-Inseln am Nachmittag wirklich mit Interaktionen spüren können, als wären wir tatsächlich dort, würden wir dann immer noch die Strapazen des Wartens in Schlangen an Flughäfen, Reisen und verlorenes Gepäck ertragen, um es wirklich zu erleben? Und warum sollten wir von der Reisebranche erwarten, dass sie sich anders verhält als andere Branchen im Übergang zur Digitalisierung?

Warum ist das wichtig? Laut dem World Travel and Tourism Council trug die Reisebranche im Jahr 2018 8,8 Billionen Dollar und 319 Millionen Arbeitsplätze zur Weltwirtschaft bei. Ganze lokale Volkswirtschaften sind von den Touristendollars abhängig. Was werden sie tun, wenn das Reisen nachlässt?

Additive Fertigung und 3D-Druck

Das Versprechen, dass alles, was wir wollen, direkt vor unseren Augen gedruckt wird, verschwand mit der ersten Welle von 3D-Druckern, die nur grobe Modelle von Schnickschnack druckten. Das Bild eines Druckers, der langsam Plastik in ein rudimentäres Produkt schichtet, hat sich in unser Gedächtnis eingebrannt, weil die Realität so weit von dem Versprechen entfernt war. Viele von uns, mich eingeschlossen, haben eine Welt, in der alles in unseren Wohnzimmern gedruckt werden kann, als fernen Traum abgetan, was dem Hype-Zyklus der additiven Fertigung ein abruptes Ende bescherte.

Aber in Wirklichkeit fing er gerade erst an. Der unerbittliche Marsch der technologischen Innovation ging weiter, und heute ist der Stand der additiven Fertigung ein ganz anderer. Heute ist die additive Fertigung für eine Vielzahl von Anwendungen kommerziell nutzbar und die Branche entwickelt sich rasant weiter: 2017 wurden laut Wohlers Associates 7,3 Milliarden US-Dollar umgesetzt.[26] Obwohl sie noch nicht von der Öffentlichkeit als kommerziell wahrgenommen wird, erreicht sie gerade erst einen Wendepunkt. Ich habe vor kurzem die additive Fertigungsanlage von Carbon in Kalifornien besucht und war überwältigt. Es war surreal zu sehen, wie der neue Adidas-Schuh, der Yeezy, aus Flüssigkeit gedruckt und hergestellt wurde. Ich habe schon hunderte von Herstellern auf der ganzen Welt besucht, aber diese Produktionsstätte war mit keiner vergleichbar, die ich je gesehen hatte.

Nicht nur die Druckgeschwindigkeit verbessert sich exponentiell, auch die Liste der Materialien, die in der additiven Fertigung verwendet werden können, wächst jedes Jahr sprunghaft an. Von Metall über Glas bis hin zu Lebensmitteln, Zellen und neuen Nanomaterialien – die Dinge, die bereits hergestellt werden können, sind nur durch unsere Vorstellungskraft begrenzt. Was mit Rapid Prototyping von Designs begann, hat sich bereits in die traditionelle Fertigung von Teilen mit hohen Kosten und geringen Stückzahlen verlagert und diese ersetzt; es kann die Qualität und Leistung von Designs erhöhen, während es weniger kostet. Die Luft- und Raumfahrt, die Automobilindustrie und die Medizintechnik waren aufgrund ihrer Leistungsanforderungen die ersten Anwender. Die additive Fertigung wird inzwischen auch eingesetzt, um leichtere und effizientere Motoren, Turbinen und andere Teile herzustellen.

Mit fortschreitender technologischer Entwicklung können wir Verbesserungen im Vergleich zu dem, was derzeit möglich ist, sowie einen starken Preisverfall erwarten, der zu einer branchenweiten Akzeptanz führt. An einem bestimmten Punkt entlang dieser Kurve werden die meisten – wenn nicht alle – Herstellungsprozesse umgekrempelt werden. Mit digitalen Dateien deiner Lieblingsprodukte und dramatisch gesunkenen Kosten sollte das Drucken eines Objekts in der Zukunft so einfach und kostengünstig sein wie das Drucken eines Dokuments heute. Netzwerkeffekte und ein signifikanter Vorteil für die Käufer in Form von Kosteneinsparungen, Qualität und Bequemlichkeit werden bedeuten, dass das, was langsam beginnt, sich schnell beschleunigen wird. Genauso wie man alle Informationen auf Google kostenlos bekommt, wird ein Tag kommen, an dem fast alles, was man sich wünschen könnte, auf Abruf gedruckt werden kann.

Der größte Teil der Kosten für die Produkte, die wir heute kaufen, liegt in der Produktion, der Finanzierung, der Lagerung und dem Transport, da die Waren massenhaft produziert und um die Welt verschickt werden. In einer Welt, in der es viel wirtschaftlicher wird, lokal zu drucken, wird die gesamte Infrastruktur, die existiert, um die Bewegung und Lagerung von Waren zu unterstützen, nicht mehr benötigt. Diese gesamte Struktur wird zusammenbrechen. Mit diesem Zusammenbruch gehen auch alle Arbeitsplätze verloren, die sie gestützt haben.

Und wenn es um Handelskriege und Zölle geht, wie können Regierungen eine Steuer auf ein digitales Bild erheben, das von überall her hochgeladen und an jedem Standort perfekt gedruckt werden kann?

Dies sind keine isolierten Bereiche der Disruption mehr. Nicht nur eine Branche oder ein Markt, sondern alle zusammen, denn das Rückgrat, auf dem unsere Zukunft aufbaut, ist die Technologie. Und das ist noch nicht alles. Bis jetzt haben wir die Technologien nur durch eine schmale Linse betrachtet. Die nächsten drei Kapitel befassen sich eingehend mit Solarenergie und künstlicher Intelligenz, zwei Querschnittstechnologien, die wirklich alles daran ändern werden, wie wir leben. Ihre Einführung wird auf die eine oder andere Weise fast alles andere beeinflussen – was uns eine fortlaufende Verdoppelung des technologischen Fortschritts beschert und, als natürliche Ableitung davon, eine Verdoppelung der Deflationsrate bei fallenden Preisen und verschwindenden Arbeitsplätzen.

All diese wunderbaren Technologien machen viele Dinge einfacher und billiger. Sie erhöhen die Effizienz und senken die Kosten, was wiederum bedeutet, dass sie deflationär sind. Sie beseitigen auch die Notwendigkeit für Menschen, viele Tätigkeiten auszuführen – mit anderen Worten, sie beseitigen Arbeitsplätze. Wenn es weltweit keine Nettoarbeitsplatzschaffung mehr gibt (es werden weltweit mehr Arbeitsplätze geschaffen als vernichtet), kann das inflationäre System, auf das wir uns in der Geschichte für den Handel verlassen haben, nicht fortbestehen.

Das Durchbrechen der Schallmauer

Das Einzige, was das Wirtschaftswachstum antreibt, sind billige Kredite und Schulden. Wenn der einzige Weg, weiter zu wachsen, darin besteht, immer mehr Schulden zu machen, die nicht zurückgezahlt werden können, können wir dann ernsthaft behaupten, dass wir ein Wirtschaftssystem haben, das noch funktioniert? Es stellt sich heraus, dass Technologie nicht das Einzige ist, was sich exponentiell entwickelt. Der einzige Weg, unsere Wirtschaft am Wachsen zu halten und den Effekt dieser exponentiellen Technologie unter dem bestehenden System zu bekämpfen, ist es zuzulassen, dass die Schulden ebenfalls exponentiell steigen.

Die Auswirkungen der Deflation, die durch die Technologie ausgelöst wird, können nicht durch das Anhäufen von immer mehr Schulden bekämpft werden, in dem hoffnungslosen Versuch, die Wirtschaft am Laufen zu halten und mehr Arbeitsplätze zu schaffen. In einer ironischen Wendung zwingt dies unsere Gesellschaften dazu, um eine begrenzte Anzahl von hochbezahlten Jobs zu konkurrieren, damit wir im Hamsterrad der steigenden Preise bestehen zu können. Gleichzeitig handeln Technologieunternehmen schnell, um mehr Technologie zu implementieren, die wiederum die Arbeitsplätze schneller beseitigt, da sie sonst nicht mit den Plattformen konkurrieren können. Wenn die weltweiten Arbeitsplätze und unsere Volkswirtschaften nicht in einem Tempo expandieren, das die Schaffung von Schulden übersteigt (was selbst bei vorangegangenen Fortschrittsraten unmöglich erscheint), dann ist das Zeitalter der Inflation bereits vorbei. Wir wissen es nur noch nicht.

Es brauchte 185 Billionen Dollar an Schulden, um etwa 46 Billionen Dollar an BIP-Wachstum in den letzten zwanzig Jahren zu produzieren. Die Wachstumsrate wäre ohne all diese Stimuli wahrscheinlich negativ gewesen. Wie sehr, ist unmöglich zu sagen. Auch die Vermögenspreise wären weitaus niedriger. (Für alle Keynesianer, die das hier lesen, bitte keine voreiligen Schlüsse ziehen). Was kommt also als nächstes?

Der Großteil der deflationären Entwicklung liegt noch vor uns, angetrieben durch die exponentiell fortschreitende Technologie. Wenn wir unsere Fortschrittsrate in der Technologie etwa alle achtzehn Monate verdoppeln und diese Technologie deflationierend wirkt, dann ist es auch logisch, Folgendes zu erwarten: Wenn es in den letzten zwanzig Jahren „nur" 185 Billionen Dollar an Schulden gebraucht hat, um die Deflation zu bekämpfen und das Wachstum anzutreiben, dann könnte es diese Zahl wieder brauchen, aber diesmal in den nächsten ca. sechsunddreißig Monaten. Und achtzehn Monate danach, weitere 370 Billionen Dollar.

Bedenke, dass die Welt von 2018 ungefähr 250 Billionen Dollar Schulden hat, um eine Weltwirtschaft von 80 Billionen Dollar zu betreiben. Diese Verschuldung an sich ist ein massiver Bremsklotz für zukünftiges Wachstum aufgrund der Zinszahlungen dafür. Was ist, wenn wir weitere 555 Billionen Dollar hinzufügen? Mit der unglaublichen Menge an Schulden heute, würde eine Verlangsamung des Wachstums oder eine Deflation der Vermögenspreise einen brutal negativen Rückkopplungskreislauf erzeugen, in dem sich die Dinge sehr schnell entladen. Es ist durchaus denkbar, dass die globale Verschuldung so hoch wird, dass der einzige Ausweg darin besteht, den

Reset-Knopf zu drücken, um das Wachstum gegen eine exponentiell ansteigende technologische Deflation zu halten. Die Wahrheit ist, dass wir diesen Punkt, an dem ein kompletter Reset erforderlich ist, wahrscheinlich schon überschritten haben. Unser Technologieboom wird eine andere Art von Boom verursachen.

Bei etwa 1.239 Kilometern pro Stunde überschreitet die Geschwindigkeit eines Jets die Schallgeschwindigkeit, und weil die Schallwellen sich nicht mehr vor ihn schieben können, durchstößt er die Schallmauer, was einen lauten Knall verursacht – und die Gesetzmäßigkeiten verändert. Danach scheint das Flugzeug vom Boden aus seinen Schall zu überholen. Die Metapher des Überschallknalls ähnelt dem, was wir irgendwann bei der Erschaffung von Schulden sehen werden, wenn sich die Regeln augenblicklich ändern werden. Aber im Moment bedeutet der Schmerz einer Vermögensentwertung und eines negativen Rückkopplungszyklus, dass die Regierungen mit allen Mitteln versuchen werden, ihn zu stoppen. Mit vielen Ländern, die sich heute noch im Bereich der Negativzinsen befinden, wo Geld, das in den Banken angelegt ist, garantiert an Wert verliert, und den Regierungen, die erkennen, dass eine weitere Krise vor der Tür steht, werden immer kreativere Lösungen ernsthaft in Betracht gezogen.

In einem Arbeitspapier des Internationalen Währungsfonds vom August 2018 mit dem Titel „Monetary Policy with Negative Interest Rates“ (Geldpolitik mit Negativzinsen) erörtern die Autoren, wie Zentralbanken ein System entwerfen und betreiben können, in dem die Zinsen weitaus negativer sein könnten als sie es heute sind. Wenn die Zinsen zu weit unter Null fallen, macht es Sinn, dass die Inhaber von Einlagen ihr Geld aus den Banken in Bargeld umschichten, was dazu führt, dass die Zentralbanken die Zinsen nicht mehr so weit senken können, da die Menschen und Unternehmen Bargeld horten werden. Die vorgeschlagene Lösung sieht einen Mechanismus vor, bei dem negative Wechselkurse sowohl auf elektronisches Geld in Reserven als auch auf Bargeld angewendet werden – Bargeld würde also mit demselben negativen Zinssatz besteuert werden.[27] Daraus lassen sich die folgenden Punkte ableiten, sofern ernsthaft darüber diskutiert wird, wie man Währungen noch weiter manipulieren kann: 1) Es werden drastische Unter-Null-Zinsen benötigt und 2) wir haben ernsthaft den Verstand verloren!

Wir sollten daher mehr Easing erwarten, und dadurch mehr Chaos, da man das Unvermeidliche erneut hinauszögert. Wie Nassim Nicholas Taleb in seinem Buch *Antifragilität* sagt: "Wenn man systematisch verhindert, dass Waldbrände stattfinden, 'um sicher zu sein', macht man den großen Brand viel schlimmer." Auch die Auswirkungen zweiter Ordnung in Form von steigendem Nationalismus und politischer Instabilität werden wahrscheinlich viel schlimmer werden.

Es ist wichtig zu verstehen, dass all diese Schulden einen sehr positiven Effekt auf unsere Wirtschaft, unsere Arbeitsplätze und unser Leben hatten. In Kapitel 1 hatten wir bereits darüber gesprochen, wie die Wirtschaft funktioniert, dass Menschen sich reicher fühlen, wenn die Preise von Vermögenswerten steigen, und sie mehr ausgeben, was wiederum mehr Arbeitsplätze schafft, weil ihre Ausgaben die Wirtschaft ankurbeln. Das Wachstum wäre ohne sie nicht annähernd so groß gewesen und daher hätten sich viele der Vorteile für die Gesellschaft ohne sie nicht so schnell ergeben. Die Zahl der Menschen auf der Welt, die in extremer Armut leben – also weniger als 1,90 Dollar pro Tag verdienen – ist deutlich gesunken, von mehr als 50 Prozent der Weltbevölkerung vor fünfzig Jahren auf heute unter 10 Prozent.[28] Langfristige Trends bei der Lebenserwartung, der Kindersterblichkeit und einer Vielzahl anderer Indikatoren sind ebenfalls positiv.

Die billigen Kredite führten zu einem signifikanten Anstieg der Preise in allen Anlageklassen – Hauspreise, Ölpreise, Aktienkurse, um nur einige zu nennen – und schufen echten Reichtum für die Inhaber von Vermögenswerten und förderten noch mehr Wachstum, mit unzähligen neuen Arbeitsplätzen in den Wachstumssektoren der Wirtschaft, die durch billige Kredite und niedrige Zinsen begünstigt wurden. Risikokapital- und Technologieunternehmen selbst haben von dieser billigen Kapitalquelle stark profitiert, indem sie riesige Finanzierungsrunden durchführen konnten, was bedeutet, dass einige der technologischen Fortschritte und Rückkopplungsschleifen höchstwahrscheinlich über das hinaus beschleunigt wurden, was sonst möglich gewesen wäre.

Aber dieser Boom hat nun zu einem weiteren Boom geführt, einer Phasenverschiebung, bei der sich alle Regeln ändern.

Die simple Macht der Technologie besteht darin, dass sie einen Überfluss ermöglicht, ohne die gleiche Menge an Arbeitsplätzen oder Einkommen zu erfordern … wenn wir es zulassen. Dies ist eine Tatsache, an die wir uns besser gewöhnen sollten, wenn wir den gleichen Wohlstand in unserem Leben wollen.

5

DIE ZUKUNFT DER ENERGIE

WAS WÄRE, WENN du eine konstante Stromquelle für dein Haus für 2 Millionen Dollar kaufen könntest? Was wäre, wenn der Preis von 2 Millionen Dollar auf unter 100 Dollar fallen würde? Und du müsstest das nur einmal bezahlen und danach wäre dein Strom für immer kostenlos – wie die Luft, die du atmest?

An welchem Punkt entlang der Preis-Wert-Kurve würde sich dein Energieverbrauch ändern? Diese Wahl wird die Zukunft der Energie bestimmen und sie hat das Potenzial, unser Leben auf eine sehr positive Weise zu verändern. Aber auch das ist deflationär und wird unsere Volkswirtschaften drastisch verändern.

Es gibt kein Leben auf der Erde ohne Energie. Jede lebende Pflanze oder jedes Lebewesen auf der Erde verbraucht Energie für ihr Überleben. Wir nutzen sie für die Herstellung von Produkten, für den Transport, zum Heizen, Kühlen und Beleuchten und für den Anbau, die Verarbeitung und die Lagerung von Lebensmitteln. Sie ist oft der wichtigste Kostenfaktor in der Produktion und im Vertrieb und daher hat ihre Nutzung einen großen Einfluss auf die Wettbewerbsfähigkeit und das Wachstum unserer Volkswirtschaften. Die Energiekosten bestimmen oft die wirtschaftliche Lebensfähigkeit. Daher spielt Energie natürlich eine große Rolle in unseren Volkswirtschaften und macht weltweit etwa 9 Prozent des BIP aus.[29]

Mit 9 Prozent des Bruttoinlandsprodukts schafft sie weltweit eine Menge Arbeitsplätze. Allein in den USA gibt es 3,6 Millionen Arbeitsplätze in den traditionellen Energieindustrien, einschließlich Produktion, Übertragung und Speicherung, und weitere etwa zwei Millionen Arbeitsplätze im Bereich Energieeffizienz.[30] Aber die Rolle der Energie in unseren Volkswirtschaften ist viel mehr als das. Wir müssen noch berücksichtigen, dass ein großer Teil des weltweiten Militärkomplexes hauptsächlich gebaut wurde, um einen kontinuierlichen Zugang zu Energie zu vernünftigen Preisen zu gewährleisten. Günstige, reichlich vorhandene Energie ist ein entscheidender Bestandteil der Wettbewerbsfähigkeit jeder Nation, da sie in jeder Industrie gebraucht wird. Darüber hinaus müssen wir die Kosten für Schäden durch extreme Wetterereignisse und Überschwemmungen aufgrund des Klimawandels einkalkulieren, der im Grunde genommen durch die Art und Weise, wie wir heute Energie gewinnen und nutzen, verursacht wird. Und diese Kosten, von den erhöhten Versicherungsbeiträgen bis hin zu den Aufräum- und Wiederaufbaukosten, tragen ebenfalls zu unseren Volkswirtschaften bei.

Es überrascht nicht, dass viele Untersuchungen einen direkten Zusammenhang zwischen Energieverbrauch und Wirtschaftswachstum festgestellt haben, wobei fortschrittlichere Gesellschaften mehr Energie pro Kopf verbrauchen.[31] Das macht intuitiv Sinn: Wenn Energie ein zentraler Bestandteil der wirtschaftlichen Aktivität ist, können wir erwarten, dass der Energieverbrauch mit der wirtschaftlichen Aktivität steigt. Und das ist auch der Fall. Seit 1900 ist der Energieverbrauch in die Höhe geschnellt. Der weltweite Energieverbrauch hat sich fast verdreizehnfacht, von 12.100 Terawattstunden pro Jahr im Jahr 1900 auf 153.596 Terawattstunden im Jahr 2017. Die größten Treiber waren billige und im Überfluss vorhandene Energieträger: Kohle, Erdöl und Erdgas. Von 1900 bis 2017 wuchs Kohle als primäre Energiequelle von 5.728 auf 43.397 Terawattstunden, Erdöl wuchs von 181 auf 53.752 Petawattstunden (eine Petawattstunde entspricht 1.000 Terawattstunden) und Erdgas wuchs von 64 auf 36.704 Terawattstunden.[32]

Die Gesetzmäßigkeiten der Energie

Bevor wir darüber sprechen, wo wir uns in Sachen Energie hinbewegen, wollen wir uns ansehen, wie wir da hingekommen sind, wo wir uns befinden. Um das zu tun, müssen wir zwei grundlegende Tatsachen erforschen: den ersten und zweiten Hauptsatz der Thermodynamik.

Der erste Hauptsatz der Thermodynamik besagt, dass Energie weder geschaffen noch zerstört werden kann und dass die Gesamtmenge an Energie im Universum gleich bleiben muss. Sie kann verändert, gespeichert oder bewegt werden, aber sie kann nicht erschaffen oder zerstört werden. James Prescott Joule (1818–1899) entdeckte, dass die Umwandlung von mechanischer Arbeit (Energie) in Wärme in festen Proportionen geschieht. In seinem berühmten Experiment ließ er ein Gewicht von 890 Pfund aus einem Fuß Höhe auf einen Flaschenzug fallen, der ein Schaufelrad im Wasser drehte, und er fand heraus, dass sich die Temperatur des Wassers um ein Grad erhöhte. Daraus entstand das erste mechanische Maß für Wärme, die Energie wurde übertragen, aber nicht erzeugt oder zerstört.

Der zweite Hauptsatz der Thermodynamik besagt, dass sich Energie immer von höheren zu niedrigeren Konzentrationen bewegt. Mit anderen Worten: Wärme verflüchtigt sich. Die Energie der Sonne bewegt sich in den Weltraum. Die Energie eines kochenden Topfes wandelt sich in Dampf und dann in kühlere Luft um. Außerdem erzeugt jede Energieübertragung in einem geschlossenen System einen immer ungeordneteren Zustand – mehr Entropie. Denn jedes Mal, wenn Energie umgewandelt wird, wird ein Teil oder die gesamte Energie verbraucht, wenn sie sich von höheren Konzentrationen zu niedrigeren verteilt.

Du kannst die Auswirkungen davon heute auf unserem Planeten sehen. Die meisten unserer Energiequellen sind fossile Brennstoffe, die einem geschlossenen System (unserem Planeten) entnommen werden, was nach dem zweiten Hauptsatz der Thermodynamik mehr Entropie oder Unordnung erzeugen muss, wenn wir sie nutzen. Nimm ein typisches Auto als Beispiel. Betrachte die Strecke, die du zurücklegst, um Benzin in deinen Tank zu bekommen, damit dein Motor Treibstoff hat, um dich zu bewegen. Zuerst muss eine Explorationsfirma nach Öl graben und es finden, wofür sie Energie benötigt. Erinnere dich daran, dass Öl als "Energiequelle" nur gespeichert wurde. Die Energie im Öl kam ursprünglich durch Pflanzen, die ihre eigene Energie von der Sonne durch Photosynthese aufnahmen, und durch Tiere, die ihre Energie aufnahmen, indem sie sich von den Pflanzen ernährten. All diese Energie kam ursprünglich von der Sonne. Das Öl muss aus dem Boden gepumpt werden (was Energie benötigt) und zu einer Raffinerie transportiert werden, wo es in Benzin umgewandelt wird (was Energie benötigt). Dieses Benzin muss dann zu einer regionalen Tankstelle transportiert werden, wo du dein Auto auftankst (was Energie benötigt). Selbst die effizientesten Verbrennungsmotoren wandeln nur zwischen 25 und 50 Prozent der Energie des Benzins um, um das Auto zu bewegen; bis zu 75 Prozent der Energie wird als Wärme und Kohlendioxid in die Atmosphäre freigesetzt.

Anhand dieses Beispiels kannst du die gesamten Kosten für die Energie, die dein Auto bewegt, nachvollziehen. Sie beinhalten einen schwindelerregenden Grad an Ineffizienz… und schaffen unzählige Arbeitsplätze. Wie der zweite Hauptsatz der Thermodynamik uns sagt, wird jedes Mal, wenn Energie umgewandelt wird, mehr und mehr davon verschwendet (nicht zerstört). Und in unserem Fall wird sie umgewandelt – und bewegt – und zwar oft. Ein großer Teil unserer Wirtschaft wird durch diese Erkundung, Förderung, Umwandlung und Bewegung angetrieben – entweder direkt oder indirekt.

Wie wir an diesen Punkt gelangt sind, ist vollkommen verständlich. Während der gesamten Menschheitsgeschichte verursachte der Prozess der Energiegewinnung und -nutzung durch das Ausgraben der in Pflanzen und Tieren gespeicherten Energie und die anschließende Umwandlung dieser Energie für unseren Gebrauch Schäden an unserer Umwelt, aber die Größe unserer Bevölkerungszahl und der daraus resultierende Energieverbrauch bedeuteten, dass wir die Schäden an der Umwelt nicht so leicht sehen konnten wie wir es heute können. Auch weil wir den verursachten Schaden nicht sehen konnten, war es wirtschaftlich sinnvoll. Selbst wenn die Herstellung eines Großteils der Energie ineffizient und verschwenderisch war, waren die Energiequellen – Holz, Kohle, Öl und Erdgas – im Überfluss vorhanden und preiswert.

Aber unser Energiebedarf ist heute viel größer als in den vergangenen Jahren, und der kumulative Schaden durch die Nutzung ineffizienter Energie ist ebenfalls größer. Wir befinden uns in einem Rad der Ineffizienz, in dem unsere Volkswirtschaften süchtig nach den Arbeitsplätzen und Gewinnen sind, die durch die Ausschöpfung von Energie entstehen – ohne dabei die vollen Kosten der fossilen Brennstoffe zu berücksichtigen, wenn wir ihr Nebenprodukt mit einbeziehen, die globale Erwärmung. Außerdem können wir nicht vorhersagen, wie anders die Dinge sein werden, wenn die Energiekosten bis zu einem Punkt fallen, an dem die gesamte bestehende Energieinfrastruktur aufgrund der Marktpreise irrelevant wird. Wir bleiben in einer Rückkopplungsschleife, die unserer Schuldenspirale nicht unähnlich ist: Wir sehen die wahren Kosten für unsere Gesellschaften nicht, weil wir die Party am Laufen halten wollen, und wir können uns keine Alternative zu der Art und Weise vorstellen, wie wir unsere Volkswirtschaften aufgebaut haben.

Lass die Sonne herein

Indem wir unsere Energie direkt von der Sonne beziehen, anstatt den Umweg über das Ausgraben von Materialien zu gehen, die ursprünglich ihre Energie von der Sonne bezogen haben, und sie umzuwandeln und wieder umzuwandeln, entfernen wir eine ganze Lieferkette aus Ineffizienzen und Kosten. Indem wir Energie direkt von der Sonne umwandeln, können wir die Kosten drastisch senken … ohne den entsprechenden Schaden für unser Ökosystem. In weniger als zwei Stunden trifft mehr Energie von der Sonne auf die Erde als weltweit jährlich an Energie verbraucht wird.[33] Die Frage ist nur, wie man sie nutzt.

Der Photovoltaik-Effekt (Licht wird von einem Material absorbiert und erzeugt einen elektrischen Strom) wurde erstmals 1839 vom französischen Wissenschaftler Edmond Becquerel (1820-1891) entdeckt. Es dauerte über vierzig Jahre, bis Charles Fritts (1850-1903), ein amerikanischer Erfinder, die weltweit erste Solaranlage auf einem Dach entwickelte. Weitere sechzig Jahre vergingen, bis Bell Labs 1954 die moderne Solarzelle erfand. Diese bahnbrechende Zelle wurde aus Silizium hergestellt und hatte einen Wirkungsgrad von 6 Prozent bei der Umwandlung von Sonnenlicht in Energie, was eine enorme Verbesserung gegenüber früheren Technologien darstellte. Sie ermöglichte es, Solarstrom für etwa 256 Dollar pro Watt zu nutzen. Selbst mit diesem riesigen Sprung nach vorne waren 256 Dollar pro Watt zu dieser Zeit viel teurer als andere Energiequellen, so dass es leicht zu verstehen ist, warum ein Übergang von kostengünstigeren Energiequellen zur Solarenergie nicht stattfand.

Mit der Verbesserung der Technologie ist dieser Preis jedoch rapide gesunken, von 256 Dollar pro Watt im Jahr 1954 auf 82 Cent heute. (Wenn wir die Inflation ausgleichen – also die Dollars von 1954 in die heutigen Dollars umrechnen – entspricht das einem Rückgang der Solarenergie von 2.108,00 Dollar auf 0,82 Dollar pro Watt). Viele haben den Fortschritt, den wir in der Solarenergie sehen, mit dem Mooreschen Gesetz verglichen. Anders als das Mooresche Gesetz, das sich auf die Produktionsgröße bezieht, besagt das Swansonsche Gesetz (benannt nach Richard Swanson, dem Gründer von SunPower), dass der Preis für Solarenergie bei jeder Verdopplung des ausgelieferten Volumens um 20 Prozent sinkt. Bei den gegenwärtigen Trends des Liefervolumens bedeutet dies, dass die Kosten alle zehn Jahre um 75 Prozent fallen werden.

Und die Kosten von Solarmodulen pro Watt erlauben eine unbegrenzte Energieabgabe, bis zum Ausfall des Geräts. Im Gegensatz zu vielen anderen Energieformen, die umfangreiche Betriebs- und Wartungskosten erfordern, sind die Kosten für die Instandhaltung von Solaranlagen gering. Ein typisches Kohlekraftwerk hat hohe Kapitalkosten und eine Lebensdauer von etwa vierzig Jahren. Solaranlagen sollten weit mehr als vierzig Jahre halten, und sie sind weitaus günstiger im Betrieb – man muss zum Beispiel kein Sonnenlicht ausgraben und anliefern. Laut einem Forschungsbericht des Finanz-Thinktanks Carbon Tracker vom November 2018 laufen bereits 42 Prozent der Kohlekraftwerke weltweit mit Verlust, und es kostet 35 Prozent mehr, bestehende Kohlekraftwerke am Laufen zu halten, als neue erneuerbare Energieerzeuger zu bauen.[34] Wenn diese Zahlen stimmen, sind aufgrund der wirtschaftlichen Realitäten und des Wettbewerbs die Tage der Kohle als Energiequelle gezählt.

Wenn man Energiekosten zwischen verschiedenen Quellen vergleicht, sind die am weitesten verbreiteten Maße die Stromgestehungskosten (Levelized Cost of Energy, LCOE), die es Unternehmen ermöglichen, die Gesamtkosten für Energie zu verstehen, einschließlich der Bau- und Wartungskosten, geteilt durch die Lebensdauer der Stromproduktion. Laut der Wall Street Investmentbank Lazard, die jährlich eine Studie über den Energiesektor erstellt, sind die Stromgestehungskosten für Solaranlagen in den letzten zehn Jahren um 88 Prozent gesunken.[35] Allein im letzten Jahr fielen die Preise um weitere 13 Prozent, womit die Stromgestehungskosten für Solarstrom zu den niedrigsten aller Energiequellen gehören. Werden die Preise weiterhin in diesem Tempo fallen? Es ist unmöglich, das mit Sicherheit zu sagen, aber ich wette, dass Swansons Gesetz sich weiterhin bewahrheiten wird – wir werden weiterhin die Verbesserungen sehen, die wir in den letzten vierzig Jahren erlebt haben. Und warum? Einfach aus wirtschaftlichen Gründen. Weil Energie ein Kostenfaktor für fast alles ist, bringen billigere Energiequellen sowohl Unternehmen als auch Volkswirtschaften erhebliche Vorteile. Wenn sich der wirtschaftliche Vorteil auf die Solarenergie verlagert, kommt es zu einem Goldrausch an Innovation und Kapazitätsaufbau, da eine ganze Branche versucht, einen neuen strategischen Markt zu gewinnen. Und Märkte, die sich scheinbar gar nicht wandeln, werden sich in kürzester Zeit komplett verschieben. Wie Mark Lewis von BNP Paribas Asset Management schrieb: „Wir kommen zu dem Schluss, dass die Wirtschaftlichkeit von Öl für Benzin- und Dieselfahrzeuge im Vergleich zu wind- und solarbetriebenen E-Fahrzeugen unaufhaltsam und unumkehrbar sinkt, mit weitreichenden Folgen sowohl für die Politik als auch für die Ölkonzerne."[36]

Ich möchte anmerken, dass es auch andere sehr gute saubere Energiequellen gibt, aber die Solarenergie ist diejenige, die das Potenzial hat, den Energiebedarf unserer Welt (bei weitem) zu übertreffen. Wie Jeff Tsao vom US-Energieministerium und seine Kollegen Nate Lewis und George Crabtree erklärten: „Obwohl Wind ein bedeutendes, ausbaubares Potenzial hat, ist sein technisches Potenzial viel geringer, zum großen Teil, weil ein Großteil seiner Energie geographisch über den relativ unzugänglichen tiefen Ozeanen liegt. Das Gleiche gilt für die Solarenergie, aber weil ihr extrahierbares Potenzial so riesig ist, bleibt das technische Potenzial an Land groß."[37]

Wie viel Fläche wäre nötig, um Solarparks zu bauen, die all unsere benötigte Energie erzeugen? Ohne eine Weiterentwicklung der Technologie zu berücksichtigen, beträgt die benötigte Fläche laut der Interessenvertretung für erneuerbare Energien, Land Art Generator, 496.805 Quadratkilometer.[38] Das mag nach viel Land klingen, aber allein das an die Öl- und Gasindustrie verpachtete Land in den Vereinigten Staaten umfasst 104.177 Quadratkilometer.[39] Würde man dieses Land für Solarenergie nutzen, könnte man mehr als ein Fünftel des gesamten weltweiten Energiebedarfs decken.

Die Tage des reichlich vorhandenen, fast kostenlosen Solarstroms kommen. Die Preise für Solarenergie sind schon jetzt niedriger als die fast aller anderen Energieformen, und die Preise werden mit dem technologischen Fortschritt und dem Erreichen der Massenadoption von Solarenergie noch viel weiter fallen. Während andere Energiequellen immer noch benötigt werden, weil der Beitrag der Solarenergie insgesamt gering ist, ist es von hier aus nur noch eine Frage der Umstellungszeit. Im Jahr 2000 betrug der Anteil der Solarenergie nur 1,15 Terawattstunden Strom, 2017 waren es bereits 443 Terawattstunden. Die Solarenergie ist noch weit davon entfernt, 100 Prozent der heute benötigten 153.596 Terawattstunden Energie zu produzieren, aber mit niedrigeren Preisen auf ihrer Seite und noch geringeren Preisen am Horizont, wird sich diese Lücke schnell schließen.

Einer der größten Kritikpunkte an Solar- und anderen erneuerbaren Energien ist, dass sie unbeständig sind. Die Sonne scheint nicht in der Nacht und es kann bewölkt sein, was bedeutet, dass es zu bestimmten Zeiten zu viel Strom gibt und zu anderen nicht genug. Kombiniere dies mit dem Spitzenlastbedarf der Bevölkerung – zu bestimmten Tageszeiten wird mehr Energie benötigt als zu anderen – und die Speicherung dieser Energie wird ein bedeutsames Thema. Aber neben den fortlaufenden Innovationen in der Batterietechnologie, die diese Belastung reduzieren, gibt es auch andere Lösungen, die ihren Weg auf den Markt finden. Eine dieser Lösungen – ein Schwungrad – wandelt Elektrizität in kinetische Energie um, um sie zu speichern, und wandelt dann die kinetische Energie wieder in Elektrizität um, wenn sie benötigt wird. Es gibt einen neuen Wettlauf um die Kontrolle von Schlüsseltechnologien, um einen Wechsel zu ausreichend erneuerbarer Energie zu ermöglichen. Zum Beispiel wurde Temporal Power aus Mississauga, Ontario, Kanada, ein führender Innovator in diesem Bereich, kürzlich von dem chinesischen Schwungradtechnologie-Unternehmen BC New Energy übernommen.

Die Marktchance, die sich im Bereich der Solarenergie bietet, ist atemberaubend. Und während neue Investitionen in diesen Bereich fließen, was wiederum zu mehr Innovationseffizienz und einer weiteren Reduzierung der Preise und der Speicherung führt, wird derselbe Zyklus der schöpferischen Zerstörung die Investitionen aus Kohle, Öl und Erdgas vertreiben. Kurzfristig werden die Volkswirtschaften sowohl vom Ausbau der Solarinfrastruktur als auch von den anderen Energiequellen profitieren, die sich im Übergang befinden. Aber die Marktkräfte werden dafür sorgen, dass die weitaus kostengünstigere Energieinfrastruktur den Sieg davontragen wird – und mit diesem Sieg wird die bestehende Infrastruktur der Ineffizienz und viele damit verbundene Arbeitsplätze verschwinden.

Einige Entwicklungsländer könnten in Bezug auf Energie sogar im Vorteil sein. Diese Länder könnten den Aufbau einer kompletten Infrastruktur zur Energieversorgung vermeiden, ähnlich wie Millionen von Kilometern an Telefonleitungen in Afrika oder Asien wegen der Mobilfunktechnologie nicht benötigt wurden, oder wie Chinas E-Commerce viel schneller wuchs als der der USA, weil sie keine bestehende Infrastruktur an Einzelhandelsgeschäften hatten, die das verlangsamt hätte.

Aber da Energie ein wichtiger Input für fast alles ist, wie könnte weniger teure Energie nicht deflationär sein? Es wird sich massiv auswirken. Wenn Regierungen und Zentralbanken denken, dass sie der Deflation heute entkommen können, wo wir doch gerade erst beginnen, die Auswirkungen zahlreicher Technologien zu spüren, die durch das Mooresche Gesetz vorangetrieben werden, was passiert dann, wenn wir zu diesen zahlreichen Technologien die deflationären Effekte hinzufügen, die der Überfluss an Solarenergie bringen wird? Wenn der einzige Weg, die Deflation heute zu stoppen, darin besteht, die Gelddruckmaschine anzuwerfen, wie wird es dann in Zukunft aussehen?

Den Preis der Zukunft gestalten

Was ändert sich sonst noch aufgrund der weiter fallenden Energiepreise? Schauen wir uns ein paar Beispiele für Dinge an, die ganz anders werden könnten. Der Energiepreis entscheidet oft über die wirtschaftliche Lebensfähigkeit, weshalb wir wahrscheinlich die anderen Dinge außer Acht lassen, die möglich sind, wenn Energie im Preis sinkt.

Ein wesentlicher Grund für Flüchtlingskrisen und Einwanderungsdruck in den Industrieländern auf der ganzen Welt ist die Knappheit an grundlegenden Ressourcen wie Nahrung und Wasser.

Warum sollte es mit kostengünstiger oder kostenloser Energie nicht auch sauberes Wasser im Überfluss geben? Es ist nicht so, dass es keine Technologie gäbe, um Salzwasser in Süßwasser umzuwandeln. Es gibt sie schon seit Jahrzehnten; es kommt nur auf die Kosten an. Das Paradoxon vieler Küstenregionen in den Entwicklungsländern ist, dass sie zwar von Wasser umgeben sind, dieses aber aufgrund seines Salzgehalts nicht zum Trinken oder zur Bewässerung genutzt werden kann. Entsalzung – die Entfernung von Salz aus Meerwasser – ist heute viel effizienter durch den großflächigen Einsatz von Umkehrosmose, ein Prozess, bei dem Salzwasser durch eine wasserdurchlässige Membran gepumpt wird. Aber obwohl das Verfahren bereits verfügbar ist, ist es nicht in großem Umfang kommerziell nutzbar, da es viel Energie benötigt: Der erforderliche Betriebsdruck liegt zwischen 800 und 1.000 psi.[40] Kostengünstigere Energie stellt diese Dynamik komplett auf den Kopf und bringt sauberes Wasser und all die anderen Vorteile für die Gesellschaft mit sich – einschließlich der Vermeidung von Umweltbedingungen, die zu Kriegen und Flüchtlingskrisen führen können.

Saubere Energie wird natürlich aufhören, unserer Umwelt mehr Kohlendioxid hinzuzufügen. Die Kohlendioxid-Emissionen aus der Verbrennung fossiler Brennstoffe haben die Treibhausgaskonzentration in unserer Atmosphäre auf ein Niveau gebracht, das es in der Geschichte der Menschheit noch nie gegeben hat: 415 Teile pro Million. Eiskernproben bestätigen, dass dies eine Konzentration ist, die seit mehr als 800.000 Jahren nicht mehr gesehen wurde. Kohlendioxid ist einer der Wege, wie unser Planet warm bleibt: wie Ziegelsteine, die die Wärme eines warmen Sommertages einfangen und langsam wieder abgeben, tut Kohlendioxid in unserer Umgebung das Gleiche. Bei noch nie dagewesenen Konzentrationen, die weiterhin schnell ansteigen, wird es bestimmt sehr warm werden. Aber was wäre, wenn reichlich saubere Energie nicht nur aufhört, dazu beizutragen, sondern hilft, diesen Prozess umzukehren? Könnte der Vorteil von außerordentlich billigem Strom uns erlauben, Kohlendioxid effizient aus unserer Umwelt zu entfernen?

Wie bei der Entsalzung, nur eben in der Luft, ist die Kohlenstoffabscheidung bereits möglich. In einigen großen Kohlekraftwerken ist es bereits eine vorgeschriebene Anforderung, die Menge an Kohlendioxid zu reduzieren, die in die Umwelt abgegeben wird. Aber der Prozess erfordert eine riesige Menge an Energie – bis zu 40 Prozent mehr – und das an den Spitzen der Kamine, wo die höchste Kohlendioxidkonzentration herrscht. Aber wenn die Kosten für erneuerbare Energien weit genug sinken und die Kamine nicht mehr benötigt werden, könnten wir dann nicht die Kohlendioxidabscheidung in unsere alltägliche Umgebung ausweiten, wo die Konzentration von Kohlendioxid geringer ist?

Die bisherigen Lösungen zeigen auch eine Zukunft, in der es eine zentralisierte Energieversorgung gibt: riesige Solaranlagen mit einer Verteilung durch Stromkonzerne, ähnlich wie diese heute arbeiten. Aber eine Sache, die wir bereits von technologischen Fortschritten in anderen Bereichen gelernt haben, ist, dass sie oft den Ort der Wertschöpfung verändern, so dass ein bestehendes Monopol nicht mehr konkurrenzfähig ist. Einzelhandelsgeschäfte zum Beispiel hatten nur solange eine Monopolstellung, bis das Internet eine viel größere Auswahl ermöglichte, als ein physisches Geschäft bieten konnte. Auch bei der Energieversorgung kann es zu großen Umwälzungen kommen, und diese Umwälzungen können von überall her kommen.

Zentrale Versorgungsunternehmen oder Stromkonzerne sind im Wesentlichen Verteilerunternehmen, bei denen sich alles um

Angebot und Nachfrage dreht. Sie kaufen das Energie-"Angebot" zu einem Preis und schlagen beim Verkauf und der Verteilung auf, um die Kosten und den Gewinn zu decken. Mit dem Vormarsch der Solarenergie und einem weiteren Preisverfall werden sich mehr Verbraucher dafür entscheiden, sich vom Stromnetz zu trennen, so wie sich die Verbraucher von den ehemaligen Kabelfernsehmonopolen "abnabeln". Sie können sich ihren eigenen Solaranlagen zuwenden, mit ihren eigenen Backup-Speichern. Wenn sie Elektroautos besitzen, können diese Batterien in Spitzenzeiten zu ihren Häusern beisteuern, und dann wird die Solarstromerzeugung auf dem Dach diese Batterie während des Tages wieder auffüllen, wenn die Sonne scheint und das Auto nicht in Gebrauch ist.

Es ist auch gut möglich, dass riesige zentrale Energieplanungsnetze einer Erzeugung weichen, die lokal und breit vernetzt ist, so wie das Internet eine verteilte Technologie mit verbundenen Knoten ist, und diese Vernetzung das Internet zuverlässiger und sicherer macht. In diesem Fall könnte mein Haus und andere Häuser in meiner Region ein Backup sein, wenn andere Nutzer oder Regionen Energie verbrauchen, und umgekehrt.

Der Zeitpunkt mag noch ungewiss sein, aber der Trend hin zu ausreichend erneuerbarer Energie ist es definitiv nicht. Dieser Trend wird einen kompletten Umbruch in unserer bestehenden Energieinfrastruktur mit sich bringen – und jeden einzelnen der Arbeitsplätze, die mit dieser Ineffizienz einhergehen. Es kann eine großartige Sache für die gesamte Menschheit sein ... wenn wir den natürlichen Verlauf der Deflation zulassen. Denn wenn wir das zulassen, anstatt an einem ineffizienten System festzuhalten, um höhere Preise für Energie zu zahlen und die mittlerweile irrelevanten Arbeitsplätze zu erhalten, werden wir die Arbeitsplätze nicht brauchen, weil wir alle benötigte Energie fast umsonst bekommen können. Wir können uns möglicherweise darauf einstellen, weniger Geld zu verdienen, wenn alles, was wir brauchen, weniger kostet.

Das ist ein wichtiges *Wenn.*

6

DIE ZUKUNFT DER INTELLIGENZ

„In drei bis acht Jahren werden wir eine Maschine mit der normalen Intelligenz eines durchschnittlichen menschlichen Wesens haben.“

MARVIN MINSKY in *LIFE (1970)*

WIE DIE MEISTEN technologischen Vorhersagen erwies sich auch die von Minsky als verfrüht. Die Verdoppelungsbeispiele aus Kapitel 4 zeigen, warum: es ist genauso leicht, die Auswirkungen des exponentiellen Wachstums in den frühen Verdoppelungen zu überschätzen, wie sie in den späteren zu unterschätzen. Bis vor relativ kurzer Zeit übertraf das Versprechen der künstlichen Intelligenz die tatsächlichen Durchbrüche bei weitem. Aber während er mit dem Timing falsch lag, hatte Minsky die richtige Idee. Heute prägt künstliche Intelligenz bereits unsere Zukunft und sie ist dabei, in viele weitere Bereiche vorzudringen. Aber vielleicht nicht auf die Art und Weise, wie selbst einige der führenden Vordenker es sehen.

Die Auswirkungen der künstlichen Intelligenz

Ende 2018 wurde ich zur Konferenz des Creative Destruction Lab/University der Rotman School of Management in Toronto über maschinelles Lernen und den Markt für Intelligenz eingeladen. Die Konferenz ist eine der renommiertesten der Welt zum Stand der maschinellen Intelligenz/KI und wird von einigen der führenden Vordenker besucht. In der Tat wurden viele der Durchbrüche in der künstlichen Intelligenz von kanadischen Forschern geschaffen, die auch während des dunklen Winters der KI der 80er und 90er Jahre weiter in diesem Bereich arbeiteten.

Einer der Redner auf der Konferenz war Mark Carney, Gouverneur der Bank of England. Carney erklärte, dass künstliche Intelligenz ein Beispiel für eine Allzwecktechnologie sei – womit er eine Technologie meinte, die eine ganze Wirtschaft beeinflussen und die Gesellschaft drastisch verändern kann. Er verglich es mit der Elektrifizierung der Welt im frühen zwanzigsten Jahrhundert. Er erklärte, wie sich die Wirtschaft dramatisch veränderte, weil viele Arbeitsplätze durch die Elektrizität wegfielen und die Arbeiter für neue Jobs umgeschult werden mussten, die es vorher nicht gegeben hatte. Er zeigte, wie mit zunehmender Elektrifizierung die Volkswirtschaften zunächst litten und Arbeitsplätze verloren, dann aber zunehmend aufblühten, da die neue Technologie neue

Industrien und unzählige neue Arbeitsplätze für die umgeschulten Arbeiter schuf.

Während ich im Publikum saß, konnte ich mich des Eindrucks nicht erwehren, dass Carney zwar Recht damit hatte, dass Elektrizität eine Allzwecktechnologie ist, aber der analoge optimistische Ausblick für KI klang eher wie etwas, das er sich wünschte, als etwas, das mit hoher Wahrscheinlichkeit eintreten würde. Die Gleichsetzung von künstlicher Intelligenz mit Elektrizität war aus einer Reihe wichtiger Gründe ein schlechter Vergleich.

Erstens: Elektrizität war keine exponentielle Technologie. Sie war ein wichtiger Durchbruch für die Menschheit, aber sie verdoppelte ihre Wirksamkeit nicht etwa alle achtzehn Monate. Außerdem hat niemand jemals gedacht, dass Elektrizität intelligent sein würde. Elektrizität war eine unglaubliche Erfindung, die viele andere Dinge vorangebracht hat, aber sie war nie auf dem Weg, intelligenter zu sein als der Mensch. Künstliche Intelligenz ist nicht mit Elektrizität zu vergleichen. Wenn Elektrizität ein Streichholz war, ist künstliche Intelligenz die Sonne.

Dieser Unterschied birgt ein großes Risiko in unserer Planung. Wenn KI in Zukunft weit mehr Arbeitsplätze schafft, als in der Gegenwart vernichtet werden, dann wird es eine enorme Umschulungswelle der Bevölkerung auf neue Arbeitsplätze geben müssen. Wir können auch mit sozialen Umwälzungen rechnen, ähnlich wie es bei der Umstellung der Volkswirtschaften auf die Elektrizität geschah. Es wird eine harte Zeit sein, aber danach werden wieder Arbeitsplätze entstehen, und die Wirtschaft wird wieder florieren. Viele der politischen Instrumente, die in der Vergangenheit funktioniert haben, werden wahrscheinlich wieder funktionieren. Was aber, wenn die KI in Zukunft nicht mehr Arbeitsplätze schafft? Was ist, wenn sie nicht nur kurzfristig die Jobs erobert, sondern anfängt, mehr und mehr Jobs zu ersetzen? Die Lösungen, die wir heute in Erwartung eines kommenden Jobbooms einsetzen, könnten eine gefährlichere Welt schaffen. Der Boom könnte wie ein Überschallknall sein – wobei die Arbeitsplätze – ebenso wie die Schallwellen – diesen nie einholen werden.

Die Zeitachse ist wichtig. Vielleicht ist die universelle künstliche Intelligenz (bei der Maschinen in allem schlauer sind als wir) noch Jahrzehnte oder mehr entfernt, aber es geht nicht darum, ob, sondern *wann* sie eintrifft. Künstliche Intelligenz ist nur die natürliche nächste Stufe in einem langen Trend des Wachstums von Informationen und Wissen, ein Wachstum, das sich mit der Verbreitung der Technologie verdoppelt. Sie wird tiefgreifende Auswirkungen haben – viel tiefgreifender als alles, was wir bisher erlebt haben.

Künstliche Intelligenz wird oft mit einer Superintelligenz in einen Topf geworfen. Aber heute ist der größte Teil des Erfolges in der KI wirklich maschinelles Lernen oder „eingeschränkte" künstliche Intelligenz, keine Allzweck-KI. Die gleiche KI, die Menschen im Schach schlägt, kann nicht einfach *Jeopardy!* spielen und dort dominieren. Aber während es einfach ist, eingeschränkte KI abzutun und an unsere eigene Überlegenheit zu glauben, hat künstliche Intelligenz, die Menschen in verschiedenen Bereichen schlagen kann, enorme Auswirkungen. Wir haben erst begonnen, ihre Auswirkungen zu sehen, und sie wird schnell besser werden und sich branchenübergreifend beschleunigen – bis zu dem Punkt, an dem wir sie nicht mehr trainieren müssen, sondern wir gar nicht mehr gebraucht werden.

Darüber hinaus arbeiten Forscher und Unternehmen aber weiterhin an künstlicher Allgemeinintelligenz (AGI – artificial general intelligence): Intelligenz, die Informationen transferieren und Wissen von einer Domäne auf eine andere übertragen kann. Wie weit ist die Künstliche Allgemeinintelligenz, bei der KI in allen Dingen cleverer sein könnte als ein Mensch? Ich habe Ben Goertzel gefragt, einen der führenden Forscher im Bereich AGI. Ben hat einen Großteil seines Lebens damit verbracht, über AGI nachzudenken und daran zu arbeiten, sie zu erschaffen. Und nach seiner Einschätzung werden wir sie innerhalb von fünf bis dreißig Jahren haben, je nachdem, wie die Bemühungen ausgerichtet sind.

Es ist fast unbegreiflich, dass zu unseren Lebzeiten, vielleicht sogar schon recht bald, unsere langfristige Herrschaft an der Spitze der Intelligenzleiter an die Maschinen übergehen wird. Bis vor kurzem schien dieser Ausgang noch Science-Fiction zu sein. Aber die Wissensexplosion und die positive Rückkopplungsschleife des Lernens beschleunigen sich so sehr, dass es uns schwerfällt, mit den Veränderungen Schritt zu halten.

Um zu sehen, wie Computer den Menschen irgendwann übertrumpfen könnten, lohnt es sich, unsere eigene „Intelligenz“ ein wenig tiefer zu durchleuchten.

Eine kurze Geschichte der Intelligenz

Unsere Intelligenz – unsere Fähigkeit, die Welt um uns herum zu meistern – stammt eigentlich von anderen Menschen: ihren Gedanken, Erfindungen und Wissenschaften, auf denen wir wiederum weiter aufgebaut haben. Ohne diese Informationen und dieses Wissen würde der Großteil unserer begrenzten Zeit in die Versorgung der menschlichen Grundbedürfnisse fließen. Im Laufe unserer Geschichte ist es unser kollektiver Wissenszuwachs, der die eigentliche Triebfeder dessen ist, was wir als "Intelligenz" bezeichnen.

Wie wir in Kapitel 3 gesehen haben, sind unsere Gehirne unvollkommene Speichergeräte. Sie erinnern sich nicht an Ereignisse genau so, wie sie passiert sind. Anstatt sich nur an die Fakten zu erinnern, erinnern wir uns an Ereignisse durch unsere eigenen Vorurteile, Filter und Emotionen. Unser eigener Verstand ist nur in der Lage, sich an das zu erinnern, was wir im Laufe eines Lebens lernen können. Jenseits dieser Grenze brauchen wir externe Hilfen.

Stell dir vor, dass du und eine kleine Gruppe Menschen vom Rest der Welt auf eine abgelegene Inselgemeinschaft verbannt werdet, wo ihr euer Wissen nur durch verbale Kommunikation weitergeben könnt. Bücher und Schrift sind nicht verfügbar. Du hast all dein aktuelles Wissen, aber dir fehlen die Werkzeuge des modernen Lebens. Telefone, Elektrizität, Sanitäranlagen... all die Annehmlichkeiten, die du für selbstverständlich hältst, sind weg. Du hast nur das, was du weißt und ein paar grundlegende Notwendigkeiten und bist gezwungen, eine Zivilisation im Laufe der Zeit neu zu erschaffen, Generation für Generation. Wie viele Generationen würde es auf dieser imaginären Insel ohne Bücher, Computer oder irgendetwas anderes dauern, bis deine Nachkommen die riesigen Mengen an Informationen verloren hätten, die wir für selbstverständlich halten, um uns in der heutigen Welt zurechtzufinden und in diesem Rahmen als „unintelligent" zu gelten? Mündlich weitergegebenes Wissen würde mit der Zeit an Zuverlässigkeit verlieren, Erinnerungen würden verblassen und Dinge, die nie erwähnt wurden, wären für immer vergessen. Deine Kinder würden etwas weniger wissen als du, und ihre Kinder weniger als sie, und so weiter. In ein paar kurzen Generationen würde das Leben ganz anders aussehen, da sich die Bewohner auf die grundlegenden Überlebensbedürfnisse und Rituale konzentrierten, die dafür gedacht sind, dass ihre wichtigsten Geschichten an die nächste Generation weitergegeben werden.

Es gibt Beispiele aus dem wirklichen Leben. Die Sentinelesen, von der North Sentinel Insel im Indischen Ozean, sind einer der isoliertesten Stämme der Welt; sie erlangten vor kurzem unerwünschte Aufmerksamkeit, als sie einen Missionar namens John Allen Chau töteten, der auf ihre Insel kam. Obwohl sie von Zeit zu Zeit Kontakt mit Außenstehenden hatten, erklärte die indische Regierung 1956 die North Sentinel Insel zu einem Stammesreservat, um ihre Lebensweise zu schützen. Der Kontakt mit der Außenwelt ist ihnen untersagt. Als kleine und isolierte Kultur, abgeschnitten von der Welt, haben sie nur begrenzte Mittel, um komplexes Wissen aufzubauen, und so ist ihre Lebensweise seit Generationen ähnlich.

Es gibt heute mehr als 100 isolierte Stämme auf der Welt wie die Sentinelesen, meist in dicht bewaldeten Gebieten in Südamerika und Indonesien. Die wenigen Informationen, die wir über diese Stämme und ihre Lebensweise haben, ähneln sehr dem, was wir über prähistorische Menschen von vor Hunderttausenden von Jahren wissen. In der Tat sind unsere Gehirne seit etwa 300.000 Jahren weitgehend unverändert geblieben.[41] Diese isolierten und prähistorischen Menschen sind so, wie wir sein könnten – und umgekehrt.

Was hat sich also verändert, um uns einen erstaunlichen Fortschritt in dieser Art von „Intelligenz“ zu bescheren?

Wir haben seit Jahrtausenden die Schriftsprache, und sie ermöglichte es denen, die sie zu nutzen wussten, ihren Vorrat an Erkenntnissen zu vergrößern. Aber eine echte Phasenverschiebung begann mit Johannes Gutenbergs Erfindung der beweglichen Drucklettern und der Druckerpresse im Jahr 1439. Gutenbergs Presse kann als eine der wichtigsten Erfindungen der Menschheit angesehen werden. Verschiedene Formen des Druckens gab es schon Hunderte von Jahren zuvor, aber sie waren langsam, teuer und daher nur für kleine Teile der Bevölkerung verfügbar. Die Druckerpresse führte zur Massenspeicherung von Informationen und ermöglichte es praktisch, das menschliche Gehirn auf Bücher zu erweitern, in denen Informationen nach Belieben abgerufen werden konnten.

Um 1500 wurden bereits 20 Millionen Bücher gedruckt und in den nächsten 100 Jahren waren schätzungsweise zwischen 150 und 200 Millionen Bücher im Umlauf.[42] Diese Ausbreitung neuer Ideen und eine steigende Anzahl von Lesern war der Beginn einer Revolution von Ideen und Wissen. Der Buchdruck ermöglichte nicht nur eine weite Verbreitung, sondern förderte auch die Kritik und Debatte von Ideen. Religionen auf der ganzen Welt nutzten die Druckerpresse, um ihren Glauben zu verbreiten, aber sie bereitete auch den Boden für wissenschaftlich fundierte Überlegungen. Autoren konnten ihre neuen Ideen teilen und sie von anderen testen und bestätigen oder widerlegen lassen. Die Fähigkeit, dies zu tun, entwickelte sich im Laufe der Zeit zur wissenschaftlichen Methode. Obwohl Philosophen wie Aristoteles (384-322 v. Chr.) und Ibn al-Haytham (965-1040 n. Chr.) eine ähnliche Logik benutzten, um die Welt um sie herum zu beschreiben, wurde der Prozess selbst bis zum späten neunzehnten Jahrhundert nicht allgemein als solcher akzeptiert.

Es gibt nicht den einen Erfinder der wissenschaftlichen Methode. Wie die Wissenschaft selbst, wurde sie dank Galileo, Bacon, Descartes und Newton immer weiter verfeinert. Der Prozess beinhaltet 1) Beobachtung, einschließlich rigoroser Skepsis (um unseren kognitiven Voreingenommenheiten entgegenzuwirken); 2) das Formulieren einer Hypothese; 3) das Erstellen einer Vorhersage, die als wahr oder falsch bestimmt werden kann; und 4) Experimente und Tests, um die Gültigkeit der Hypothese zu bestimmen. Der Prozess wiederholt sich ständig, so dass immer stimmigere Hypothesen getestet und bestätigt werden können. Das vielleicht Überzeugendste an der Wissenschaft und der wissenschaftlichen Methode ist, dass sie fast nie „gut genug" ist. Sie ist darauf ausgelegt, immer wieder neue Beweise zu erbringen, um das bestehende Verständnis zu widerlegen und es weiter zu korrigieren.

Fehlerkorrektur ist die Grundlage aller Intelligenz.

Wie Karl Popper (1902-1994), einer der großen Wissenschaftsphilosophen des 20. Jahrhunderts, sagte: „Unser gesamtes Wissen wächst nur durch das Korrigieren unserer Fehler."[43] Einige der größten Revolutionen in der Wissenschaft kommen tatsächlich aus kleinen Verfeinerungen von bestehenden Theorien. Wie Sir Isaac Newton sagte: „Wenn ich weiter blicken konnte als andere Männer, dann deshalb, weil ich auf den Schultern von Giganten gestanden habe."[44] Der größte „Gigant" für Newton war Galileo: Newtons Arbeit, die zu den drei Bewegungsgesetzen führte, wurde von Galileis Arbeit über Kräfte beeinflusst.

Die Druckerpresse zeichnete Informationen auf und speicherte sie, und lieferte damit einem viel größeren Publikum die Möglichkeit, Irrtümer zu korrigieren. Dies führte zum Zeitalter der Aufklärung – auch bekannt als das Zeitalter der Vernunft. Es begann im späten 17. Jahrhundert und erstreckte sich bis ins 18. Jahrhundert, es war eine Zeit des Übergangs, in der philosophische und intellektuelle Ideen – Wissenschaft und Logik – begannen, die Vorstellungen von Kirche, Monarchie und der Realität der damaligen Zeit zu untergraben. Der französische Schriftsteller Voltaire bemerkte, dass „es gefährlich ist, in Angelegenheiten Recht zu haben, in denen die etablierten Männer im Unrecht sind"[45], aber Voltaire und seine Kollegen blieben hartnäckig und die neu entdeckte Verfügbarkeit und Beständigkeit von Wissen ermöglichte es, dass sich neue Wege, Recht zu haben, verbreiteten und durchsetzten. Da diese neuen Ideen einige der Fundamente, auf die sich die etablierte Religion verließ, zerbrachen – wie zum Beispiel, dass die Erde das Zentrum des Universums ist – wurden auch andere, lange hochgehaltene Doktrinen infrage gestellt, was die enorme Macht der Kirche über das alltägliche Leben weiter schwächte und den Weg für mehr wissenschaftlich basierte Argumente und einen größeren Beitrag der Gesellschaft ebnete, was wiederum die Innovation mit einer noch schnelleren Geschwindigkeit vorantrieb.

In einer Welt, die mit jedem Tag gespaltener zu sein scheint, sollte man sich daran erinnern, dass die intellektuelle Debatte, um bessere Antworten zu finden, das Ziel der Wissenschaft ist und genau das, was der Menschheit große Sprünge nach vorne ermöglicht hat. Um noch einmal Karl Popper zu zitieren: „Wahre Unwissenheit ist nicht die Abwesenheit von Wissen, sondern die Weigerung, es zu erwerben."[46]

Aufgrund der kombinierten Fähigkeit, sowohl unser Wissen dauerhaft festzuhalten als auch unsere Ideen ständig zu hinterfragen und darauf aufzubauen, hat sich die Fähigkeit der Menschheit, unsere Welt zu verstehen, scheinbar über Nacht auf der evolutionären Skala verändert. Erinnere dich, unsere Gehirne sind seit etwa 300.000 Jahren fast gleich, aber wir haben seit knapp 600 Jahren die Druckerpresse.

Genau wie der exponentielle Effekt der Verdopplung von Pennys oder Reiskörnern auf einem Schachbrett, hat die Erweiterung unserer Gehirne auf Bücher und die Verfeinerung und Erweiterung von Ideen, die vor uns kamen, unser Wissen exponentiell anwachsen lassen. Am Anfang ging es scheinbar langsam und es war wenig, ein metaphorisches Rinnsal an Informationen. Jetzt gibt es eine Flut von Informationen und Wissen, die schwer zu begreifen ist und mit der wir kaum Schritt halten können. Jede Sekunde werden weitaus mehr Informationen geschaffen und geteilt, als jeder von uns in einem Leben lernen und kommunizieren könnte. Je mehr Informationen es gibt, desto mehr Korrekturen sind nötig – aber das gleiche exponentielle Wachstum der Technologie, das diese Explosion von Informationen ermöglicht, erlaubt auch exponentiell verbesserte Fehlerkorrekturen: der Durchbruch der Schallmauer von Informationen und Wissen, bei dem uns unsere Computer immer weiter voraus sind.

Der Beginn der künstlichen Intelligenz

Stell dir vor, du lebst im frühen bis mittleren 18. Jahrhundert: Pferdekutschen, keine Telefone, keine Elektrifizierung der Städte. Es ist schwer vorstellbar, dass die Entwürfe für einen modernen Computer schon damals erdacht werden konnten, aber Charles Babbage (1791-1871), ein britischer Universalgelehrter, hat genau das getan.

Babbage fand Fehler bei der Durchsicht von Astronomietabellen, die von Hand berechnet wurden, und er erkannte, dass Rechenprobleme für die Navigation gefährlich waren. Also entwickelte er eine Lösung und schuf den ersten Bauplan für eine mechanische Berechnungsmethode. Im Jahr 1822 machte sich Babbage daran, eine „Differenzmaschine" zu entwickeln, die eigentlich eine Rechenmaschine war. Obwohl die Maschine zu Babbage's Lebzeiten nie fertiggestellt wurde, hat das Science Museum in London im Jahr 2002 zwei Versionen von Babbage's Original-Entwürfen der Differenzmaschine fertiggestellt, wobei Babbage's eigene Entwürfe und nur verfügbare Teile aus der damaligen Zeit verwendet wurden. Jede Maschine besteht aus 8.000 Teilen, wiegt fünf Tonnen und misst elf Fuß lang und sieben Fuß hoch.[47] Babbage nutzte später die Erkenntnisse, die er bei der Konstruktion der Differenzmaschine gewonnen hatte, um den Prototyp seiner Analysemaschine zu entwickeln. Es war der erste Entwurf eines Allzweckcomputers, mit vielen der Funktionen, die auch unsere Computer haben, einschließlich eines separaten Speichers und einer zentralen Recheneinheit, sowie Bereichen für die Ein- und Ausgabe von Daten und Anweisungen. Er war seiner Zeit weit voraus und auch hier wurden die Prototypen zu seinen Lebzeiten aufgrund von finanziellen Engpässen nie fertiggestellt. (Plan28.org ist ein laufendes Projekt, das seine Entwürfe nutzt, um seine Analytik-Engine zu bauen und dabei nur Teile aus seiner Zeit verwendet. Dieses Projekt soll bis 2021 fertiggestellt werden).

Fortschritte in der Technologie – einschließlich der Elektrizität – förderten das, was möglich war. Die Forschung an intelligenten Maschinen wuchs von den 1930er bis 1950er Jahren. Ein wichtiger Wegbereiter in dieser Zeit war Alan Turing (1912–1954), ein englischer Mathematiker. Turing erlangte vor allem dadurch Bekanntheit, weil er den deutschen Enigma-Code im Zweiten Weltkrieg entschlüsselte und er es dadurch den Alliierten ermöglichte, verschlüsselte Nachrichten zu lesen, die für ihren Sieg über Nazi-Deutschland entscheidend waren – eine Leistung, die im Film *The Imitation Game* dargestellt wird. Aber er war auch ein früher Vertreter der Überzeugung, dass das menschliche Gehirn zu einem großen

Teil eine digitale Rechenmaschine ist, und dass man Computer dazu bringen kann, Intelligenz zu besitzen – also zu denken. Im Jahr 1950 veröffentlichte er eine Abhandlung mit dem Titel „Computing Machinery and Intelligence“, in der er einen Test namens Imitation Game vorschlug, der heute allgemein als Turing-Test bekannt ist. Bei diesem Test unterhält sich ein menschlicher Prüfer mit zwei anderen Gesprächsteilnehmern, von denen einer eine Maschine und der andere ein Mensch ist. Der Test ist bestanden, wenn der menschliche Prüfer nicht zwischen Mensch und Maschine unterscheiden kann – kurz gesagt, wenn Menschen nicht zwischen künstlicher und echter Intelligenz unterscheiden können.

Etwa zur gleichen Zeit, als Turing „Computing Machinery and Intelligence“ veröffentlichte, durchbrach ein anderer bedeutender Denker namens Claude Shannon (1916-2001) die Barrieren, die viele der Fortschritte im Bereich der Computer und der künstlichen Intelligenz ermöglichten, die wir heute als selbstverständlich ansehen. Shannon war ein amerikanischer Mathematiker und einer der Hauptarchitekten des Informationszeitalters. Obwohl er nicht so bekannt ist, stehen seine Durchbrüche in Konkurrenz zu denen von Albert Einstein, da er die Art und Weise, wie wir über Information denken, verändert hat.

Shannon interessierte sich dafür, wie man Informationen in ihrer einfachsten Form übermitteln kann und erkannte, dass dazu Information nicht mit Bedeutung verwechselt werden darf. Wir verstehen Informationen selten genau so, wie die Person sie versteht, die uns die Information sendet; stattdessen verbinden wir unsere eigenen Emotionen mit der Information und verändern oft die Nachricht als Ergebnis. Auch unser Kontext ist ein wichtiger Faktor: So kann das Wort „Amazon“ für einen Hörer in Seattle, dem Sitz des Unternehmens Amazon, eine völlig andere Bedeutung haben als für einen in Brasilien, wo der Amazonas das Herzstück eines Regenwaldes ist, der 70 Prozent des Landes bedeckt. Für Shannon sind „diese semantischen Aspekte der Kommunikation irrelevant für das technische Problem. Der entscheidende Aspekt ist, dass die tatsächliche Nachricht eine ist, die *aus einer Menge von möglichen* Nachrichten ausgewählt wird."[48] Er fuhr fort zu beschreiben, wie Informationen mit Hilfe von Teilnachrichten gesendet werden können, die Hinweise auf die ursprüngliche Nachricht geben. Zum Beispiel, wenn eine Nachricht dir sagt, dass eine Zahl zwischen 1 und 100 liegt, und dann die nächste Nachricht dir sagt, dass die Zahl ungerade ist, kannst du die Möglichkeiten halbieren.

Shannon war auch der erste, der der Kommunikation Entropie zuschrieb, und die Information in jeder dieser Teilnachrichten wurde zu einem Maß dafür, wie viel Ungewissheit sie für den Empfänger ausräumte. Auf diese Weise erfand er eine Maßeinheit für Information, das Bit. In Teilnachrichten halbiert ein Bit an Information die Anzahl der Möglichkeiten für den Empfänger. Eine Nachricht, die die Auswahlmöglichkeiten des Empfängers nicht reduziert, überträgt null Bits an Information. Durch Shannons Informationstheorie wurde Information zum ersten Mal quantifizierbar. Das Messen von Informationen und deren Wachstum wurde so einfach wie das Messen von allem anderem, und die Informationsverarbeitung, -speicherung und -abfrage waren geboren.

Als Computer und die Speicherung von Informationen es ermöglichten, mehr Informationen zu analysieren, wurde die Forschung zur künstlichen Intelligenz bei einem Workshop am Dartmouth College 1956 geboren. Allen Newell, Herbert Simon, John McCarthy, Marvin Minsky und Arthur Samuel waren die ersten Teilnehmer und wurden zu den führenden Gründern der KI-Forschung. Ihr ursprünglicher Forschungsvorschlag lautete wie folgt: „Die Studie soll auf der Grundlage der Vermutung erfolgen, dass jeder Aspekt des Lernens oder jedes andere Merkmal der Intelligenz im Prinzip so genau beschrieben werden kann, dass eine Maschine dazu gebracht werden kann, es zu simulieren. Es wird versucht, herauszufinden, wie man Maschinen dazu bringen kann, Sprache zu benutzen, Abstraktionen und Konzepte zu bilden, Arten von Problemen zu lösen, die jetzt dem Menschen vorbehalten sind, und sich selbst zu verbessern. Wir denken, dass ein signifikanter Fortschritt in einem oder mehreren dieser Probleme gemacht werden kann, wenn eine sorgfältig ausgewählte Gruppe von Wissenschaftlern einen Sommer lang gemeinsam daran arbeitet."[49]

Die Gruppe hatte in diesem Sommer einige frühe Erfolge, unter anderem beim Damespiel, und die Förderung wurde in den frühen 1970er Jahren weltweit stark ausgeweitet, aber das Innovationstempo entsprach nicht den Erwartungen der Visionäre und die Fördergelder in den USA und Großbritannien wurden gestrichen, was den ersten KI-Winter zur Folge hatte. Obwohl der Fortschritt immer noch in kleinen Schritten weiterging, war es vor allem der zunehmenden Rechenleistung von Computern in Kombination mit der Digitalisierung zu verdanken, dass die künstliche Intelligenz in den späten 1990er Jahren einen nachhaltigen Aufschwung erlebte.

Ein spezielles Forschungsgebiet für viele im Bereich der künstlichen Intelligenz war die Erforschung der Funktionsweise unseres eigenen Gehirns. Alan Turing selbst theoretisierte, dass der Kortex bei der Geburt eine „unorganisierte Maschine" ist und durch „Training" zu einer „universellen Maschine oder etwas Ähnlichem gestaltet wird."[50] Wenn Gehirne wie Computer lernen, dann können auch

Computer wie Gehirne lernen. Aber hatte Turing recht? Verstehen wir, indem wir Wahrscheinlichkeiten einschränken? Viele Arbeiten aus der Verhaltenswissenschaft, dem maschinellen Lernen und der Psychologie deuten darauf hin, dass die Antwort „ja" lautet. Unsere Gehirne verhalten sich wie Bayes'sche Wahrscheinlichkeitsmaschinen, die ständig neue Vorhersagen treffen, basierend auf den sich ändernden Informationen unserer Sinne, und den Ergebnissen Wahrscheinlichkeiten zuordnen.

Was ist eine Bayes'sche Wahrscheinlichkeitsmaschine? Ein Computer, der nach dem Theorem von Bayes arbeitet, benannt nach Thomas Bayes (1702-1761). Das Bayes'sche Theorem schätzt die Wahrscheinlichkeit eines Ereignisses basierend auf vorheriger Information. Mein Lieblingsbeispiel stammt aus Pedro Domingos' Buch *The Master Algorithm*. Darin stellt sich Domingos eine Person vor, die eines Nachmittags zu Beginn der Zeit auf einem Planeten aufwacht und sieht, wie die Sonne untergeht und sich fragt, ob sie wieder aufgehen wird. Da die Person noch nie gesehen hat, wie die Sonne aufgeht, gibt es keinen Grund zu glauben, dass sie es tut oder nicht tut. Daher sind zwei Szenarien – eines, in dem die Sonne aufgeht und eines, in dem sie nicht aufgeht – gleich wahrscheinlich, jedes mit einer Wahrscheinlichkeit von 50 Prozent. Mit jedem Tag, an dem die Sonne morgens aufgeht, erhöht sich die Wahrscheinlichkeit, dass sie am nächsten Tag erneut aufgeht, erreicht aber nie 100 Prozent Zuversicht, da die Person sich nie ganz sicher sein kann. Nun stelle dir vor, dass du statt einer zufälligen Person am Anfang der Zeit nachts auf einen fremden Planeten teleportiert wirst, nachdem du auf der Erde gelebt hast. Mit anderen Worten, du hast Vorwissen. Du siehst Sterne am Himmel und weißt, wie Sonnensysteme funktionieren. Mit deinem Vorwissen darüber, was auf der Erde passiert, könntest du deine Wahrscheinlichkeit, dass die Sonne am Morgen aufgeht, bei zwei Dritteln statt bei 50 Prozent ansetzen und von dort aus aktualisieren.

Durch diese Bayes'sche Methode kann man sich vorstellen, jedes beliebige Problem zu erlernen, solange man eine Startwahrscheinlichkeit und genügend Zyklen hat, um die Wahrscheinlichkeiten zu aktualisieren. In ähnlicher Weise könnte ein Computer jedes Problem lösen, wenn er eine Ausgangswahrscheinlichkeit und genügend Daten und Rechenleistung hätte, um diese Wahrscheinlichkeit kontinuierlich anzupassen – mit anderen Worten, Fehlerkorrektur und Verfeinerung der Hypothese durch Iterationen. Intelligenz.

Testen wir dies, indem wir uns das Spiel Go anschauen, das älteste Brettspiel der Welt. Erfunden in China vor mehr als 2.500 Jahren, hat das Spiel immer noch eine große Fangemeinde von zwanzig Millionen aktiven Spielern und professionellen Ligen. Das Spiel soll bis zu 10780 Spielpositionen haben – eine Anzahl von Positionen, die so groß ist, dass man sie als 1 mit 780 Nullen dahinter schreiben würde. Bis 2014 glaubten selbst Top-KI-Forscher, dass menschliche Spitzenspieler die Computer auf Jahre hinweg schlagen würden, weil das Spiel so komplex ist und die Algorithmen jeden Zug vergleichen müssen, was enorme Rechenleistung erfordert. Doch 2016 schlug Googles DeepMind-Programm AlphaGo einen der besten Spieler der Welt, Lee Sedol, in einem Match, das Geschichte schrieb. AlphaGos Programm basierte auf Deep Learning, das anhand von tausenden menschlichen Amateur- und Profispielen „trainiert" wurde. Es schrieb nicht nur Geschichte, weil es das erste Mal war, dass ein Computer einen erstklassigen Go-Meister schlug, sondern auch wegen der Art und Weise, wie er dies tat. In Partie 2 und im siebenunddreißigsten Zug machte der Computer einen Zug, der der

Logik trotzte, indem er einen schwarzen Stein in die Mitte eines offenen Bereichs setzte – weg von den anderen Steinen. Die besten Spieler der Welt, die die Partie kommentierten, taten den Zug zunächst als Fehler der KI ab, erkannten dann aber, dass es kein Fehler war. Der Zug war brillant, und AlphaGo schlug Sedol in der Partie und gewann das Fünf-Spiele-Match mit 4:1. Später sprachen Fachleute davon, wie kreativ der Zug war. Es war das erste Mal, dass eine KI als kreativ bezeichnet wurde, eine Domäne, von der man immer dachte, sie gehöre nur den Menschen. Nur ein Jahr später, im Jahr 2017, brachte Google eine neuere Version namens AlphaGo Zero auf den Markt, die AlphaGo 100 Spiele zu Null schlug.

Diese Version war nicht nur viel leistungsfähiger als ihr Vorgänger, sie benötigte auch kein „Training" durch menschliche Spiele. AlphaGo Zero verstand nur die Regeln des Spiels und wurde so zu seinem eigenen Lehrer. Es spielte Millionen von Malen gegen sich selbst und wurde durch umfassendes Reinforcement Learning mit jedem Spiel stärker. Nicht länger durch menschliches Wissen eingeschränkt, brauchte der Computer nur drei Tage, um frühere AlphaGo-Versionen, die von Spitzenforschern entwickelt wurden, zu übertreffen und sich von da an weiter zu verbessern. Er bezwang die Meister, bezwang dann sich selbst und machte immer weiter.

Was hat das mit unserer eigenen Intelligenz zu tun? Geoffrey Hinton versucht seit langem zu verstehen, wie unsere Gehirne funktionieren. Hinton, der „Pate des Deep Learning", ist ein kognitiver Psychologe und Informatiker, der Anfang der 1990er Jahre nach Kanada zog, weil dort während des zweiten KI-Winters fortlaufend Forschungsförderungen flossen. Derzeit teilt er seine Zeit zwischen seiner Arbeit bei Google und als Professor an der Universität von Toronto auf. Zuvor gründete er die Gatsby Computational Neuroscience Unit am University College London mit dem Ziel, „neurobiologisch realistische und rechnerisch solide Modelle der Art und Weise zu bauen, wie das Gehirn rechnet.“[51] Seine Arbeit an mehrschichtigen oder künstlichen neuronalen Netzen führte zu einer erweiterten Klasse von Problemen, die maschinelles Lernen effektiver lösen kann. Diese Arbeit hat zu dramatischen Durchbrüchen in vielen Bereichen des maschinellen Lernens geführt.

Informationen und Wissen haben sich exponentiell erweitert, während wir auf vergangenes Lernen aufbauen und unsere Technologie verbessern. Schon bald – vielleicht schon jetzt – wird diese Wachstumsrate zu schnell sein, als dass unser eigener Verstand damit Schritt halten könnte. Wir werden nur noch versuchen, unseren Maschinen hinterherzujagen. Wer wird in einer solchen Zukunft der neue Meister aller Klassen sein?

7

WEM GEBÜHRT DIE KRONE?

WAS MACHT EINEN Meister aus? In einer bahnbrechenden Studie aus dem Jahr 1993 zeigten Anders Ericsson, Ralf Krampe und Clemens Tesch-Römer, dass die besten Geiger und Pianisten einer deutschen Musikhochschule im Durchschnitt mehr als 10.000 Stunden geübt hatten, bevor sie zwanzig wurden.[52] Malcolm Gladwell untersuchte dies später in seinem Bestseller *Outliers*, wo er den Erfolg in vielen Bereichen untersuchte und auf die magische Zahl von 10.000 Stunden zurückkam. Warum waren bestimmte Menschen bereit, sich zu verpflichten, genug zu üben, um Meisterhaftigkeit zu erlangen? Gladwell fand heraus, dass es in vielen Fällen an einer einfachen menschlichen Voreingenommenheit lag. Sie waren schon früh besser darin, manchmal nur deshalb, weil ihr Geburtsdatum günstig lag, was sie zu den Älteren in ihrer Jahrgangsstufe machte. Aufgrund ihres frühen Erfolges wurden sie positiv motiviert, was dazu führte, dass sie mehr üben wollten.

Obwohl die genaue Anzahl der Stunden, die man üben sollte, umstritten ist – manche brauchen weniger Zeit, manche mehr, und nicht jeder, der mehr übt, wird der Beste auf seinem Gebiet – macht das allgemeine Prinzip intuitiv Sinn: Je mehr wir üben, desto besser werden wir. Dein biologischer Computer macht Vorhersagen und korrigiert Fehler jedes Mal, wenn du etwas übst, und jedes Mal verändert sich das neuronale Netzwerk deines Gehirns, um die Verbindung zwischen Neuronen und Synapsen zu beschleunigen, die für diese Funktion wichtig sind. Wie beim Reisen auf einer Autobahn statt auf einer Schotterpiste, sind die verstärkten neuronalen Bahnen in der Lage, Muster viel schneller zu erkennen und darauf zu reagieren, als die nicht verstärkten. Durch mehr und mehr Übung und Bestätigung der Muster, werden Bewegungen, die früher Energie gekostet haben, unbewusst ausgeführt.

Ich erinnere mich, dass ich vor Jahren an einem kleinen Event am Pebble Beach, Kalifornien, teilgenommen habe, bei dem sich Top-Sportler und Unternehmer trafen, um zu lernen. Eine Sache, die mir während der drei Tage auffiel, war, wie sehr fast jeder der Elite-Athleten über das Training sprach – nicht über die großen Ereignisse, sondern über die Wiederholung von kleinen Bewegungen. Sogar in dieser Gruppe stach Jerry Rice, ehemaliger Wide Receiver der San Francisco 49ers, hervor, der darüber sprach, dass er noch lange nachdem seine Teamkollegen nach Hause gegangen waren und während der Offseason trainierte, damit er zu jedem Camp in der besten Form seines Lebens kommen konnte. Dieses engagierte Training machte Jerry Rice zu einem der besten Wide Receiver aller Zeiten.

Aber kannst du dir vorstellen, dass Jerry Rice das Footballfeld verlässt und Klavier spielt wie Elton John oder Physik versteht wie Einstein? Das wiederholte Üben im Gehirn verfestigt Verbindungen auf Kosten anderer Verbindungen. Es ist nicht so, dass neue Informationen und neue Dinge nicht gelernt werden können, aber ohne Verbindungen im Gehirn – frühere erkannte Muster – ist es schwierig, etwas völlig Neues zu lernen. Anders als bei den Dingen, die wir gut kennen, wo die neuronalen Verbindungen gestärkt werden, muss sich das Gehirn durch Wiederholung und Fehlerkorrekturen neu verdrahten. Und genau das wird zur Falle – wenn neues Denken gefragt ist, laufen wir Gefahr, festgefahren zu bleiben.

Die Macht der Technologie

Schauen wir zurück auf das Spiel Go. Um 10.000 Stunden hingebungsvolles Üben beim Go zu erreichen, müsste ein Mensch vier Stunden pro Tag, fünf Tage pro Woche, für etwa zehn Jahre investieren. In dieser Zeit und bei dieser Anzahl von Spielen würde der Mensch eine große Anzahl an Zügen und Zugkombinationen sehen, aber niemals auch nur annähernd eine 1 mit 780 Nullen dahinter. Wenn der Mensch alle sechs Sekunden einen Zug machen würde – was unwahrscheinlich ist – wären 10.000 Stunden sechs Millionen Züge. Aber ein Computer – nicht nur ein Supercomputer, sondern *jeder* Computer, den du heute kaufen kannst – könnte sechs Millionen Züge in wesentlich kürzerer Zeit durchspielen, als ein Mensch für *einen* Zug braucht.

Selbst wenn der Mensch genauso viele Partien in der gleichen Zeit spielen könnte wie ein Computer, gibt es ein weiteres Problem:

Die Art, wie wir uns erinnern oder Dinge abrufen. In einer 3.000 Personen umfassenden Studie, die im *Journal of Experimental Psychology* veröffentlicht wurde, stellten Forscher den Teilnehmern verschiedene Fragen zu den Anschlägen vom 11. September: von der Frage, mit wem sie zusammen waren, über die Anzahl der beteiligten Flugzeuge bis hin zu ihren Gefühlen zu den Anschlägen.[53] Es zeigten sich große Ungereimtheiten zwischen dem, was die Leute unmittelbar danach berichteten und dem, was sie später berichteten. In fast 40 Prozent der Fälle erinnerten sich die Menschen falsch an irgendeinen Aspekt ihrer Erfahrung vom 11. September.

Wir alle erinnern uns falsch. Während unser Gehirn Informationen aus all unseren Sinnen vom Kurzzeit- zum Langzeitgedächtnis konsolidiert, verallgemeinert es und sucht nach bestehenden Mustern, um sie mit neuen Informationen zu verbinden und füllt Lücken, wo nötig. Gerade jetzt, während du diese Worte liest oder hörst, nimmt dein Gehirn viel mehr Informationen auf, als du dir möglicherweise merken kannst. Zusätzlich zu den Wörtern und Konzepten in diesem Buch, nimmt dein Gehirn gleichzeitig Informationen von all deinen Sinnen auf, den Geruch und das Gefühl der Luft um dich herum, die Temperatur, die Haptik, den Gesang eines Vogels in der Ferne, Farben. Das, woran du dich erinnerst, wird mit anderen Erinnerungen oder Gedanken verknüpft, um deine eigene Erzählung zu verstärken. In jedem Moment, in dem du etwas Neues erlebst, wird es mit früheren Informationen kombiniert. Da es unmöglich ist, all diese Informationen zu speichern, wählst du entweder unbewusst oder bewusst aus, was wichtig ist und was Aufmerksamkeit verdient. Ein Teil dieser Informationen wandert in dein Arbeitsgedächtnis, wo du sie für deine Überlegungen und Entscheidungen aufbewahrst.

Das Arbeitsgedächtnis ist in seiner Kapazität begrenzt. Es wird allgemein angenommen, dass dein Arbeitsgedächtnis eine Kapazität von sieben Elementen hat, plus oder minus zwei.[54] Das ist konsistent, egal ob es in Ziffern, Buchstaben oder anderen Einheiten gespeichert ist. Hier ist eine schnelle Demonstration. Lies die folgende Buchstaben/Zahlen-Kombination: D729F58.

Multipliziere nun 37 mal 42.

Versuche nun, ohne zurückzuschauen, die Buchstaben/Zahlen-Kombination abzurufen.

Weil unsere Sinne ständig eine schwindelerregende Menge an neuen Informationen einbringen und die Speicherkapazität unseres Gehirns begrenzt ist, reduziert unser Gehirn das, was wir speichern, auf die wichtigsten Teile. Wenn die Informationen zu unserem eigenen mentalen Modell zu passen scheinen, kodieren wir sie auf diese Weise. Bei der Vereinfachung gehen einige lebendige Details verloren oder werden mit anderen Erinnerungen verschmolzen, um etwas zu schaffen, das vielleicht nicht ganz korrekt ist. Diese Speicherung nutzt unsere eigenen Filter vergangener Erfahrungen, um sich an Dinge zu erinnern, die ähnlich aussehen wie das, was das Gehirn mit den neuen Erinnerungen assoziiert.

Vielleicht ist dies auch der Grund dafür, dass es gezielte Übung braucht, um bessere Ergebnisse zu erzielen. Die Übung korrigiert frühere Fehler, bis die meisterhafte Ausführung möglich ist. Mehr und mehr Übung ermöglicht es, dass Bewegungen, von denen man weiß, dass sie richtig sind, im Gehirn verdrahtet werden, sodass sie unbewusst ausgeführt werden. Es können Muster erkannt werden, ohne dass du weißt, dass du sie siehst. Da diese Muster nun in deinem Unterbewusstsein verankert sind, wird Energie für das Bewusstsein für wichtigere Bewegungen oder Entscheidungen frei, wie dir jeder Spitzensportler und viele andere über den Zustand des Flows sagen werden.

Eine andere Art und Weise, wie das Gehirn Informationen schneller kodiert, ist die Wichtigkeit der Information – wie sie sich von allen anderen Informationen abhebt. Ein gutes Beispiel für diese Art der Erinnerung ist die Geburt eines Kindes oder der Tod eines geliebten Menschen. Je lebendiger und emotionaler die Erfahrung ist, desto leichter scheint sie sich im Gehirn zu verankern – aber auch hier nicht unbedingt korrekt oder in einer Weise, die uns hilft. Die Welt, die wir alle sehen und somit erleben, unterscheidet sich sehr von dem, was andere sehen und erleben. Unser Verstand sucht nach Dingen, die mit unserer eigenen Wahrnehmung der Realität übereinstimmen und baut dann kontinuierlich auf diesen Mustern auf – ohne deren Gültigkeit oder Wert in Frage zu stellen. Wir hören oder nehmen das, was andere „sagen" nicht wirklich so wahr, wie sie es meinen; vielmehr „hören" wir sie durch unsere eigenen Filter der vorherigen Informationsverarbeitung.

Computer sind nicht an dieses Denken gebunden.

Computer verbinden die Speicherung von Informationen nicht mit Emotionen, so wie es Menschen tun. Sie haben kein Problem mit Vorurteilen (es sei denn, sie wurden von einem Menschen einprogrammiert). Sie rufen die Daten genau so ab, wie sie sie erhalten haben. Mit genügend Daten oder Spielregeln können Computer alle Kombinationen und ihre Auswirkungen aufeinander sehen, anstatt nur eine kleine Auswahl zu sehen, wie es ein Mensch kann. Aber was wie übermenschliche Intelligenz aussieht, ist nur Mustererkennung und Fehlerkorrektur im großen Maßstab, ohne die Abkürzungen, die Menschen brauchen, um Effizienz zu kompensieren. Mit genügend Daten und Rechenleistung kann ein Computer Milliarden von

Simulationen gleichzeitig spielen und aus jeder einzelnen lernen, ohne dabei die Fehler aus den vorherigen Spielen zu vergessen. Und wenn er einmal gelernt hat, wird er nie müde und vergisst nie.

Man muss also keinen großen Gedankensprung machen, um festzustellen, dass – mit genügend Daten, Rechenleistung und Speicherplatz – fast jedes Problem, das von einem Menschen gelöst werden kann, von einem Computer besser gelöst werden kann.

Was noch kommt

Wenn sich die künstliche Intelligenz in allen Branchen durchsetzt, sind die Vorteile für die Menschheit unvorstellbar. Aber mit jeder neuen Fähigkeit, die von künstlicher Intelligenz erlernt wird, sind Arbeitsplätze in Gefahr, da die KI sie besser und zu einem drastisch geringeren Preis erledigen wird. Mit jeder neuen Fähigkeit, die von Computern erlernt wird, wird dem Informationsgraphen der Welt mehr Wissen hinzugefügt, und diese Fähigkeit kann überall und fast ohne Kosten angewendet werden. Das schafft eine noch schnellere Innovationsrate, bei der die künstliche Intelligenz der menschlichen Intelligenz in allen Bereichen überlegen sein wird.

Viele werden dieser Vorhersage skeptisch gegenüberstehen, denn so wie es aussieht, sind Menschen viel besser als Computer im Übertragen von Mustern aus einem Bereich in einen anderen. Der Mensch ist dem Computer im Moment noch weit überlegen, wenn es darum geht, das Lernen aus verschiedenen Bereichen als Analogie auf neue Bereiche anzuwenden. Das Computerprogramm, das Lee Sedol beim Go geschlagen hat, kann kein Auto fahren, und das,

das ein Auto fährt, kann nicht bei *Jeopardy!* gewinnen. Das heutige maschinelle Lernen besteht aus einer eingeschränkten KI.

Wenn jedoch „Narrow AI" den Menschen in diesen spezifischen Bereichen schlagen könnte, solange sie genug Informationen hat, was würde dann geschehen, wenn eine Narrow AI in jedem Bereich gebaut würde? Könnten genug Narrow AIs zusammengeschaltet werden, um viele der Dinge, die wir an uns als besonders betrachten, als absolut machbar zu enttarnen? Ist das nicht genau die Art und Weise, wie unsere Jobs und unsere Wirtschaft heute aufgebaut sind? Unser eigenes spezialisiertes Wissen ist das, wofür wir in unseren Karrieren bezahlt werden, wobei die höchsten Summen an die „Besten" oder „Experten" in speziellen Bereichen gehen. In der Wirtschaft, im Sport, in der Musik und in fast jedem anderen Bereich verdienen die Besten zehn- bis hundertmal so viel Geld wie der Durchschnitt. Dieser Wettlauf um die besten Plätze treibt den Wettbewerb und das Lernen an, was wiederum oft die Motivation für jahrelanges, hingebungsvolles Üben ist, um die Meisterhaftigkeit zu erlangen. Wenn aber Computer in einem bestimmten Bereich die Oberhand gewinnen, sinkt auch der monetäre Anreiz für Menschen, die Besten zu sein. Warum sollte man sein ganzes Leben dem Versuch widmen, etwas zu meistern, das die KI routinemäßig mit weitaus besseren Ergebnissen erledigen kann? Wenn AlphaGo Zero nur drei Tage braucht, um alle menschlichen Konkurrenten zu schlagen und von da an immer besser wird, geht dann nicht der Sinn verloren, ein Go-Champion zu sein?

Man darf nicht vergessen, wie schnell sich das Ganze inzwischen beschleunigt. Der erste Homo sapiens tauchte vor über 300.000 Jahren auf. Das Alphabet, das die Schrift ermöglichte, wurde vor etwa 3.000 Jahren erfunden. Die Druckerpresse wurde vor fast 600

Jahren erfunden. Der erste mechanische Computer wurde vor 170 Jahren konzipiert (nicht gebaut). Die ersten Ideen rund um künstliche Intelligenz wurden vor siebzig Jahren entwickelt. Die erste KI, die einen Großmeister im Schach besiegt hat, wurde vor dreiundzwanzig Jahren entwickelt. Die erste KI, die Jeopardy! gewann, wurde vor acht Jahren entwickelt. Die erste KI, die einen Großmeister in Go besiegt hat, ist drei Jahre alt. Das Wachstum der KI wird heute in Monaten oder Tagen gemessen, anstatt in Jahren, Jahrzehnten oder gar Jahrhunderten. In Zukunft wird es in Minuten und Sekunden gemessen werden.

Der entscheidende Punkt – der Unterschied zwischen Mensch und Maschine – ist, dass bei kombinatorischen Problemen – wo es zu viele Informationen gibt, als dass Menschen sie sehen oder darauf reagieren könnten – Computer mit Deep Learning Algorithmen einen massiven Vorteil haben. Ja, am Anfang werden die KIs Fehler machen, so wie Menschen es heute tun, aber die Fehler werden in einer Geschwindigkeit korrigiert, die Menschen nicht erfassen können.

Jede Plattform nutzt Narrow AI, um Probleme ähnlich wie AlphaGo Zero zu lösen, und das macht sie so wertvoll für die Nutzer. Amazon wäre ohne KI niemals in der Lage auszuwählen, welche ihrer 500 Millionen Produkte vor jeder einzelnen Person angezeigt werden sollen. Google sortiert Billionen von verfügbaren Webseiten mit ähnlicher KI. So bekommst du die gewünschte App aus den Millionen im Store und YouTube zeigt dir Videos an, die dich interessieren könnten. Was kommt als Nächstes?

Wie sieht es mit deiner Gesundheit aus?

Der digitalisierte Körper

Dein Körper und alles, was ihn beeinflusst – von der genetischen Ausstattung über die Umwelt, die Nahrung, die du zu dir nimmst, das Biom deines Darms bis hin zu deinem Bewegungsverhalten und vieles mehr – kann als Information betrachtet und digitalisiert werden. Die Vielfalt der Informationsinputs hat zu viele kombinatorische Ergebnisse, als dass der menschliche Verstand sie richtig verstehen könnte. Weil wir Menschen nicht alle beweglichen Teile sehen können – es sind viel zu viele – sind wir gezwungen zu verallgemeinern und verpassen daher wichtige Hinweise. Schau dir die Art und Weise an, wie Medikamente heute auf den Markt gebracht werden. Milliarden von Dollar werden für Forschung und Studien ausgegeben. Viele dieser Medikamente zeigen unbeabsichtigte Konsequenzen in breiteren Studien oder nachdem sie zugelassen wurden: die Interaktion zwischen Mensch und Medikament ist anders, weil jeder von uns anders ist.

Wie unterschiedlich? Nimm als Beispiel dein Genom. Das gesamte menschliche Genom – unser kompletter DNA-Satz – wurde zum ersten Mal im Jahr 2003 sequenziert. Es enthält ungefähr drei Milliarden Basenpaare aus zwei von vier möglichen chemischen Einheiten; sie befinden sich in den dreiundzwanzig Chromosomenpaaren innerhalb des Kerns all unserer Zellen. Jedes Chromosom enthält hunderte bis tausende von Genen, die die Anweisungen für die Herstellung von Proteinen tragen. Du könntest dir dein Genom als eine Anleitung vorstellen, wie man einen Menschen baut und betreibt. Aber es ist eine gigantische Anleitung, die du aufgrund ihrer Komplexität nie ganz verstehen könntest. Es gibt mehr mögliche Kombinationen – und Interaktionen zwischen den Kombinationen – als ein menschlicher

Verstand verstehen kann, und diese Komplexität wird durch andere Einflüsse wie Bewegung, Umwelt, Nahrung und Medikamente, die wir einnehmen, nur noch vergrößert. Es ist wie beim Go-Spiel: wie viele der „Züge“ sehen wir und unsere Ärzte nicht, weil wir nur in der Lage sind, einen kleinen Teil der gesamten „Spielzüge“ zu sehen und die Muster zu bestätigen, die wir gelernt haben?

Hast du eine Apple Watch? Wenn ja, dann hast du ein Musterbeispiel für die Zukunft des Gesundheitswesens an deinem Handgelenk. Apples Uhr sammelt bereits Herzfrequenzdaten, EKG-Informationen, Bewegungsmuster und Schlafmuster. Durch die Erkennung von Herzfrequenzanomalien oder erhöhten Herzfrequenzen hat sie bereits viele Leben gerettet. Neben deinen Herzdaten sammelt sie auch Informationen über dein Schlaf- und Bewegungsverhalten, die wiederum zur Förderung der Gesundheit genutzt werden könnten. Gesundheitsdaten – von deinem Genom über die Daten deiner Apple Watch bis hin zu deinen Google-Suchanfragen – sind der Beginn der Schaffung digitaler Engines, die dazu führen könnten, dass künstliche Intelligenz im Gesundheitsbereich die gleichen Sprünge macht, die wir in vielen anderen Bereichen gesehen haben. Die vielen verschiedenen Inputs helfen dabei, einen konstanten Strom an wichtigen Daten zu gewährleisten, der die künstliche Intelligenz schneller vorantreibt, was wiederum zu viel besseren Ergebnissen im Gesundheitsbereich führt, was wiederum mehr Daten erzeugt. Die Datensammlung, die wir heute haben, reicht nicht aus, um das Gesundheitswesen dramatisch zu verändern. Aber es werden bereits weit mehr Echtzeitdaten gesammelt, als mein Hausarzt zur Verfügung hat.

Man stelle sich vor, Apple würde einen Service anbieten, um meine DNA zu digitalisieren, damit sie diese mit meinen Fitness-,

Schlaf- und anderen Daten kombinieren können. Wenn ich dem Datenschutz ihres Netzwerks vertraue, würde ich meine Daten vielleicht bereitwillig an das Unternehmen übergeben, weil es potenzielle Vorteile bietet. Mit ihren zusätzlichen Daten und der Feedbackschleife zur Verbesserung meiner Gesundheit, könnte ich, nachdem ich diese Daten zur Verfügung gestellt habe, meine Krankenakten und Medikamente hinzufügen. Jedes Mal, wenn ich meine Daten zur Verfügung stelle, kann die KI alle Daten zusammen verarbeiten, was mir außerordentliche Vorteile in Form von besseren Behandlungsergebnissen bringen könnte – und das alles über eine umfassende Gesundheitsplattform.

Diese neuen Plattformen im Gesundheitsbereich werden wahrscheinlich Monopole sein – wie die anderen Plattformen, die wir heute sehen – aus den gleichen Gründen. Der Nutzen für die User ist zu groß, um ihn zu ignorieren und die Konsolidierung der Informationen macht die Vorteile immer größer. Die einzige Frage ist: wird dieses Datenmonopol Google, Amazon oder Apple gehören, oder einer der anderen Plattformen, die sich bereits stark in diesem Bereich bewegen, oder einem neuen Emporkömmling, der genügend Ressourcen hat, um seine Datenerfassung schnell zu expandieren? Wiederum, wie bei der kostenlosen Suche bei Google, werden die Netzwerkeffekte und der Datenvorteil unglaubliche Vorteile für die Gesellschaft bringen. Für unsere gesundheitlichen Resultate, für die Kosten der Medizin und für ein paar ausgewählte Unternehmen, die in der Lage sind, riesige Datenmengen zu konsolidieren, sind das großartige Nachrichten.

Es sind aber auch – wieder einmal – schlechte Nachrichten für die Arbeitswelt. Weshalb? Schau dir an, wie viele Arbeitsplätze durch Verschwendung im System entstehen, die durch Informationsasymmetrie verursacht wird. Stell dir einen Fall vor, in dem du zu mehreren Ärzten gehst – Hausarzt, Radiologe, Gastroenterologe, andere Spezialisten – die alle ihr eigenes Fachpersonal beschäftigen und jeweils nur einen Teil deiner Informationen haben. Während du behandelt wirst, sind wiederholte Fahrten, weitere Spezialisierungen und oft Fehldiagnosen Teil der gesamten Gesundheitskosten. Wenn künstliche Intelligenz diese Verschwendung reduziert und den Nutzen für die Gesellschaft erhöht, als Nebenprodukt der Beseitigung der Verschwendung im System, reduziert sie die Anzahl der Arbeitsplätze im Gesundheitswesen. Mit mehr als 3,5 Billionen Dollar jährlicher Ausgaben und 19 Prozent des US-BIP im Gesundheitswesen, könnte das eine Menge Arbeitsplätze betreffen.

Wie in einem *Nature Medicine* Artikel vom Mai 2019 berichtet wird, haben Forscher zum Beispiel ein dreidimensionales volumetrisches Deep Learning Modell entwickelt, um Lungenkrebs zu erkennen.[55] Beim Vergleich eines einzelnen Bildes übertraf das Deep-Learning-Modell sechs Radiologie-Experten, mit einer 11-prozentigen Reduktion der falsch-positiven und einer 5-prozentigen Reduktion der falsch-negativen Ergebnisse. Laut Dr. Mozziyar Etemadi, einem der Co-Autoren der Studie, „kann KI in 3D viel feinfühliger in ihrer Fähigkeit sein, Lungenkrebs im Frühstadium zu erkennen, als das menschliche Auge, das 2D-Bilder betrachtet. Das ist technisch gesehen '4D', weil es nicht nur einen CT-Scan betrachtet, sondern zwei (den aktuellen und den vorherigen Scan) über die Zeit." Und wenn die aktuelle Realität der KI in der Lungenkrebserkennung schon die Experten schlägt, wie viel besser wird sie dann im nächsten oder übernächsten Jahr sein, mit deutlich mehr Daten und Fehlerkorrektur? Die Technologie hat das Potenzial, in der Früherkennung eine Menge Leben zu retten. Sie hat auch das Potenzial, viele Radiologen ihren Job zu kosten. Frage dich: Würdest du die billigere, effektivere Option wählen oder diejenige, die mehr kostet, aber den Arbeitsplatz sichert, wenn deine oder die Gesundheit deiner Familie auf dem Spiel stünde?

Es ist wahr, dass künstliche Intelligenz in vielen frühen Beispielen besser abschneidet, wenn sie mit Menschen kombiniert wird, anstatt alleine zu arbeiten. Die erste Version von AlphaGo, die Jahre brauchte, um sich durch das Spiegeln von realen Spielen und durch die Arbeit vieler KI-Forscher zu entwickeln, dient als Beispiel. Diese Erkenntnis verleitet einige Leute dazu, Szenarien zu extrapolieren, in denen wir mit KI zusammenarbeiten und es eine Fülle von Arbeitsplätzen gibt. Während ich mit der Prognose übereinstimme, dass kurzfristig Menschen benötigt werden, um künstliche Intelligenz zu trainieren und fehlerkorrigieren, scheint es mir nicht mehr als ein Übergangsschritt zu sein. Wir werden die Maschinen solange fehlerkorrigieren, bis sie „intelligenter“ sind als wir. Kurzfristig mag es also mehr Jobs geben, aber dann fallen diese „Training der KI“-Jobs weg, wenn die KI das Wissen auf die nächste Stufe hebt. Erinnere dich daran, dass nur ein Jahr nach der Veröffentlichung von AlphaGo, AlphaGo Zero herauskam, das keine Menschen brauchte und 100 Spiele zu Null gewann. Das ist ein eindrucksvolles Beispiel dafür, was möglich ist.

Das KI-Rennen

Aber es geht nicht nur um die Steigerung der Rechenleistung. Wir befinden uns an einem Wendepunkt, an dem es darum geht, die richtigen Daten in Datensätzen zu sammeln, die von Maschinen analysiert werden können, und dann zu helfen, diese Datensätze zu trainieren. Alle heutigen Top-Unternehmen weltweit sind Datenunternehmen, die Netzwerkeffekte genießen und mehr Daten erfassen, während sie wachsen, was wiederum bessere Systeme schafft. Sie schaffen Datenmonopole, in denen riesige Datensätze kombiniert werden, um beeindruckende Ergebnisse zu erzielen. Je mehr Daten, und je mehr Datendurchsatz, desto besser wird die künstliche Intelligenz und desto bessere Ergebnisse bringt sie hervor. Spitzenforscher in der KI werden von Unternehmen angezogen, die diese Datensätze besitzen, weil sie dort schneller experimentieren können. Da die Besitzer unserer Daten riesige Datenbestände anhäufen, kontrollieren sie letztendlich die Welt.

Das ist das eigentliche Rennen heute, ein Rennen, das in Umfang und Ausmaß geopolitische Dimensionen hat. Man denke nur an Wladimir Putins Kommentar zur künstlichen Intelligenz im Jahr 2017: „Wer auch immer in diesem Bereich führend wird, wird der Herrscher der Welt werden.“[56] Nicht nur Unternehmen, sondern auch Staaten investieren massiv, um dieses Rennen zu gewinnen.

Dieser Wettlauf um die KI-Überlegenheit könnte hinter einigen brisanten Ereignissen der letzten Zeit zwischen Regierungen stecken. Der Huawei-Fall, bei dem die US-Regierung das chinesische Unternehmen Huawei und seine Mitarbeiter des Diebstahls von geistigem Eigentum sowie der Verletzung von Sanktionen beschuldigt hat, bietet Hinweise auf diesen Wettlauf. Es ist kein Geheimnis, dass Huawei bestrebt ist, einen Infrastruktur-Backbone zu bauen, um Datenströme zu erfassen. Der eigene Slogan „Building a fully connected, intelligent world“ fasst es kurz und bündig zusammen. Einen Großteil des 5G-Netzes zu betreiben, das eine schnellere

Kommunikation ermöglichen wird, würde jedem Unternehmen, einschließlich Huawei, einen enormen Vorteil bei der Datenerfassung verschaffen. Die wahre Revolution von 5G ist nicht nur der zwanzigfache Geschwindigkeitsvorteil gegenüber den heute vorherrschenden 4G-Netzen, sondern die Datenmenge, die durch die erhöhte Bandbreite übertragen werden kann.

Obwohl an den Anschuldigungen der Vereinigten Staaten etwas dran sein könnte, könnte ein zweiter Grund für das Spiel mit hohen Einsätzen sein, einen Konkurrenten zu bremsen. Eine altbewährte Strategie in der Wirtschaft ist es, einen Konkurrenten zu verklagen, um ihn in die Defensive zu drängen und ihn anschließend zu verlangsamen, während das konkurrierende Unternehmen parallel dazu einen Plan entwickelt, um einen Schlüsselmarkt zu gewinnen. Unabhängig von den tatsächlichen Fakten des Falles oder den Auswirkungen, würde ein solcher Schritt Sinn machen, wenn Huawei in einer Spitzenposition in einem Schlüsselmarkt wäre, den die USA als strategischen Markt ansehen.

China selbst könnte aufgrund der Größe seiner Bevölkerung und seiner staatlichen Kontrolle einen einzigartigen Vorteil im Rennen um künstliche Intelligenz haben, was eine schnellere Datenerfassung ermöglichen könnte. Die Regierung könnte beschließen, Datensätze zu sammeln und zu überwachen, und die Bürger hätten wenig Mitspracherecht, denn im Gegensatz zu demokratischen Ländern, die die Wähler für große Veränderungen, die möglicherweise die Menschenrechte verletzen könnten, gewinnen müssen, kann die Regierung weitreichende Veränderungen einführen, ohne um Erlaubnis zu fragen. Ein solches Beispiel ist Chinas Social Credit System. Entworfen vom Staatsrat im Jahr 2014, sollte es „den Vertrauenswürdigen erlauben, überall unter dem Himmel umherzuziehen, während es den Diskreditierten schwer gemacht wird, auch nur einen Schritt zu tun."

Das System funktioniert wie folgt: Die gesamte chinesische Bevölkerung erhält eine Punktebewertung, die öffentlich einsehbar ist. Punkte werden für Dinge wie Verkehrsverstöße, Schulden oder den Verkauf von fehlerhaften Produkten abgezogen, und Punkte werden für Wohltätigkeit, Blutspenden oder andere gute Taten hinzugefügt. Die Idee hinter dem ursprünglichen Plan mag auf hohem Niveau nicht schlecht erscheinen; sie soll Unehrlichkeit in Regierungsangelegenheiten aufdecken und zu kommerzieller und sozialer Integrität ermutigen. Aber es ist leicht zu erkennen, wo ein solches System offen für Fehler und Manipulationen sein könnte. Die Regeln der Systeme sind nicht allgemeingültig, und die Systeme sind nicht miteinander verbunden. In einigen Regionen führt zu lautes Musikhören zu Punktabzug, in anderen das Überqueren der Straße oder das Spielen von Videospielen. Es wäre schwer, sich ein System in China vorzustellen, das jegliche Opposition zur Kommunistischen Partei belohnt. Das System funktioniert bereits in zwölf Regionen und sollte im Jahr 2020 landesweit ausgerollt werden. Bis Ende 2018 hat das System in den zwölf Regionen bereits 5,4 Millionen Menschen den Zugang zu Hochgeschwindigkeitszügen und weiteren 17 Millionen Menschen den Zugang zu Airline-Flügen gesperrt.

Einmal etabliert, ist es einfach zu erkennen, wie ein digitales Überwachungssystem, das einer Regierung gehört und von künstlicher Intelligenz angetrieben wird, enorme Macht und Einfluss auf seine Bürger gewinnen könnte. Das Hinzufügen von weiteren Datensätzen könnte schnell angeordnet werden. Messaging-Apps, Website-Besuche, Gesichtserkennung, medizinische Daten und andere Formen von Interaktionen könnten zusammengefügt werden, um absolute Kontrolle in Orwellscher Manier zu ermöglichen. Wenn die Maschinen die Bevölkerung kontrollieren, wer kontrolliert dann die Maschinen? Die Kontrolle der Daten, die die künstliche Intelligenz antreiben, könnte leicht zu einer anderen Art von Macht führen, die fast absoluter Natur ist. Wie das alte Sprichwort des britischen Historikers Lord Acton sagt: „Macht neigt dazu, zu korrumpieren, und absolute Macht korrumpiert absolut."[57]

Während es in den Vereinigten Staaten einfach sein mag, das Aufbrechen einer Monopolmacht zu fordern, wie sie derzeit in Technologieunternehmen wie Google oder Amazon vorliegt, könnte dies tatsächlich zu schlechteren Ergebnissen führen. In einem geopolitisch geprägten Wettlauf um die Überlegenheit der KI, könnte die Verlangsamung der Bestrebungen der US-Konzerne im Bereich der künstlichen Intelligenz durch Regulierung zugleich die Kontrolle über die Überlegenheit der KI an ausländische Regierungen, wie China oder Russland, abtreten.

Ben Goertzel und viele andere wünschen sich eine andere Zukunft für KI. Ben glaubt, dass es ein hohes Risiko darstellt, wenn KI von einem Unternehmen oder einer Regierung kontrolliert wird. Die Ziele eines Unternehmens oder einer Regierung können ganz andere sein als die der Bevölkerung. Wenn KI im Besitz von Unternehmen oder Regierungen ist, dann werden die Vorteile nur wenigen zugutekommen. Er plädiert schon lange dafür, dass künstliche Allgemein-Intelligenzen das Potenzial haben, weitaus ethischer und mitfühlender zu sein als Menschen. Dennoch scheinen die Chancen, zutiefst nützliche AGIs zu bekommen, höher zu sein, wenn die Menschen, die sie erschaffen, voller Mitgefühl und positivem Bewusstsein sind. Sein Unternehmen, SingularityNET, zielt darauf ab, KI zu dezentralisieren und die Vorteile für jeden zu öffnen. Ich hatte das

Glück, einige Zeit bei einem Bier mit Ben zu sprechen und ich teile seine Ansicht über die Nachteile, wenn ein Unternehmen oder eine Regierung so viel Kontrolle über etwas hat, das so mächtig werden wird. Das sehen auch viele andere so, darunter Elon Musk und Reid Hoffman, die geholfen haben, die OpenAI Initiative ins Leben zu rufen. Die Mission von OpenAI ist es, „sichere AGI zu bauen und sicherzustellen, dass die Vorteile von AGI so weit und gleichmäßig wie möglich zugänglich gemacht werden."

Aber obwohl diese offenen Initiativen lobenswert sind, ist das, was vielen von ihnen schadet, der Mangel an Daten und der fehlende Datenfluss, was die Lernrate hemmt. Das Herzstück jeder der großen Plattformen ist ein Produkt oder eine Dienstleistung, die dich dazu zwingt, ihnen deine Daten kostenlos zur Verfügung zu stellen – von deinen Google-Suchen über deine Alexa-Anfragen bis hin zu deinen Instagram-Bildern. Die Plattform monetarisiert deine Daten dann auf zahlreiche Arten, indem sie dir Produkte oder Dienstleistungen besser verkauft oder deine Daten an Werbetreibende veräußert. Die ganze Zeit über nutzt die Plattform ihren enormen Datenvorteil, um ihren Service immer besser zu machen. Deine Daten zur Verfügung zu stellen, scheint ein kleiner Preis für den außergewöhnlichen Nutzen des Dienstes zu sein. Genau das ist das Problem mit offenen KI-Initiativen außerhalb von Unternehmen, wo es einen finanziellen Anreiz gibt, ein Produkt oder eine Dienstleistung zu verschenken, um die Daten zu bekommen, die das Produkt besser machen. Es ist schwer vorstellbar, dass eine dieser offenen Initiativen ohne ein außergewöhnliches Produkt oder eine Dienstleistung, die das Herzstück ihrer Datenerfassung ist, genug Schwung gewinnt. Ohne diesen „Haken" für die Nutzer, verlangsamt sich die Datenerfassung oder die Daten werden deutlich teurer, was sich selbst verstärkt und zu einer suboptimalen Erfahrung führt, die die Nutzer zu etwas Besserem treibt – wahrscheinlich zu einem kommerziellen Unternehmen.

Die Grundlage unserer Intelligenz als Spezies war und ist im Grunde ein kollektives Wachstum von Informationen. Das soll nicht heißen, dass alle Informationen in der Geschichte richtig waren. Es gab und gibt auch heute noch eine Menge an Fehlinformationen. Die Fehlerkorrektur unserer Informationen führte zu einer Welt der Wissenschaft und Entdeckungen, die zu vielen Fortschritten führten, die wir heute als selbstverständlich erachten, wobei jeder Zyklus auf sich selbst zurückwirkt und zu einem exponentiellen Zuwachs an mehr Informationen und Wissen führt. Es ist logisch, dass die Flut an Informationen und Wissen nun auf Computer übertragen wird, da diese in der Lage sind, Muster in massiven Datensätzen besser und schneller zu „erkennen" und zu korrigieren als wir es können. Diese Wachstumsrate wird bald bedeuten, dass die Herrschaft der Menschheit an der Spitze der „Intelligenz"-Pyramide enden wird. Wie Geordie Rose, Mitbegründer von D-Wave Systems, einer der führenden Quantencomputerfirmen, vor ein paar Jahren zu mir sagte: Ist der Job eines Menschen sicher – jetzt oder in der Zukunft – wenn du stattdessen den Androiden Data aus *Star Trek* einstellen könntest?

Dies führt auch zu einem logischen nächsten Schritt in unserer eigenen Evolution.

Ich für meinen Teil mache mir keine Sorgen darüber, dass künstliche Intelligenz eines Tages die Welt übernehmen wird. Es ist nicht so, dass es auf dem Weg dorthin keine Risiken durch Missbrauch oder Unverständnis der neuen Intelligenz-Supermächte gäbe. Zu diesen Risiken gehören einige, die bereits dargelegt wurden – wie zum Beispiel, dass ein einzelnes Land oder ein Unternehmen die künstliche Intelligenz dominiert, was dazu führt, dass wenige Menschen eine gewaltige Macht besitzen und der Rest der Menschheit zum Spielball dieser Macht wird. Aber wahrscheinlicher ist, dass wir unsere Gehirne erweitern. So wie Bücher eine Erweiterung unseres Verstandes waren, die uns einen enormen Anstieg an „Intelligenz" und die Fähigkeit, unsere Welt besser zu handhaben, bescherte, könnte der nächste logische Schritt die Verknüpfung von Geist und Maschine sein. Die Forschung im Bereich der Gehirn-Computer-Schnittstellen schreitet schnell voran und viele Menschen würden ohne weiteres einen Weg wählen, der ihre eigene „Intelligenz" exponentiell steigern würde. Wie Elon Musk kürzlich über Roboter sagte: „Wenn du sie nicht besiegen kannst, schließe dich ihnen an."[58]

Aber ob wir es nun begrüßen oder nicht, den Geist können wir nicht mehr zurück in die Flasche stecken. Diese Dinge sind Fakten: 1) Fehlerkorrektur ist das Herzstück all unserer „Intelligenz"; 2) Informationen wachsen in exponentieller Geschwindigkeit; 3) diese Informationen werden auf Computer übertragen, die schneller Wissen erlangen und Fehler korrigieren können als menschliche Gehirne; und 4) jeder unserer Jobs ist eine Funktion unserer Intelligenz.

Wenn jeder Job eine Funktion unserer Intelligenz ist, und Computer uns in Sachen Intelligenz schlagen, wie könnte dann irgendein Job sicher sein? Diese Tatsachen führen zu einer sehr vorhersehbaren sozialen Zerrüttung, denn unsere gesamte Wirtschaft ist auf Arbeitsplätze ausgelegt und es werden weitaus weniger nötig sein, um unsere Gesellschaften zu führen. Dies wird zu einem unvermeidlichen Anstieg der Spaltung und Polarisierung führen, wenn wir weiterhin das grundlegende Problem ausblenden. Können wir

– mit unseren Maschinen – lernen, es rechtzeitig zu lösen? Können wir einen Schritt nach vorne machen und eine neue Ära des Wohlstands akzeptieren?

8

WIR GEGEN SIE

„ICH KONNTE NICHT glauben, wie schnell sich die Menschen verändert haben."

Alex Mocevic wuchs in einem komfortablen Mittelklasse-Haushalt in Sarajevo, im ehemaligen Staat Jugoslawien, auf. Im Jahr 1984 war Sarajevo Gastgeber der Olympischen Winterspiele. Ein Jahrzehnt später war es ein zerbombtes Kriegsgebiet und Alex flüchtete nach Kanada mit nichts als den Kleidern am Leib und ohne die Fähigkeit, Englisch zu sprechen.

Ich lernte Alex einige Jahre später in Kanada kennen, als er zu mir kam, um mit mir zu arbeiten, und wir wurden schnell Freunde. Er erzählte mir von seiner Kindheit: seine Eltern hatten gute Jobs, gute Sozialleistungen und eine sehr gute Lebensqualität. Alex war bosnisch-christlich-orthodox und er hatte Freunde aus allen Religionsgemeinschaften. Die Kinder spielten auf der Straße. Für Alex war das Leben fantastisch. Und dann, so erzählte er mir, „änderte sich das fast über Nacht."

Die Religion wurde benutzt, um zu spalten. Ihn von seinen Freunden, seine Freunde von ihm. Zu Beginn des Krieges 1992 glaubte Alex' Familie, dass sie sicher sein würden, wenn sie nicht Partei ergreifen und in ihrem Haus bleiben würden. Im Nu lebte Alex auf der scheinbar falschen Seite der Grenze und war eines Tages in seinem Haus gefangen, während seine Familie auf der anderen Seite der Grenze war. Beim Versuch, zu gehen, riskierte man von beiden Seiten erschossen zu werden: von der einen, weil man versuchte zu fliehen, und von der anderen, weil man fälschlicherweise für einen Angreifer gehalten wurde. Die Leute, die sein Gebiet kontrollierten, kamen und durchsuchten die Häuser, nahmen wahllos Menschen mit, um sie zu foltern oder zu töten, während sie alle ihre Wertsachen stahlen. Alex' Großeltern lebten achtzehn Kilometer von der Stadt entfernt und er sah eines Abends von seinem Fenster im oberen Stockwerk aus zu, wie ihr ganzes Dorf brannte.

Alex war einer derjenigen, die Glück hatten. Der erste und zugleich letzte UN-Konvoi evakuierte ihn zusammen mit einigen anderen Kindern sechs Monate später. Die nächsten drei Jahre lebte er in einem Flüchtlingslager – „ein Kriegsgebiet für sich". In seinem Geburtsland nicht willkommen, wurde ihm nach vielen Anträgen schließlich Asyl in Kanada gewährt. Er hatte jahrelang keinen Kontakt zu seinen Eltern, Großeltern oder dem Rest seiner Familie. Seine Eltern überlebten diese Zeit dank verschiedener Menschen, die sie vor den Behörden versteckten. Schließlich wurde seiner Mutter ein Tag Aufschub gewährt, weil die Behörden davon ausgingen, dass sie mit einem Ehemann auf der anderen Seite zurückkehren würde. Als der Rest der Familie in Sicherheit war, gelang Alex' Vater eine waghalsige Flucht bei einem nächtlichen Grenzübertritt.

Stell dir vor, dass dir so etwas passiert. Glaube nicht, dass es nicht möglich wäre.

Was also bringt uns Menschen dazu, uns so schnell von anderen beeinflussen zu lassen? Wir werden alle ohne Vorurteile, Hass oder Zwietracht geboren, wie kommt es also dazu?

Zugehörigkeit und Ausgrenzung

Alle Spezies bilden verschiedene Arten von Gruppen. Die biologische Bedeutung oder Wichtigkeit ist nicht zu unterschätzen und entspringt wahrscheinlich dem Überlebensdrang einer Spezies. Das Fehlen der Fähigkeit, Bindungen einzugehen, wird mit einigen der schwersten Persönlichkeitsstörungen in Verbindung gebracht, wie z.B. Paranoia und Schizophrenie, und es wurde viel über das Bedürfnis des Menschen nach Zugehörigkeit geforscht. In einer Forschungsarbeit aus dem Jahr 1995 behaupten Roy Baumeister und Mark Leary, dass es ein fast universelles Bedürfnis des Menschen gibt, sich zu binden, und dass es einen großen Einfluss auf das Glück und auf das soziale, emotionale und körperliche Wohlbefinden hat. „Das Bedürfnis nach Zugehörigkeit ist eine mächtige, fundamentale und extrem weit verbreitete Motivation", schreiben sie und diskutieren die Möglichkeit, dass „vieles von dem, was Menschen tun, im Dienste der Zugehörigkeit geschieht."[59]

Es lässt sich kaum unterschätzen, wie wichtig dies in unserem täglichen Leben ist, denn viele der Dinge, die wir tun, dienen letztendlich diesem Bedürfnis. Unser Bedürfnis, starke Bindungen oder Beziehungen aufzubauen, berührt so ziemlich alles, was wir wahrnehmen. Es ist verantwortlich für viele unserer Handlungen – ob es uns bewusst ist oder nicht. Diese sozialen Interaktionen sind grundlegend für die menschliche Gesellschaft und bilden die Basis unserer Familie, Freunde, politischen Institutionen und der globalen Wirtschaft.

Die Wissenschaft der Sozialpsychologie untersucht, wie unsere Gedanken, Gefühle, Überzeugungen, Absichten und Verhaltensweisen beeinflusst werden und diese wiederum unsere Interaktionen mit anderen beeinflussen. Viele von uns denken, dass wir die totale Kontrolle über unsere Gedanken haben, aber wir verstehen nicht, dass unsere Gedanken stark von den Menschen um uns herum und allem, was wir lesen, sehen und tun, beeinflusst werden. Viele Entscheidungen treffen wir, weil wir dazugehören wollen. Dieser Einfluss auf uns, den wir oft nicht erkennen, hält uns in unserer eigenen Realitätsblase gefangen, die ganz anders aussehen kann als die der anderen.

Zu der einen Gruppe zu gehören, bedeutet höchstwahrscheinlich auch, nicht zu einer anderen Gruppe zu gehören. Als Konsequenz ist ein natürliches Nebenprodukt der Vertiefung einiger Beziehungen, dass andere nicht vertieft werden. Das kann zu einem „Wir gegen sie" führen und ist eine viel mächtigere Triebkraft in deinem Leben, als dir vielleicht bewusst ist.

Denke an die Gruppen, denen du angehörst. Es gibt hunderte oder sogar tausende von ihnen. Es könnte alles sein, von der Gruppe deiner Freunde im College bis hin zu einer Nation, die du mit Stolz dein Zuhause nennst. Sie müssen nicht zwangsläufig formell sein. Oft sind die Gruppen Labels, die du mit Stolz trägst – in der Hoffnung, durch die Zugehörigkeit gestärkt zu werden. Hier sind einige der Gruppen und Identitäten, zu denen ich inoffiziell gehöre: Unternehmer, YPO-Mitglied, Kanadier, Optimist, Familienmensch,

Empath, Skifahrer, Tennisspieler, Volleyballer, Hockeyspieler, Wanderer, Camper, Freund, Visionär, intellektuell neugieriger Mensch, introvertiert. Jedes dieser Labels (und viele mehr) bringt Möglichkeiten mit sich, eine Identität mit Gleichgesinnten zu teilen. Ich tue naturgemäß mehr Dinge, um die Gruppen, zu denen ich gehöre, zu verstärken und mich mit Menschen zu verbinden, die meine Interessen teilen.

Bei diesen Unterscheidungen in unseren Köpfen geht es oft darum, nicht nur anders, sondern in irgendeiner Weise *besser* zu sein. Diese Gruppen heben uns hervor, indem wir behaupten: „Ich bin so, diese Leute sind so" oder „Du und ich sind so, diese Leute sind anders." „Hier ist der Grund, warum du und ich dazugehören, warum wir uns verstehen" impliziert auch „Hier ist der Grund, warum die anderen uns nicht verstehen, nicht verstehen können oder nie verstehen werden." Betrachte für einen Moment nur eine der einzelnen Gruppen oder Identitäten, zu denen du gehörst, und all die positiven Auswirkungen der Zugehörigkeit zu dieser Gruppe. Bist du ein Optimist oder ein Pessimist? Held oder Opfer? Bemühst du dich um Zugehörigkeit und Bestätigung durch dein berufliches Fortkommen oder darüber, wie viel Geld du hast, oder trotz dessen? Welches Sportteam feuerst du an? Du würdest dich nicht mit dieser Gruppe assoziieren, wenn es nicht um die positiven Gefühle ginge, die du von ihr erhältst. Betrachte nun den Wettbewerb mit anderen Gruppen, und ob dieser Wettbewerb gutmütig ist. Ohne es zu merken, können wir leicht in die Falle tappen, zu glauben, dass wir irgendwie besser sind als andere außerhalb unserer Gruppe.

Das passiert mit jedem unserer Labels – Rasse, Religion, Einkommensniveau, Bildung, Politik, was auch immer es sein mag. Wie viele Minuten ist es her, seit du das letzte Mal jemanden kategorisiert hast? Vielleicht tust du es sogar gerade jetzt während des Lesens dieses Buches: du und ich stimmen im Denken überein oder wir tun es nicht – was entweder eine engere Verbindung zwischen uns schafft oder einen Keil zwischen uns treibt. Es ist eine natürliche Tendenz, das Bedürfnis, Menschen einer Gruppe zuzuordnen – deiner oder einer anderen. Wie ist es, wenn du auf Reisen warst? Hast du jemanden getroffen, der sich als jemand aus deiner Heimatstadt oder deinem Land herausstellte? Oft scheint es einfacher zu sein, sich mit jemandem aus deiner Heimatstadt in einem weit entfernten Land zu verbinden als in deiner Heimatstadt. Es gibt eine unmittelbare Verbindung von Zugehörigkeit, von etwas Gemeinsamen, das euch auszeichnet. Diese Bindungen aufzubauen, scheint in uns fest verdrahtet zu sein... und das bedeutet, dass die unbeabsichtigten Konsequenzen des Aufbaus dieser Bindungen – dass es uns von anderen trennt – ebenfalls fest verdrahtet sein könnten.

In einer berühmten Reihe von sozialpsychologischen Experimenten, die in den 1950er bis frühen 1960er Jahren durchgeführt wurden, konzentrierte sich Muzafer Sherif (1906-1988) auf Intergruppenkonflikte und deren Lösung zwischen elf- und zwölfjährigen weißen protestantischen Jungen mit ähnlicher sozialökonomischer Erziehung. Das Experiment wurde das „Robbers Cave Experiment" genannt. Keiner der Jungen wusste, dass sie Teilnehmer an einer Studie waren. Sherif begann damit, dass er die Jungen nach dem Zufallsprinzip einer von zwei Gruppen zuordnete und sie in verschiedene Teile eines Lagers brachte, damit sie jeweils eine gemeinsame Gruppenidentität schaffen konnten. Jede Gruppe gab sich einen Namen – zum Beispiel die Eagles und die Rattlers – und bastelte Fahnen, die die Individualität der eigenen Gruppe feierten.

Sobald die Gruppenidentität hergestellt war, ging Sherif zur nächsten Phase des Experiments über, indem er einen Wettbewerb um knappe Ressourcen einrichtete, in diesem Fall Taschenmesser und andere Preise, die die Jungen sehr schätzten, wobei die Verlierer keine Preise erhielten. Dieser Teil des Experiments dauerte zwischen vier und sechs Tagen und legte den Grundstein für den Konflikt zwischen den Gruppen.

Im Laufe des Wettbewerbs wurden die Gruppen immer feindseliger zueinander. Was als guter Sportsgeist begann, eskalierte schnell zu Beschimpfungen, Betrug, Plünderungen von Hütten und Faustkämpfen. Einige der Jungs trugen Steine in ihren Socken als Schutz mit sich herum, für den Fall, dass sie von der anderen Mannschaft überfallen wurden. Wie Sherif in seinem 1966 erschienenen Buch *Group Conflict and Cooperation* feststellte, führte der Wettbewerb im Allgemeinen zu einer „Wir-gegen-sie“-Gruppenidentität. Durch dieses Experiment wurden Jungen ohne Verhaltensprobleme in feindselige, engstirnige Kontrahenten verwandelt.[60]

Zum Zwecke dieses Buches lag der wichtigste Teil von Sherifs Forschung in den Phasen drei und vier der Experimente: Sobald sie in ihren jeweiligen Gruppen fixiert waren, versuchte Sherif, sie zusammenzubringen. In Phase drei brachte er die Gruppen für begrenzte Zeiträume zusammen, um Filme zu schauen und gemeinsam zu essen. Er stellte die Hypothese auf, dass der Kontakt allein keine merkliche Verringerung der Spannung zwischen den Gruppen bewirken würde. Dies bestätigte sich in allen Kontaktsitzungen, wobei die Teams entweder getrennt saßen, sich gegenseitig beschimpften oder in einem Fall eine Essensschlacht beim Abendessen hatten. In Phase vier des Experiments führte Sherif übergeordnete Ziele ein – Ziele auf höherer Ebene, bei denen er glaubte, dass die Gruppen zusammenkommen würden, um größere Probleme zu lösen und ihre Differenzen zu überwinden.

Das erste dieser übergeordneten Ziele war das Trinkwasserproblem. In der Orientierungsphase erzählten die Forscher beiden Gruppen, dass gelegentlich Vandalen ihr einziges Wasserreservoir kaputt gemacht haben, also sollten sie darauf achten, ihre Wasserkanister jeden Tag aufzufüllen. In Phase vier schufen die Forscher ein Problem, indem sie die Hauptwasserquelle beschädigten und beiden Gruppen einen Wassernotstand ankündigten, der sofortige Hilfe erforderte. Beide Gruppen meldeten sich freiwillig zur Hilfe mit dem gemeinsamen Ziel, die Wasserversorgung zu sichern. Der Wassertank befand sich etwas mehr als eine Meile vom Lager entfernt, und nachdem sie auf der ganzen Linie nach Schäden gesucht hatten, versammelten sich die Jungen am Tank. Sie fanden den Tank zu drei Vierteln mit Wasser gefüllt vor und fanden schließlich heraus, dass das Problem am Ventil lag, reparierten schließlich die Wasserversorgung und retteten so den Tag. Mit jedem weiteren übergeordneten Ziel – bei dem die Gruppen zusammenarbeiten mussten, um Probleme zu lösen – kamen sich die Gruppen näher und bildeten schließlich enge Beziehungen zueinander. Ein entscheidender Moment, der die Jungs wieder zusammenbrachte, war die Tatsache, dass einer der Rattlers auf der Busfahrt nach Hause – kurz vor einem Erfrischungsstopp – feststellte, dass jedes Teammitglied noch die 5 Dollar für den Gewinn des Sacklochwerfens von früher im Camp schuldete. Die Rattlers schlugen vor, anstatt das Geld für sich selbst auszugeben, für alle Jungs in beiden Gruppen Malzmilch zu kaufen.

Wir sehen, wie sich diese Dynamik in unserem Leben abspielt – manchmal sogar in unseren wichtigsten Beziehungen. Das ist nicht auf elf- und zwölfjährige Jungen beschränkt. Ironischerweise ist es aufgrund unseres starken Wunsches, dazuzugehören, leicht, uns zu spalten. Vielleicht zeigt uns das Experiment in der Robbers Cave aber auch einen Weg nach vorne, auf dem wir es durch die richtigen Anreize oder Herausforderungen in der Welt besser machen können.

Da wir wissen, dass unser kollektives Bedürfnis, starke Bindungen zu schaffen, auch das Potenzial hat, uns zu spalten, müssen wir wachsam gegenüber dieser Verlockung bleiben.

Wir müssen uns auch der kognitiven Voreingenommenheit bewusst sein, die sich daraus ergibt. In Kapitel 3 haben wir besprochen, wie unsere Gehirne Vorurteile entwickeln, um Informationen zu vereinfachen, damit wir leichter mit ihnen umgehen können. Zu diesen Vorurteilen gehören der Halo-Effekt, bei dem unser Gesamteindruck von jemandem durch etwas Konkretes bestimmt wird, wie z.B. die Annahme von Intelligenz aufgrund von gutem Aussehen; der In-Group-Bias, bei dem wir dazu neigen, Mitglieder unserer eigenen Gruppe zu bevorzugen; und der Out-Group-Homogeneity-Bias, bei dem wir glauben, dass Menschen in anderen Gruppen alle gleich handeln, während unsere Gruppe vielfältiger ist. Und obwohl es einfach ist, diese einmal zu lesen und dann weiterzumachen, sind wir alle ihnen unterworfen, was bedeutet, dass die Geschichten, die wir erleben und uns erzählen, größtenteils darauf basieren, wie wir unsere bisherigen Erfahrungen kodiert haben, wobei es vielleicht nicht um die Fakten geht, sondern darum, wie wir sie interpretiert haben.

Zusammengenommen bedeutet das, dass wir leicht manipuliert werden können, und schlimmer noch, diese Manipulation kann sich selbst verstärken und uns dazu bringen zu glauben, dass es ursprünglich unsere eigene Idee war.

Mit einem größeren Verständnis von sozialer Manipulation und wie sie uns alle beeinflusst, bin ich zunehmend fasziniert davon, welche Gedanken wirklich meine eigenen sind und welche mir von anderen eingepflanzt wurden. Eines meiner langjährigen Lieblingszitate ist das folgende von Frank Outlaw, aus dem Jahr 1977. Die meiste Zeit verbringen wir in unserem eigenen Kopf, daher macht es Sinn, dass die Art und Weise, wie wir unsere Gedanken interpretieren, zu vielen der anderen Dinge führt, die wir erleben:

> Achte auf deine Gedanken, sie werden zu Worten;
>
> achte auf deine Worte, sie werden zu Handlungen;
>
> achte auf deine Handlungen, sie werden zu Gewohnheiten;
>
> achte auf deine Gewohnheiten, sie werden zum Charakter;
>
> achte auf deinen Charakter, denn er wird zu deinem Schicksal.[61]

Die Macht des Verstehens von Bedürfnissen und Wünschen

Die Fähigkeit, sich in unsere tiefsten menschlichen Bedürfnisse einzuklinken, ist etwas, das immensen Einfluss und Macht verleiht. Du kannst es vielleicht in deinen persönlichen Beziehungen sehen, wo tiefere und breitere soziale Verbindungen bedeutenden Einfluss schaffen. Aber du könntest übersehen, dass jede Führungskraft, jedes Unternehmen, jede Marke und jede politische Institution ein ähnliches Konzept nutzt, um Macht aufzubauen. An sich ist das weder gut noch schlecht. Im Laufe der Geschichte haben die größten Anführer, Marken, Unternehmen und Institutionen diesen

Einfluss und diese Überzeugung genutzt, um unsere Welt besser zu machen. Inspirierende Anführer wie Martin Luther King Jr., Mohandas Gandhi, Abraham Lincoln und Nelson Mandela kommen einem in den Sinn, wenn es darum geht, unsere Welt besser und gerechter zu machen. Und selbst wenn du nicht mit allem einverstanden bist, was Elon Musk tut oder sagt, ist es schwer zu bestreiten, dass er die Fähigkeit zu beeinflussen gemeistert hat und aufgrund dieses Einflusses zahlreiche Branchen zum Wohle der Menschheit beschleunigt hat.

Da es so viel zu gewinnen gibt, ist es von zentraler Bedeutung zu verstehen, wie Menschen Entscheidungen treffen und wie man diese Entscheidungen beeinflussen kann, um Macht zu erlangen und sie zu behalten. Im Jahr 1943 stellte der amerikanische Psychologe Abraham Maslow (1908–1970) die Theorie auf, dass alle Menschen eine Hierarchie von Bedürfnissen besitzen, die von den Grundbedürfnissen bis zur Selbstverwirklichung reicht: Einige Bedürfnisse sind wichtiger als andere, und die Bedürfnisse auf einer Ebene müssen befriedigt werden, bevor die nächste angesprochen werden kann.[62] Ein Beispiel: Überleben ist ein Grundbedürfnis und damit das erste, was unser Verhalten motiviert. Wenn du hungerst, ist es schwierig, über andere Bedürfnisse nachzudenken.

Die Maslowsche Bedürfnispyramide

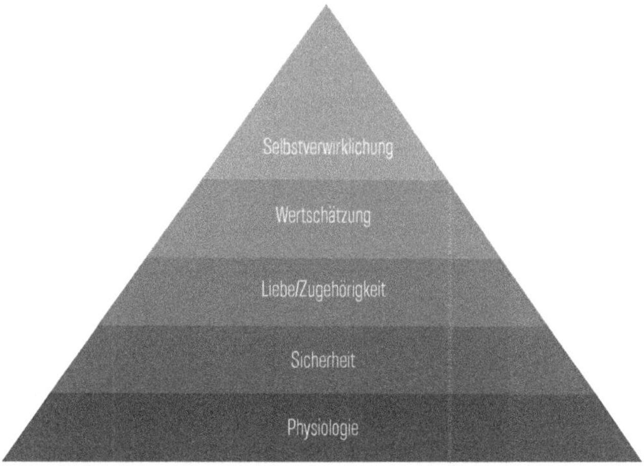

Einer der frühen Kritikpunkte an Maslows Pyramide war, dass es nicht genug wissenschaftliche Grundlagen gab, um sie zu untermauern. Im Jahr 2011 veröffentlichten Louis Tay und Ed Diener eine Studie, um seine Theorie zu testen. Laut Tay und Diener: „Die Ergebnisse legen nahe, dass Maslows Theorie weitgehend korrekt ist. In Kulturen überall auf der Welt korreliert die Erfüllung der von ihm vorgeschlagenen Bedürfnisse mit Glück."[63]

Es lohnt sich, darüber nachzudenken, wo andere in Maslows Rahmen stehen, im Vergleich dazu, wo man selbst steht. Es ist leicht, seine Perspektive darauf zu richten, wie andere Menschen handeln „sollten", wenn sie sich auf einer anderen Ebene befinden, anstatt die Frage zu stellen: „Wie würde ich handeln?" Wenn du oder deine Familie am Verhungern wären oder verfolgt würden, was würdest du anders machen als jetzt?

Bedürfnisse und Wünsche zu verstehen und sie dann gezielt anzusprechen, ist das Herzstück der Überredungskunst, daher ist es keine Überraschung, dass diese frühe Arbeit von Maslow dazu beigetragen hat, Marketing und Kommunikation in unzähligen Branchen und Marken voranzutreiben. Es ist nicht die einzige psychologische Erkenntnis, die das getan hat. Die Arbeit von Forschern an der Front der Verhaltensforschung liegt den meisten unserer Produkte und Dienstleistungen zugrunde. Werbung und Marketing spielen ganz bewusst mit unseren Wünschen und Vorurteilen, um unsere Gedanken zu lenken. Der Kern jedes Produkts, jeder Dienstleistung oder Organisation ist die Beeinflussung unserer Entscheidungen. Wir sind uns vielleicht nicht einmal bewusst, wie wir überhaupt dazu gekommen sind, etwas zu glauben. Frag die meisten Menschen, warum sie zum Beispiel glauben, dass Persil ein besseres Waschmittel ist als andere, und sie werden in ihrem Kopf einen logischen Grund für ihre Wahl haben, aber sie sind sich nicht bewusst, wie das Marketing eine Rolle bei der Bildung dieser Meinung gespielt hat.

Wenn Überzeugungen über so triviale Dinge wie Waschmittel ohne unser Wissen oder unsere Zustimmung gebildet werden können, was kann dann noch alles beeinflusst werden?

Mit diesem Gedanken im Hinterkopf ist es keine Überraschung, dass es in den letzten zehn Jahren eine Explosion der Forschung darüber gab, wie wir unsere tiefsten Sehnsüchte ansprechen können. Die technologischen Fortschritte in der Gehirnscan-Technik haben dazu beigetragen; Forscher können genau bestimmen, welche Bereiche des Gehirns reagieren und warum. Zu verstehen, warum wir Dinge tun, auch wenn es uns selbst nicht bewusst ist, und dieses Verhalten zu beeinflussen, ist das, worum es bei Werbung, Einfluss und Macht geht.

In seinem bahnbrechenden Buch *Actionable Gamification* schlägt Yu-kai Chou ein Framework vor, das er Octalysis nennt. Yu-kai stellt die These auf, dass es innerhalb dieses Rahmens acht Motivationskräfte gibt, die jede unserer Handlungen antreiben – nicht nur in Spielen, sondern grundlegend für alles. Er glaubt, dass sie in ein Framework eingebettet werden können, das uns massiv beeinflussen kann, weil unsere Gehirne fest verdrahtet sind, diese Antriebskräfte zu akzeptieren:

1. Epische Bedeutung und Berufung – Die Idee, dass du etwas tust, das größer ist als du selbst oder der Glaube, dass du auserwählt wurdest, etwas zu tun.

2. Entwicklung und Erfüllung – Der innere Antrieb, Fortschritte zu machen, Fähigkeiten zu entwickeln und schließlich sinnvolle Herausforderungen zu überwinden.

3. Kreativität und Feedback – Wenn du dich in einem kreativen Prozess befindest, in dem du immer wieder Dinge herausfinden und verschiedene Kombinationen von Aktionen ausprobieren musst, um voranzukommen.

4. Eigentum und Besitz – Das Gefühl, etwas zu besitzen: Vermögen, Immobilien, Daten, Sammelobjekte …

5. Sozialer Druck und Verbundenheit – Alle sozialen Elemente, die Menschen antreiben, einschließlich Mentoring, Akzeptanz, soziale Reaktionen, Kameradschaft, aber auch Wettbewerb und Neid.

6. Knappheit und Ungeduld – Etwas zu wollen, weil man es nicht haben kann, weil die Ressource knapp ist oder weil man daran gehindert wird, es zu bekommen.

7. Unvorhersehbarkeit und Neugier – Du willst herausfinden, was als nächstes passiert, z.B. wenn du einen Film siehst oder beim Glücksspiel.

8. Verlust und Vermeidung – Das Vermeiden eines negativen Geschehnisses.[64]

Wenn Yu-kai Recht hat, kann das Framework es jedem erlauben, das Benutzerverhalten durch Reverse-Engineering nachzuvollziehen, um fast jedes beliebige Ziel zu erreichen, egal ob trivial oder nicht.

Ein einfaches Beispiel der Spielmechanik zeigt diese Macht, dich süchtig zu machen. Ein digitales Spiel ist etwas, das du dir aussuchst, um es zu spielen. Du verbringst deine Zeit ohne Aussicht auf eine finanzielle Belohnung. Diese kostbare Zeit könnte mit unzähligen Aktivitäten verbracht werden, die dir einen größeren Nutzen bringen würden. Und während du vielleicht glaubst, dass du die Zeit mit dem Spiel aufgrund deines eigenen Verlangens verbringst, lass uns erforschen, was dieses Verlangen aus der Perspektive eines Spieldesigners antreibt.

Welche Mechanismen im Spieldesign schaffen Gewohnheiten und lassen uns immer wieder zurückkehren? Wenn ein Spiel zum Beispiel zu schwer ist, um es anfangs zu gewinnen, werden die Nutzer frustriert und bleiben nicht dabei. Deshalb bauen Spieldesigner frühe Gewinne oder Preise ein, um Dopamin-Reaktionen in deinem Gehirn zu erzeugen, die für eine gewisse Beharrlichkeit sorgen. Wenn es im Laufe des Spiels zu einfach ist, zu gewinnen oder Preise zu sammeln, werden die Spieler schnell gelangweilt und steigen aus. Indem sie den Schwierigkeitsgrad mit der Zeit erhöhen und gleichzeitig Preise vergeben, die du nutzen kannst, um härtere Levels zu erreichen, schaffen die Spieldesigner eine Motivationsleiter, die dein Gehirn auf Trab hält. Wenn du das Spiel verlässt, nachdem du Belohnungen gesammelt hast, die dich im Spiel besser machen, fühlt sich das wie ein Verlust an – und veranlasst dich, immer wieder zurückzukommen. Es braucht die richtige Balance von Motivatoren zur richtigen Zeit, um deine Aufmerksamkeit zu bekommen und zu behalten.

Es ist also keine Überraschung, dass viele der Top-Unternehmen der Welt Octalysis oder ein ähnliches Framework verwenden, weil es so effektiv funktioniert. Es ist überall, von der roten Zahl auf dem App-Symbol deines Geräts, die dir sagt, dass du eine wartende Benachrichtigung hast (die angeklickt werden muss, um sie zu entfernen), bis hin zum Design von beliebten Produkten wie Facebook oder Fortnite. Es schafft eine Verführung und Abhängigkeit, die wir vielleicht nicht einmal hinterfragen – in dem Glauben, dass unsere Handlungen aus unserem eigenen freien Willen resultieren.

Ich habe persönlich mit Yu-kai, seinem Team und dem Octalysis Framework in einer Reihe von Unternehmen gearbeitet, in denen ich involviert bin, und er hat mit Top-Unternehmen wie eBay und Google zusammengearbeitet. Nachdem ich das Framework praktiziert und die Ergebnisse gesehen habe, ist mir die Bedeutung dieser Arbeit in einem viel breiteren Sinne bewusst geworden.

Unsere Welt sieht nicht mehr so aus wie noch vor zehn oder zwanzig Jahren. Das neuere Wissen darüber, wie unsere Gehirne funktionieren (und wie wir Entscheidungen treffen), kombiniert mit der Technologie, um Individuen gezielt anzusprechen, sorgt dafür, dass wir alle unterschiedliche Ergebnisse im Internet sehen. Es ist leicht zu verstehen, dass es für ein Unternehmen von Vorteil ist, mich mit Dingen anzusprechen, auf die ich klicken werde: höhere Konversionsraten und Umsätze, worauf viele der Algorithmen, die die Ergebnissätze steuern, ausgelegt sind. Aber es gibt auch einen Vorteil für mich. Wenn diese Ergebnisse eingegrenzt werden, ist meine Zeit effektiver, weil ich nicht endlos suchen muss; die künstliche Intelligenz hat bereits entschieden, dass ich nicht darauf klicken werde. Wenn ich klicke oder nicht klicke, werden die Ergebnisse weiter eingegrenzt, und mit jeder Aktion, die ich mache, lernt sie, was ich will, und das verbessert und steuert, was das Richtige für mich ist. Die Eingrenzung der Billionen von Webseiten bei Google auf eine kleine Anzahl, die ich sehe, ist kein Fehler im System – es ist eine Funktion.

Wir wissen, dass unsere Gedanken und Handlungen stark von dem beeinflusst werden, was wir sehen, lesen und hören, das bedeutet, dass die Technologie, die auf uns abzielt, natürlich Filterblasen erzeugt. Es kann sein, dass wir gar nicht merken, wo eine Idee überhaupt in unser Gehirn eingepflanzt wurde. Wenn wir auf die Dinge klicken, die wir mögen, verstärken sich diese Blasen selbst – und vertiefen die Verbindungen in unseren Gehirnen und verhärten unsere Ansichten. Wir schauen selten über den Tellerrand unserer eigenen Realitätsblase hinaus; und wenn wir es tun, sehen die Menschen in anderen Filterblasen geradezu verrückt aus. Das kann Religion, Politik, Wirtschaft, Rasse oder eine beliebige Anzahl von anderen Bereichen sein.

Die Verbindung dieser drei Dinge – 1) Maslows Hierarchie, in der sich viele in der Welt oder sogar in unserem eigenen Umfeld auf sehr unterschiedlichen Stufen der Pyramide befinden; 2) Technologie, die uns individuell anspricht und daher Glaubenssätze bestärkt; und 3) die natürliche Tendenz des Menschen, „wir gegen sie" zu schaffen, hat das Potenzial, eine gefährliche Verstärkungsschleife zu schaffen, in der Hass und Spaltung herrschen.

Besonders, wenn die Welt immer ungleicher wird.

Der Aufstieg des Extremismus

All diese Faktoren sind die Ursache für den zunehmenden Extremismus auf der Welt. Er wird von Ungleichheit und Hoffnungslosigkeit angetrieben, die aus wirtschaftlichen Ungleichgewichten resultieren. Menschen hassen andere nicht von Natur aus, wenn sie zufrieden sind oder genügend Geld haben. Sie werden dazu manipuliert, wenn sie sich benachteiligt fühlen oder das Gefühl haben, nichts zu verlieren zu haben. Wenn eine Gruppe etwas erlebt, was sie als ungerecht empfindet, ist es leicht, die Macht aus eben dieser Enttäuschung zu bündeln. Wie im Robbers-Cave-Experiment entsteht die Eskalation des Konflikts durch den Wettbewerb um knappe Ressourcen, aber in diesem Realexperiment geht es um hochbezahlte Jobs. Da es leicht ist, das Bedürfnis nach Zugehörigkeit auszunutzen, ist der Weg zur Konsolidierung der Macht oft, andere als Bösewichte darzustellen, die unser Leid verursachen.

Ein klassisches Beispiel ist Adolf Hitlers Aufstieg zur Macht in Deutschland nach dem Ersten Weltkrieg. Die Jahre nach dem Ersten Weltkrieg waren hart für das deutsche Volk. Die demütigende Niederlage im Krieg und der Unmut über den Versailler Vertrag in Kombination mit Lebensmittelknappheit, hoher Arbeitslosigkeit und Handelszöllen, die andere Länder wie die Vereinigten Staaten davor schützen sollten, Arbeitsplätze an Deutschland zu verlieren, schürten die Unzufriedenheit. Um die Beschäftigung und die Wirtschaft anzukurbeln, häufte die Regierung enorme Mengen an Schulden an, die dann nicht mehr zurückgezahlt werden konnten. Deutschland begann große Mengen an Geld zu drucken, was eine Hyperinflation auslöste, die alle Schulden – und alle Ersparnisse – vernichtete. Ein US-Dollar im Jahr 1914 entsprach 4 deutschen Mark; 1923 war der gleiche US-Dollar 4,2 Billionen deutsche Mark wert. Man stelle sich vor, dass die Ersparnisse eines Lebens nicht mehr ausreichen, um einen Laib Brot zu kaufen. Als Führer der Nationalsozialistischen Deutschen Arbeiterpartei (NSDAP) nutzte Hitler diese wachsende Frustration, um sich eine starke Anhängerschaft aufzubauen. Mit dem Münchner Bürgerbräu-Putsch unternahm er einen gescheiterten Revolutionsversuch und wurde 1923 inhaftiert; während der Haft schrieb Hitler *Mein Kampf*, der ursprünglich den Titel *Viereinhalb Jahre Kampf gegen Lüge, Dummheit und Feigheit* trug, um sein „Wir gegen die anderen"-Narrativ fortzusetzen.

Im Jahr 1924 wurde zusammen mit dem Dawes-Plan, bei dem US-Banken Kredite gegen deutsches institutionelles Vermögen gewährten, eine neue Währung eingeführt, die der deutschen Wirtschaft und damit auch der Regierung etwas Stabilität zurückbrachte. Doch 1929 führten der finanzielle Zusammenbruch der USA und die darauf folgende Depression dazu, dass die US-Banken ihre Kredite an Deutschland fällig stellten. Unfähig, die Kredite zu bezahlen, sah sich Deutschland erneut mit massiver Arbeitslosigkeit und Instabilität konfrontiert, was Hitler nutzte, um schnell Parteimitglieder zu gewinnen. Im Jahr 1930 erhielt die Nazipartei 19 Prozent der Stimmen und festigte von da an ihre Macht durch Propaganda. Im Jahr 1933 schließlich ermöglichte das Ermächtigungsgesetz Hitler die ultimative Macht und Rolle des Diktators, die er nutzte, um systematisch geschätzte sechs Millionen Juden und weitere elf Millionen Menschen in Konzentrationslagern zu töten, in seinem Streben nach der Erschaffung einer arischen Rasse. Eine Herrenrasse gegen alle anderen. Wir gegen sie, auf die Spitze getrieben.

Hitler war ein Experte darin, Propaganda zu nutzen, um zu beeinflussen und zu kontrollieren. In *Mein Kampf* schrieb er:

> Die Propaganda muss sich immer an die breite Masse des Volkes wenden, die weder aus Diplomaten oder Professoren der öffentlichen Rechtsprechung besteht, noch einfach aus Personen, die in der Lage sind, sich in bestimmten Fällen ein begründetes Urteil zu bilden, sondern aus einer schwankenden Menge von menschlichen Kindsköpfen, die ständig zwischen einer Meinung und einer anderen schwanken. Die große Mehrheit einer Nation ist so weiblich in ihrem Charakter und ihrer Weltanschauung, dass ihr Denken und Verhalten eher von Gefühlen als von nüchternen Überlegungen bestimmt wird. Dieses Gefühl ist jedoch nicht komplex, sondern einfach und beständig. Es ist nicht hochdifferenziert, sondern hat nur die negativen und positiven Begriffe von Liebe und Hass, richtig und falsch, Wahrheit und Lüge.

Er begründete weiter, dass „die Propaganda die Wahrheit nicht objektiv erforschen und, soweit sie für die andere Seite vorteilhaft ist, sie nach den theoretischen Regeln der Gerechtigkeit darstellen muss; sie muss jedoch nur den Aspekt der Wahrheit darstellen, der für ihre eigene Seite vorteilhaft ist.“[65]

Wenn wir auf eine der schwarzen Narben in der Geschichte der Menschheit zurückblicken, lohnt es sich, darüber nachzudenken, dass viele der Menschen, die Hitler dazu überredete, ihm zu folgen, in seinen eigenen Worten eine wankelmütige Schar von menschlichen Kindsköpfen waren. Es lohnt sich auch, über Leadership heute nachzudenken und darüber, inwieweit wir möglicherweise manipuliert werden.

Eine berühmte Yale-Studie zur Sozialpsychologie, die der Psychologe Stanley Milgram (1933-1984) in den 1960er Jahren durchführte, versuchte unseren Gehorsam gegenüber Autoritätspersonen zu messen.[66] Milgram entwarf das Experiment ursprünglich, um zu versuchen, die Frage zu beantworten: „Könnten die Millionen von Komplizen des Völkermords in den Konzentrationslagern nur Befehle befolgen?" Seine Experimente zeigten, dass das, von dem wir ausgehen, dass wir es tun werden, sich von dem unterscheidet, was wir tatsächlich tun werden. In den Experimenten, die auf der ganzen Welt mit ähnlichen Ergebnissen getestet wurden, wurden die Teilnehmer aufgefordert, Lernenden immer höhere Stromschläge zu geben, wenn ihre Antworten auf verschiedene Fragen falsch waren. Die Lernenden waren Schauspieler, die in einem anderen Raum an einen „elektrischen Stuhl" geschnallt waren, und es gab keinen tatsächlichen Stromschlag, aber das war den Teilnehmern unbekannt. Das Experiment konnte nur aus zwei Gründen abgebrochen werden: a) der gefälschte Stromschlag wurde mit der höchsten Einstellung, 450 Volt, abgegeben und der Lernende wurde als „bewusstlos" und nicht ansprechbar eingestuft, oder b) der Teilnehmer widersprach allen folgenden Aufforderungen in dieser Reihenfolge: 1) *Bitte* fahren Sie fort, 2) Das Experiment *erfordert*, dass Sie fortfahren, 3) Es ist *absolut notwendig*, dass Sie fortfahren und 4) Sie haben keine andere Wahl, Sie *müssen* weitermachen.

Während jeder Teilnehmer den Test mindestens einmal abbrach, weil er sich über die Schreie im anderen Raum beschwerte oder weil die Schreie verstummten, gaben alle Teilnehmer mindestens 300-Volt-Schocks ab, und 65 Prozent der Teilnehmer gaben den finalen 450-Volt-Schock ab.

Milgram schrieb später: „Gewöhnliche Menschen, die einfach nur ihre Arbeit machen und keine besondere Feindseligkeit hegen, können zu Akteuren in einem schrecklichen zerstörerischen Prozess werden. Selbst wenn die zerstörerischen Auswirkungen ihrer Arbeit offensichtlich werden und sie aufgefordert werden, Handlungen auszuführen, die mit den grundlegenden Normen der Moral unvereinbar sind, haben relativ wenige Menschen die nötigen Fähigkeiten, sich der Autorität zu widersetzen."[67]

Die Studien scheinen darauf hinzuweisen, dass es sehr schwierig sein kann, eine einmal begonnene Spaltung und Festigung einer Gruppe gegen eine andere zu stoppen, selbst wenn die persönliche moralische Instanz das Gegenteil vorgibt.

In einer Welt, in der Wohlstand möglich ist, wird extreme Ungleichheit durch ein fehlerhaftes System verursacht. Der Output dieser Ungleichheit führt schließlich zu einer negativen Rückkopplungsschleife von mehr Extremismus. Diese Stammes- oder Gruppenmentalität wird wiederum Anführer hervorbringen, die uns, anstatt uns zu vereinen, weiter spalten, indem sie einfache „Wir gegen sie"-Narrative verwenden. Sie werden glaubwürdig, potenziell sogar generationenübergreifend, mit schwerwiegenden Konsequenzen für uns alle. Ein Schmetterlingseffekt, bei dem scheinbar kleine Probleme allmählich zu sehr großen Veränderungen führen. Es ist schon einmal passiert, und wenn nicht dagegen vorgegangen wird, wird es wieder passieren.

Aber auch hier gibt uns die Robbers-Cave-Studie einen Einblick, wie wir diese Konflikte lösen oder von vornherein verhindern können. Können wir uns selbst dazu herausfordern, ein besseres System für die Welt von heute zu schaffen, indem wir, anstatt einen individuellen Wettbewerb zu führen, eine Reihe von übergeordneten Zielen finden, die wir alle zum Wohle der Menschheit lösen müssen? Ein System, das, anstatt für kleine Teile unserer Gesellschaft zu arbeiten, die uns gegeneinander ausspielen, zum Wohle eines größeren „Wir" arbeitet?

Die einfache Tatsache ist, dass es nur eine menschliche Rasse gibt und wir alle zu ihr gehören.

9

KÖNNEN WIR KOOPERIEREN?

Du und ein Freund werden bei einem Verbrechen erwischt. Die Zeit im Gefängnis für das Verbrechen beträgt zehn Jahre. Die Polizei hält euch in getrennten Zellen fest, ohne die Möglichkeit, miteinander zu sprechen oder eure Antworten abzusprechen. Sie haben nicht genug direkte Beweise, um dich für ein schwerwiegenderes Verbrechen anzuklagen, aber sie haben genug für ein minderschweres Verbrechen, für das du und dein Freund jeweils ein Jahr im Gefängnis sitzen werden. Um dich oder deinen Freund für das schwerere Verbrechen zu verurteilen, braucht die Polizei entweder dein Geständnis oder das deines Freundes, dass ihr das Verbrechen gemeinsam begangen habt.

Die Polizei kommt in dein Zimmer und sagt dir folgendes: Wenn du gestehst und dein Freund nicht, kommst du frei. Du wirst null Jahre im Gefängnis verbringen und dein Freund wird die vollen zehn Jahre bekommen. Wenn ihr beide gesteht, bekommt ihr jeweils fünf

Jahre Gefängnis. Du musst davon ausgehen, dass sie deinem Freund das gleiche Angebot machen wollen oder bereits gemacht haben. Was solltest du tun?

Wenn du dich nicht gegen deinen Freund wendest, und der Freund sich nicht gegen dich wendet, werdet ihr beide nur ein Jahr ins Gefängnis gehen. Das ist das beste Ergebnis. Wenn du dich nicht gegen deinen Freund wendest und er sich gegen dich wendet, bekommst du die vollen zehn Jahre Gefängnis, während dein Freund freikommt, was das schlechteste Ergebnis für dich ist.

Dies ist das Gefangenendilemma, eines der berühmtesten Beispiele der Spieltheorie. Es ist ein Beispiel für ein Nicht-Nullsummenspiel, bei dem die Handlungen jedes Spielers ihre gemeinsame Situation verbessern können, ohne sich gegenseitig etwas wegzunehmen. Nullsummenspiele unterscheiden sich davon dadurch, dass die Gewinne einer Person oder Gruppe die Verluste einer anderen ausgleichen müssen. Ein Beispiel dafür ist ein Kuchen, der von zehn Personen geteilt wird. Wenn eine Person ein größeres Stück des Kuchens nimmt, haben die restlichen neun alle gleich kleinere Anteile. Die Handelsbilanz der Welt, die in Kapitel 1 besprochen wurde, ist ein weiteres Beispiel für ein Nullsummenspiel, denn wenn man die Handelsüberschüsse und -defizite aller Länder zusammennimmt, muss die Handelsbilanz der Welt gleich Null sein. Damit ein Land exportieren oder verkaufen kann, muss ein anderes importieren oder kaufen.

Zurück zum Gefangenendilemma. Zu begreifen, was dein Freund tun wird, ist relevant für deine Entscheidungsfindung. Das untenstehende Raster zeigt die verschiedenen Szenarien. Wenn du dir die möglichen Ergebnisse ansiehst, kannst du sehen, dass die beste Gesamtsituation für euch beide zusammen ist, den anderen nicht zu verraten. Die gesamte Gefängniszeit in diesem Fall entspricht zwei Jahren – ein Jahr für jeden. Die Herausforderung besteht darin, obgleich es das Beste für euch ist, zum gegenseitigen Vorteil zusammen zu handeln, jeder einen Anreiz hat, dies nicht zu tun – entweder durch das Risiko, zehn Jahre zu sitzen oder durch die Möglichkeit, frei zu kommen. Die rationale Wahl ist dann, dass du deinen Freund verrätst und dein Freund dich verrät, was jeweils fünf Jahre und insgesamt zehn Jahre im Gefängnis bedeutet.

Das Gefangenendilemma

	Dein Freund gesteht nicht	Dein Freund gesteht
Du gestehst nicht	Du bekommst 1 Jahr Freund bekommt 1 Jahr Gesamt: 2 Jahre	Du bekommst 10 Jahre Freund bekommt 0 Jahre Gesamt: 10 Jahre
Du gestehst	Du bekommst 0 Jahre Freund bekommt10 Jahre Gesamt: 10 Jahre	Du bekommst 5 Jahre Freund bekommt 5 Jahre Gesamt: 10 Jahre

Die wichtigste Erkenntnis des Gefangenendilemmas ist, dass Verrat in deinem eigenen Interesse die beste Option ist. Da aber auch andere wahrscheinlich ein Eigeninteresse haben, ist das Ergebnis für alle, dich eingeschlossen, mit diesem Verrat schlechter.

Abgesehen von der Auswirkung auf unser tägliches Leben, ist der Grund für die Betrachtung der Spieltheorie hier, dass wir, um Lösungen vorzuschlagen, die über lokale Grenzen hinaus funktionieren, verstehen müssen, wie andere Länder das „Spiel“ wahrscheinlich spielen werden. Das Beispiel der Gefangenen zeigt, dass wir zum Scheitern verurteilt sind, da Länder, wie auch Menschen, Optionen wählen werden, die ihre eigenen Interessen auf Kosten der restlichen Welt stärken. Der gesamte Dialog über die globale Erwärmung könnte in diesen Rahmen gestellt werden, da einige Länder befürchten, dass die wirtschaftlichen Auswirkungen einer zu schnellen Kohlenstofffreiheit ihre Wirtschaft schädigen werden (indem sie ihre Energie im Vergleich zu anderen teurer machen). Wenn wir jedoch die Spieltheorie umfassender untersuchen als nur anhand des Gefangenendilemmas, werden wir auch sehen, warum es vielleicht nicht so schlimm ist, wie es zunächst scheint.

Wie wir das Spiel spielen, in der Theorie

Wie wir in den vorherigen Kapiteln gesehen haben, sind wir Menschen in unserem Entscheidungsprozess oft nicht so logisch oder rational, wie wir vielleicht glauben. Unsere Emotionen und die Geschichten, die wir uns erzählen, treiben viele unserer Entscheidungen an – im Guten wie im Schlechten. Manche unserer Entscheidungen sehen großartig aus, bis sich die langfristigen Konsequenzen zeigen, selbst wenn wir nur ein Spiel gegen uns selbst spielen. Nehmen wir jedoch für einen Moment an, dass wir immer völlig rational sind und Entscheidungen treffen, die das Beste für uns selbst, unsere Familien, unser Land und die Welt um uns herum sind – in dieser Reihenfolge. Auf den ersten Blick hört sich das einfach an – bis wir bedenken, dass die Entscheidungen, die für uns am besten sind, oft im Widerspruch zu anderen stehen.

Die Spieltheorie lässt sich auf fast alle Bereiche anwenden, wenn es um den Wettbewerb um knappe Ressourcen geht. Sie wurde 1928 von John von Neumann (1903-1957) entwickelt und 1944 von Oskar Morgenstern (1902-1977) weiter verfeinert und hat weitreichende

Auswirkungen in der Geschäftswelt, der Wirtschaft, der Biologie und im Krieg – immer dann, wenn unser eigenes Handeln entscheidend von dem anderer Teilnehmer abhängt. Da verschiedene „Akteure" oder „Agenten" (in der Sprache der Spieltheorie – in diesem Fall könntest du „Individuen" oder „Länder" verwenden) unterschiedliche Strategien wählen, um ihren eigenen Nutzen zu maximieren, entwickelt sich daraus ein „Spiel", bei dem das Verständnis, was jeder Akteur oder Agent tun wird, entscheidend dafür ist, wer das Spiel gewinnt. Deine Entscheidungen hängen also von den Entscheidungen der anderen ab. Die Spieltheorie betrachtet die Interdependenz der Strategien. Sie spielt sich in weit mehr Szenarien ab, als du dir vorstellen kannst – in einer wettbewerbsorientierten Welt trifft sie auf viele unserer Wahlmöglichkeiten und Entscheidungen zu. Wir leben in einer global vernetzten Welt, in der Entscheidungen auf der einen Seite einen großen Unterschied auf der anderen Seite machen können: Arbeitsplätze, Zölle, Steuern und die Geldpolitik in anderen Ländern haben einen großen Einfluss auf deinen Wohlstand und deinen Arbeitsplatz.

Jedoch verläuft das Spiel im Leben meistens anders als das Gefangenendilemma. Wir haben Kenntnis darüber, wie andere ihr Spiel spielen werden. Und weil menschliche Interaktionen nicht auf eine einzige Iteration beschränkt sind, wie im Gefangenendilemma gezeigt, entsteht eine komplexe Form des Spiels, bei der uns vergangene Züge der Anderen Hinweise darauf geben, wie sie in Zukunft handeln werden, genau wie beim Bayes'schen Theorem. Wir ordnen den Ergebnissen Wahrscheinlichkeiten zu, basierend darauf, wie andere spielen werden. Aus diesem Grund entsteht in einem Spiel, in dem alle kooperieren, sehr oft ein Anreiz für die Person, die „betrügt" oder „schummelt". Mit anderen Worten: Schummeln scheint sich zu lohnen, solange man der Einzige ist und nicht erwischt wird. Von den relativ harmlosen Schummeleien bis hin zu den gefährlicheren, gilt dies für viele Bereiche deines Lebens. Schauen wir uns ein paar Beispiele aus der realen Welt an, um zu sehen, wie es sich auswirkt.

Fahren in der Spur für Fahrgemeinschaften. Fahrgemeinschaftsspuren sollen den Straßenverkehr entlasten, indem sie einen Anreiz für mehr Personen pro Fahrzeug und damit weniger Einpersonenfahrzeuge bieten. Wenn sich alle an diese Regel halten, ist das Gesamtsystem auch für alle besser, auch für Einzelfahrzeuge, aber die Pendelzeit ist für Fahrgemeinschaften am kürzesten. Wenn ein Einzelfahrzeug „schummelt" und auf der Fahrgemeinschaftsspur fährt, „gewinnt" diese Person zusammen mit den Fahrgemeinschaften eine kürzere Fahrzeit, da die Fahrgemeinschaftsspur schneller ist. Aber wenn viele Einzelfahrzeuge schummeln, wird die Fahrgemeinschaft weniger vorteilhaft für die Mitfahrer, was dazu führt, dass weniger Menschen in Fahrgemeinschaften fahren und mehr Autos auf der Straße sind.

Drogen oder Doping im Sport. Wenn niemand leistungssteigernde Mittel nimmt, ist das Gesamtsystem besser, weil niemand die gefährlichen Nebenwirkungen der Mittel erfährt. Aber aufgrund der Anreize, im Sport zu gewinnen, ist der Nutzen für eine Person oder Mannschaft, die einen Vorteil erlangt, extrem hoch. Leistungssteigernde Drogen scheinen daher für einige das Risiko wert zu sein. Lance Armstrong ist ein Paradebeispiel dafür. Er galt lange Zeit als der beste Radsportler der Welt und überzeugte die Welt davon, dass er das Aushängeschild des Dopingverbots im Sport sei (weil er seinen Vorteil verlieren würde, wenn andere Dopingmittel nehmen würden), während er gleichzeitig leistungssteigernde Mittel einnahm. Es war die ultimative Heuchelei, und sein Sturz in die Ungnade war verheerend. Ich erinnere mich, dass ich an ihn und seine Heldenreise glauben wollte – die Überwindung des Krebses, um an der Spitze des Radsports zu stehen. Ich habe *bis zum Ende* an ihn geglaubt … und fühlte mich dann am Boden zerstört und verraten.

Militärausgaben. Wenn kein Land Geld für Waffen ausgeben würde – egal ob Atomwaffen oder andere – könnte dieses Geld stattdessen zum Wohle der Gesellschaft eingesetzt werden. Aber wenn ein Land sich entscheidet, Geld für sein Militär auszugeben und andere nicht, dann gewinnt dieses Land einen Vorteil durch militärische Überlegenheit. Das schafft ein Risiko, entweder gefühlt oder tatsächlich, für jedes Land, das nicht in sein Militär investiert. Das wiederum zwingt andere Länder dazu, in ihr Militär zu investieren, um einen Gleichstand zu erreichen oder eine Abschreckung für einen Angriff zu schaffen, vor allem wenn eine vermeintlich überlegene Macht ihre Invasionsabsichten signalisiert. Viele der Schachzüge von Regierungen auf der ganzen Welt können in diesem Zusammenhang betrachtet werden, einschließlich der aktuellen Eskalation des nordkoreanischen Militärs als Reaktion auf das Gefühl, dass, wenn ein Diktator im Irak entfernt werden konnte, es auch in Nordkorea passieren könnte.

Die Spieltheorie und ihre Implikationen gelten für viele unserer umstrittensten gesellschaftlichen Debatten, die alle aus dem gleichen Kernproblem entstehen: In der Gruppendynamik ist das, was für eine Person besser sein mag, oft schlechter für die Gruppe. Das ist der Grund, warum Waffenbesitz, globale Erwärmung, Währungsmanipulation, Welthandel und Zölle oder der Wettlauf um die

Überlegenheit der künstlichen Intelligenz zu solch heiklen Themen werden.

Glücklicherweise, wie ich schon sagte, spielen wir ein Spiel selten nur einmal. Wenn ein Spiel immer und immer wieder gespielt wird, und du erkennst, wie dein Gegner das Spiel spielt, wirst du wahrscheinlich deine Strategie ändern. Zu beobachten, wie das Spiel gespielt wird, wenn dieselben Teilnehmer wiederholt mit unterschiedlichen Strategien gegeneinander spielen, gibt einen besseren Einblick in die Komplexität von Beziehungen und verschiedenen Strategien, die Kooperation und Vertrauen antreiben.

Künstliche Intelligenz hat offensichtliche, wichtige Implikationen hierfür – insbesondere lernende Systeme, bei denen mehrere KI-Agenten zusammenarbeiten oder konkurrieren müssen, um ein gewünschtes Ziel zu erreichen. Aber was wäre, wenn statt eines Computers, der gegen einen Computer spielt, um ein gewünschtes Ziel zu erreichen, der Computer gegen einen Menschen spielen würde? Die KI, die alle möglichen Strategien durchspielt und gleichzeitig deinen nächsten Zug so vorhersagt, sodass sie uns jedes Mal besiegen würde?

Wieder und wieder spielen

Robert Axelrod, ein amerikanischer Wissenschaftler, der für seine interdisziplinäre Arbeit über die Evolution der Kooperation bekannt ist, erforschte das „iterierte Gefangenendilemma". Er richtete ein Computerturnier ein, um die Strategien zu untersuchen, die beim Spielen gegen andere die besten Ergebnisse erzielten. Das Spiel verfolgt die verschiedenen Strategien, die die Teilnehmer anwenden, sobald sie das Ergebnis des Verrats oder der Kooperation ihres Gegners kennen. Einige der bekannteren Strategien für das Spiel sind:

- Immer kooperieren – egal, was der Konkurrent macht.
- Immer verraten – egal, was der Konkurrent tut.
- Tit for tat – Kooperiere am Anfang und kopiere dann, was der Gegner in seinem letzten Zug getan hat.
- Trotzen – Kooperiere, bis der Gegner verrät und verrate dann immer.
- Misstrauen – Verrate zuerst und kopiere dann die Züge des Gegners.

In jeder dieser Strategien kannst du einige sehr menschliche Reaktionen oder Persönlichkeitsmerkmale sehen. Sie werden auch in unserer Populärkultur gefeiert oder verunglimpft. Auf der einen Seite haben wir Gordon Gekko, den archetypischen Unternehmer in dem Film *Wall Street* von 1987, der berühmt wurde mit den Worten: „Der Punkt ist, meine Damen und Herren, dass Gier, aus Mangel an einem besseren Wort, gut ist. Gier ist richtig, Gier funktioniert. Gier klärt, durchdringt und fängt den evolutionären Geist ein." Auf der anderen Seite haben wir George Bailey aus dem Film *It's a Wonderful Life* von 1946, der den ganzen Film hindurch Selbstlosigkeit verkörpert und durch positive Beziehungen und ein gut gelebtes Leben belohnt wird. Jenseits der Filme sehen wir das auch in unserem Alltag, wenn Menschen, denen wir vertrauen, durch gute Interaktionen einen Vorteil beim Beziehungsaufbau erlangen. Mit diesen Menschen sind wir zwar immer noch in Gefahr, wenn sie sich entscheiden, uns später zu betrügen, aber es entwickelt sich ein sozialer Vertrag, bei dem wir das Gefühl haben, dass wir ihnen vertrauen können. Wir erreichen mehr in diesen Beziehungen und fühlen uns besser in ihnen. Wir entscheiden uns, das Spiel ganz anders zu spielen – oder gar nicht – mit anderen, die wir für nicht vertrauenswürdig halten.

Indem man die Strategien gegeneinander durch Computer ausspielt, kann man auch feststellen, welche Strategien effektiver sind als andere. Zum Beispiel ist Tit for Tat eine ziemlich einfache Strategie, bei der man am Anfang kooperiert und dann den Zug des Konkurrenten kopiert. Dadurch sucht man die Kooperation und kooperiert so lange, bis ein Konkurrent etwas anderes tut. Wenn ein Konkurrent sich irgendwann dazu entschließt, zu verraten, verrät man ebenfalls und kooperiert nur dann wieder, wenn der Konkurrent zuerst kooperiert, was der Vergebung in unserem eigenen Leben ähnlich ist. Diese Strategie schien gegen die meisten anderen Strategien zu gewinnen. Das Überleben, so scheint es, zumindest in einer Computersimulation, wird durch Kooperation verbessert.

Axelrods bahnbrechende Arbeit, *The Evolution of Cooperation*, wurde ursprünglich 1984 veröffentlicht und hat seitdem erheblich an Bedeutung gewonnen, indem sie Licht darauf wirft, wie Vertrauen und Gegenseitigkeit die menschliche Evolution und Beziehungen vorantreiben. Langfristige Gewinnstrategien scheinen auf Kooperation zu beruhen. Eine evolutionäre Vorliebe für Kooperation bedeutet, dass, obwohl es sich nicht immer so anfühlt, Menschen, die im gegenseitigen Interesse zusammenarbeiten, in der Lage sein sollten, unsere größten Herausforderungen zu lösen. Der Preis, dies nicht zu tun, ist der höchste von allen: wir werden wahrscheinlich als Spezies nicht überleben.

Es gibt jedoch einen zusätzlichen Bereich, den wir erforschen sollten. Anders als in einer Computersimulation, bleiben die Spieler (wir) im Leben nicht bei einer Strategie über den gesamten Verlauf des Lebens. Basierend darauf, wie andere das Spiel spielen, modifizieren wir ständig unsere eigenen Strategien, kopieren die von Menschen, die wir respektieren und ändern unsere Meinung darüber, wie wir unser Spiel basierend auf Anreizen und Strafen spielen. Das bedeutet, dass es in einem menschlichen Spiel unwahrscheinlich wäre, dass eine einzige Strategie fortwährend gewinnt.

Ein einfaches Gedankenexperiment zeigt warum. Betrachte eine imaginäre Welt, in der es keine Konflikte gibt. Die Menschheit hätte durch gegenseitige Unterstützung, Vertrauen und Kooperation vereinbart, alle Kriege abzuschaffen. In dieser imaginären Welt wäre die Gesellschaft frei von Tod und Zerstörung durch Konflikte. Der Preis für alle Bewohner wäre eine Welt des Friedens und der Liebe. Waffen und die Ausgaben für diese Waffen würden nicht mehr benötigt werden. Aber wenn eine solche Welt existieren würde, wäre der Preis für die Machthungrigen für den Verrat viel höher: Ein Fall wäre, dass ein Land heimlich Waffen anhäuft, um leicht in alle Länder eindringen und sie übernehmen zu können, weil die Bewohner nicht in der Lage wären, sich zu verteidigen. Und wegen dieses erhöhten Gewinns wird Verrat wahrscheinlicher.

Strategien sind also in ständigem Wandel. Eine Strategie wie Kooperation gewinnt so lange, bis sie dominant wird. Dann wird sie von einer egoistischen oder abtrünnigen Strategie ausgenutzt, um eine Zeit lang zu gewinnen, indem sie die dominante Strategie ausnutzt. Zeitweise, auch wenn es sich ungerecht anfühlt, gewinnen die Betrüger. Mit der Zeit jedoch, wenn genug Betrüger gewinnen, finden sie sich isoliert und bloßgestellt und werden dann wiederum von kooperativen Strategien ausgeschaltet, die dann den Takt vorgeben. Der Prozess wiederholt sich immer und immer wieder. Diese Ebbe und Flut der richtigen Strategie zur richtigen Zeit ist eine Konstante in unserem Leben, ein Hin und Her wie der Wechsel der Gezeiten.

Diese Sichtweise ist nützlich, um unsere heutige Welt zu betrachten. Die Weltordnung, die seit dem Ende des Zweiten Weltkriegs weitgehend intakt ist, scheint zusammenzubrechen. Der Kapitalismus und sein unerbittlicher Marsch in Richtung Fortschritt hat es vielen ermöglicht, zu gewinnen. Obwohl kein System perfekt ist, waren die Regeln, nach denen der Kapitalismus funktionierte, anerkannt und verstanden. Du konntest davon ausgehen, dass du, wenn du eine große Wette eingehst und falsch liegst, vernichtet wirst. Wenn du jedoch richtig liegst, wird deine harte Arbeit, dein Einfallsreichtum oder deine Risikobereitschaft belohnt. In der Spieltheorie könnte man dies als dominante kooperative Strategie bezeichnen, und sie dominierte den größten Teil des zwanzigsten Jahrhunderts. Der Aufstieg von Fiat-Währungen, die im Inland manipuliert werden konnten, und die Rettungsaktion im Jahr 2008 änderten diese Strategie in eine, bei der die Spieler, deren schlechte Wetten die Krise verursachten, statt ausgelöscht zu werden, großzügig belohnt wurden. Die lange Zeit vorherrschende kooperative Strategie des Kapitalismus wurde durch eine nicht-dominante Strategie, den Vetternkapitalismus, ersetzt, bei dem die Betrüger gewannen.

Vielleicht finden wir einen Weg, unsere Welt mit der Zeit in Harmonie zu bringen, denn es scheint, dass die meiste Zeit eine Tendenz zur Kooperation besteht. Mit dem Willen der Vielen und den richtigen Anreizstrukturen können Gesellschaften vielleicht einen Weg finden, die negativen Auswirkungen der Nicht-Kooperation zu begrenzen.

Die neuen Regeln

Die passenden Anreizstrukturen sind – während wir uns auf den Weg in die Zukunft begeben – vielleicht eher möglich als wir denken. Viele bestehende Anreizstrukturen verändern sich in einer Welt des Überflusses dank der Technologie. Die wichtigsten Elemente unserer menschlichen „Spiele" drehen sich im Kern um die Jagd nach knappen oder endlichen Ressourcen – historisch gesehen ging es zum Beispiel darum, einen wirtschaftlichen Vorteil im Energiebereich zu erlangen, wenn es um die Knappheit von kostengünstigen fossilen Brennstoffen ging. Wir wollen einen größeren Anteil davon gewinnen, oder zumindest nicht durch die Manöver der anderen benachteiligt werden.

Mit dem Überfluss kommt die Preisdeflation. Das ist einfache Angebots- und Nachfrageökonomie: Je mehr etwas im Überfluss vorhanden ist, desto wahrscheinlicher ist es, dass sein Preis fällt. Überfluss verändert unsere Wahrnehmung und Wirtschaftstheorie so sehr, dass wir manchmal den Wert von etwas gar nicht mehr erkennen, vor allem, wenn dieser Überfluss kostenlos oder fast kostenlos erzeugt werden kann. Nimm Sauerstoff. Ohne ihn hören wir auf zu atmen und sterben. Allein durch diese Tatsache ist er wahrscheinlich das Wertvollste, was wir in unserem Leben haben. Aber er ist auch reichlich vorhanden, er macht etwa 21 Prozent der Atmosphäre aus, und weil er so reichlich vorhanden ist, ist er kostenlos. Es wäre schwer vorstellbar, dass irgendein Unternehmen ein sehr erfolgreiches Modell entwickelt, das uns die Luft zum Atmen in Rechnung stellt (es sei denn, wir verschmutzen unsere Welt und saubere Luft wird knapp).

Betrachte nun all die Dinge, die die Technologie im Überfluss bereitstellt und bald bereitstellen wird. Dinge, die unglaublich wertvoll sind, aber aufgrund des Überflusses im Preis rapide fallen.

In einer Welt, in der Technologie gleichzeitig zu einem Preisverfall und Überfluss führt, ist vielleicht eine der treibenden Funktionen, die Kooperation wahrscheinlicher macht, die Tatsache, dass es keinen großen ökonomischen Anreiz gibt, zu „betrügen" oder zu „verraten" – Überfluss minimiert die Belohnung.

Oder vielleicht sollten wir einfach versuchen, ein Wirtschaftssystem zu schaffen, das auf diese Weise funktioniert.

10

EIN AUFRUF ZUM HANDELN

JEDES UNTERNEHMEN, DAS für den Erfolg im zwanzigsten Jahrhundert konzipiert wurde, ist dafür ausgelegt, im einundzwanzigsten Jahrhundert zu scheitern."

Salim Ismail, Autor von *Exponential Organizations*, sagte das zu einem Publikum aus Mitgliedern der Young Presidents' Organization bei einer Konferenz, die ich organisiert habe. Ismail kennt sich mit exponentiellen Technologien aus und hilft Unternehmen dabei, einen Rahmen zu schaffen, um sie zu implementieren. Ismail sagte nicht, dass die älteren Institutionen zwangsläufig scheitern werden. Aber er sagte uns, dass es eine der seltenen Ausnahmen in der Geschichte ist, wenn ein Monopolunternehmen der Vergangenheit das tut, was notwendig ist, um in der Zukunft relevant zu bleiben.

Ich dachte an all die Beispiele von Unternehmen der Gegenwart und Vergangenheit, die den Übergang nicht schaffen konnten oder nicht geschafft haben. Die durchschnittliche dreiunddreißigjährige Lebensdauer der Unternehmen auf der S&P 500 Liste wird aufgrund der Technologie bis 2027 auf nur zwölf Jahre schrumpfen. Es macht Sinn – der Übergang erfordert langfristiges Denken. Es erfordert, gegen den Strom zu schwimmen, wo der aktuelle Markt und die Gewinne sind. Wetten auf die Zukunft sind immer große Wetten dagegen, wo der Markt heute ist. Diese Wette angesichts dessen einzugehen, was Investoren und Stakeholder von dir wollen, um ihre unmittelbaren kurzfristigen Bedürfnisse zu befriedigen, erfordert eine mutige Führung und Zeit.

Wir haben uns viele Beispiele von Unternehmen angesehen, die nicht die richtige Wette eingegangen sind, darunter Kodak, Blockbuster und Sears. Microsoft könnte ein Beispiel für einen Erfolg im Übergang sein, aber für jedes Microsoft gibt es einen ganzen Friedhof voll von Unternehmen, die den Übergang nicht schaffen konnten oder wollten. Ironischerweise war einer der Gründe, warum Microsoft in der Lage war, diesen Schritt zu machen, dass ValueAct Capital, ein aktivistischer Kapitalgeber, Sitze im Vorstand einnahm und die Notwendigkeit verstand, das Management in seinem längerfristigen Denken zu unterstützen, um den Übergang zu ermöglichen.

Die Datenlage ist eindeutig in Bezug auf Unternehmen, bei denen die Kosten für Nicht-Investitionen in die Zukunft den Tod bedeuten, aber was ist mit einigen unserer größten Institutionen, denen wir nicht erlauben zu scheitern? Insbesondere solche wie das Bildungswesen, das Gesundheitswesen und die Regierung. Würden diese Institutionen nicht ebenso unter den blinden Flecken leiden, die es der Technologie ermöglicht haben, das Spiel für führende Unternehmen zu verändern? Und wenn es sich dabei um große Institutionen handelt, wäre es dann nicht einleuchtend, dass sie stärker im Status-Quo-Modell der Leistungserbringung verhaftet sind und daher einem größeren Risiko ausgesetzt sind? Der Unterschied ist, dass unsere eigenen Regierungen und Institutionen die Regeln definieren, nach denen wir alle das Spiel spielen. Es ist äußerst unwahrscheinlich, dass sie erkennen, wie diese Regeln geändert werden müssen, oder den Mut haben, die notwendige starke Führung zu übernehmen, weshalb wir alle wie Frösche sein könnten, die in einem Topf kochen und nicht merken, dass die Hitze aufgedreht wird, bis es zu spät ist.

Aber in Wirklichkeit sind es nicht "sie". Die gleiche Sache, die unsere besten und klügsten Unternehmen irrelevant werden lässt, existiert in jedem von uns. Ob es nun Sunk-Cost Bias, Confirmation Bias oder eine Vielzahl anderer Vorurteile ist. Ob es das überwältigende Bedürfnis ist, dazuzugehören, das uns auch dazu treibt, uns zu spalten. Ob es unser kurzfristiges Denken ist, bei dem jeder von uns im Zentrum seines eigenen Universums steht, oder die Spieltheorie, die uns je nach Anreiz oder Bestrafung kooperieren oder betrügen lässt. Ob es die Geschichten sind, die wir uns selbst erzählen, die so stark in unseren Köpfen verankert sind, dass wir genau das übersehen, was am Wichtgisten wäre.

Es ist all das – zusammen. Es steckt in jedem einzelnen von uns.

Warum sollten unsere staatlichen Institutionen von den Denkfehlern ausgenommen sein, die allen Menschen gemeinsam sind? Die gleiche Verdrahtung unserer biologischen Computer (unserer Gehirne) schafft in unserer Spezies Außergewöhnlichkeit, aber auch Fehler. Diese Mustererkennung hält uns auf einem Pfad gefangen, der uns blind für Wegweiser macht, die nicht mit unserer

Sicht der Welt übereinstimmen. Das Informationswachstum und die Veränderungsrate werden sich ab jetzt nur noch beschleunigen, und in einer Welt, die sich so schnell verändert, wäre es unvernünftig zu erwarten, dass diejenigen in der Regierung weniger anfällig sind als wir – wenngleich sie es sind, die die Regeln festlegen.

Es ist nicht so, dass es keine Gespräche gäbe. Überall auf der Welt werden Maßnahmen erforscht, um mit dem Problem der steigenden Ungleichheit umzugehen. Aber die bisher vorgeschlagenen Lösungen dienen nur dazu, die Spaltung weiter voranzutreiben, weil sie den Hauptgrund für den Anstieg der Ungleichheit nicht erkennen. Das ökonomische Dogma gibt uns eine falsche Auswahl aus Rahmenbedingungen, die aus einer Zeit vor der Technologie stammen, als die Welt noch anders funktionierte. Da wir keine andere Möglichkeit sehen, halten wir an dem einen oder anderen wirtschaftlichen Rahmenwerk fest und verteidigen unsere Position um jeden Preis. Und wenn sich Positionen in unseren Köpfen verfestigen, werden wir blind für mögliche Lösungen, die uns retten könnten, so wie Kodak die Digitalkamera verpasst hat.

Zwei Wege nach vorn

Erinnere dich daran, dass es laut Ray Dalio nur vier Hebel gibt, die Regierungen ziehen können, um Schuldenkrisen zu entkommen. Die aktuelle Schuldenlast ist so groß, dass jede Langzeitlösung sich dieser stellen muss. Daher werden wir die vorgeschlagenen Lösungen danach kategorisieren, wie sie versuchen, einen der vier Wege zu nutzen, um der Schuldenlast zu entkommen:

1. Austerität – weniger ausgeben

2. Schuldenerlass/Umstrukturierung

3. Die Zentralbank druckt Geld oder andere Garantien

4. Transfers von Geld von denen, die mehr haben als sie brauchen, zu denen, die weniger haben (viel höhere Steuern für die Reichen).

Die ersten beiden Hebel wurden bisher kaum erwähnt. Wie wir in Kapitel 1 behandelt haben, würde Austerität aufgrund der Deflation einen teuflischen Rückkopplungskreislauf und einen Zusammenbruch der Vermögenspreise erzeugen, kombiniert mit geringerer Beschäftigung, was zu Schuldenausfällen oder Umstrukturierungen führen würde. Aus diesem Grund würde die Austerität (Hebel 1) und Schuldenausfall und Umstrukturierung (Hebel 2) untrennbar miteinander verbunden sein. Ob wir mit Restrukturierung oder Austerität beginnen, ist unerheblich; die Schulden müssten in jedem Fall umstrukturiert werden. Das ist auch für die Gesellschaft kurzfristig am schmerzhaftesten zu ertragen, was der Grund dafür sein könnte, dass es so gut wie keinen Dialog über diese beiden Lösungen gibt.

Paradoxerweise ist die Verschuldung in der Welt bereits so hoch, dass nicht nur die Austerität eine Auflösung der Vermögenspreise und einen bösartigen Rückkopplungskreislauf auslösen würde. Allein die Verlangsamung des Wachstums könnte diese Kettenreaktion auslösen, da die Schulden ohne schnelles Wachstum nicht mehr bedient werden können.

Vielleicht ist das der Grund, warum fast alle aktuellen Vorschläge heute in zwei übergreifenden Lagern auf entgegengesetzten Seiten des politischen Spektrums landen: auf der einen Seite die, die Hebel 3 nutzen, und auf der anderen Seite die, die Hebel 4 nutzen. Die Lösungsansätze darin sind in ihren Ergebnissen weitgehend ähnlich, haben aber viele unterschiedliche Formen. Schauen wir uns die beiden Seiten nacheinander an.

Anhaltendes Niedrig- oder Negativzinsumfeld, Gelddrucken durch Zentralbanken, moderne Geldtheorie oder andere Garantien, um die Party am Laufen zu halten.

Die Ironie dieses Lagers ist, dass die dazugehörigen Akteure am überzeugtesten sind von einer freien Marktwirtschaft und dem Kapitalismus, zugleich aber nicht erkennen, dass der freie Marktkapitalismus nicht das ist, was heute passiert.

Viele der aktuellen Maßnahmen auf der ganzen Welt könnten hierunter kategorisiert werden, zusammen mit vielen anderen Vorschlägen, die auf dem Tisch liegen. Wenn du von einer Lockerung oder Stimulierung durch die Zentralbanken hörst, denke an dieses Lager. Negative Zinssätze, Modern Monetary Theory (MMT), Geld drucken und es in die Hände von Instanzen geben, die es ausgeben, nationale und lokale Steuersenkungen, um die Ausgaben zu erhöhen – egal wie du es nennst oder welche Form es annimmt, alle diese Lösungen halten die Party am Laufen, indem sie mehr Schulden machen. Dabei spielt es keine Rolle, ob es sich um Staats-, Unternehmens- oder Privatschulden handelt. Sie alle kurbeln die Wirtschaft oder Teile der Wirtschaft kurzfristig an, während sie langfristig die negativen Nebeneffekte verstärken.

Kurzfristig kann dieser Ansatz erfolgreich sein, weil die Menschen sich reicher fühlen – bis die nächste Rechnung fällig ist. Wie wir bei Unternehmen sehen, die bei der Umstellung auf eine neue wirtschaftliche Realität scheitern, braucht es eine mutige Führung, um das zu tun, was langfristig notwendig ist, weil der kurzfristige Schmerz zu groß ist. Doch als Nebenprodukt des Nichthandelns auf lange Sicht, wird das Unternehmen später in den Bankrott getrieben. Ich nenne dies die Kick-the-Can-Down-the-Road-Strategie – oder das Umstellen der Liegestühle auf der *Titanic.* Eine andere Art, diese Strategie zu betrachten, ist „Wachstum um jeden Preis auf Kosten der Gesellschaft".

Der Tag wird kommen, wahrscheinlich eher früher als später, an dem wir erkennen, dass das Einzige, was unsere Volkswirtschaften antreibt, die Explosion der Schulden ist. Wenn Regierungen riesige Defizite mit extrem niedrigen Zinssätzen machen müssen, aus Angst, dass das Wachstum ausbleibt, selbst in Volkswirtschaften, die nahezu Vollbeschäftigung haben, dann stell dir vor, wie die Schulden und Defizite in einer Rezession oder Depression explodieren, wenn die Wirtschaft ins Stocken gerät. Sobald die Inhaber von Anleihen feststellen, dass die Regierungen kaum in der Lage sind, die Schulden zurückzuzahlen oder zu bedienen, wird die Risikoprämie (oder der Zinssatz) für die Schulden steigen. Sicher, Regierungen können Geld drucken und ihre Währungen wertlos machen, aber wenn andere Zentralbanken ebenfalls Geld drucken, wird die Strategie selbst irrelevant.

Wie wir in diesem Buch gesehen haben, gibt es für diese Strategie nur ein Endspiel: 1) höhere Ungleichheit, 2) Menschen verlieren die Hoffnung in das System, weil sie nicht mehr über die Runden kommen können, 3) mehr Polarisierung, 4) ein Aufstieg von Führern, die die Polarisierung nutzen, um „Wir gegen sie"-Narrative zu kreieren, um die Macht zu konsolidieren, und 5) allgemeine Revolutionen und Kriege. Diese Lösung ist letztendlich eine Zersetzung.

Höhere Steuern für Wohlhabende, garantiertes Grundeinkommen

Dieser politische Denkansatz wird von dem liberalen/sozialistischen/kommunistischen Lager vertreten. Er geht von dem Prinzip aus, dass das System für die Benachteiligten gerecht sein soll, also müssen wir die Reichen mehr besteuern, um die Leistungen für die Armen zu bezahlen.

Alle Lösungen in diesem Lager erfordern Vermögenstransfers und sind deshalb bei vielen Wohlhabenden zutiefst unpopulär. Es dürfte schwerfallen, mit anzusehen, wie das Geld, von dem du glaubst, dass du es durch deinen Einfallsreichtum oder harte Arbeit verdient hast, an andere geht, von denen du glaubst, dass sie nicht so hart gearbeitet haben. Das Argument der Wohlhabenden lautet: je höher der Steuersatz für die Wohlhabenden ist, umso mehr wird man davon abgehalten, Risiken einzugehen, innovativ zu sein und einen starken Beitrag für die Gesellschaft zu leisten.

Einer der prominentesten Vorschläge in diesem Lager ist das universelle Grundeinkommen. In politischen Kreisen auf der ganzen Welt wird es ernsthaft diskutiert. Die Idee ist einfach: Die Steuern auf die Reichen erhöhen, um ein minimales Grundeinkommen zu gewähren, unabhängig davon, ob die Menschen arbeiten oder nicht, und die Menschen auf einen maximalen Betrag aufstocken, wenn sie arbeiten, aber auch nicht zu verlangen, dass sie für ihren Lohn arbeiten.

Die Idee ist nicht neu; verschiedene Vorschläge reichen hunderte von Jahren zurück. In der Theorie klingt es vernünftig. Selbst für den glühendsten Kapitalisten könnte es zum Selbstzweck dienen. Der Kapitalismus kollabiert in einer Welt, in der es keine Käufer gibt. Arbeitsplatzverluste und Einkommensungleichheit werden die Anzahl der Menschen reduzieren, die an der Wirtschaft teilhaben können. An einem bestimmten Punkt entlang dieses Kontinuums von weniger Menschen, die an der Wirtschaft teilnehmen, funktionieren die Berechnungen nicht mehr und das System kollabiert ohnehin. Das bedeutet, dass das universelle Grundeinkommen, auch wenn es für manche radikal klingt, zumindest eine Alternative zu diesem Ergebnis ist.

Bei der Ausführung wird es viel schwieriger. Das universelle Grundeinkommen ist im Wesentlichen eine Version des Vermögenstransfers. Abgesehen von den traditionellen Argumenten der Konservativen, dass es von der Arbeit abschreckt und somit Anreize schafft, sich umsonst bezahlen zu lassen, gibt es eine Fülle zusätzlicher Herausforderungen aufgrund der Komplexität bei der Bestimmung des richtigen Betrags. Wie würde die Regierung die Löhne nach Bedürfnissen differenzieren – zum Beispiel, wenn man sich entscheidet, in einer bestimmten Stadt zu leben statt in einer anderen, weil die Lebenshaltungskosten unterschiedlich hoch sind? Was ist, wenn jemand in einer teuren Stadt lebt, weil dort die Chancen auf einen Arbeitsplatz höher sind, aber trotzdem keinen Job findet – würde das Grundeinkommen für diese Person dann höher sein? Was geschieht mit Menschen mit Behinderung oder Pflegebedürftigen?

Auf vernünftige Weise die richtige Höhe des Grundeinkommens zu bestimmen, das nach Bedürfnissen differenziert ist, wird schwierig – vor allem, weil, je höher die Subvention, desto höher die Steuer für die Wohlhabenden, was wiederum auf gefährliche Weise die Spaltung fördert, bei der jede Seite glaubt, dass sie benachteiligt wird.

Das wichtigste Problem bei dieser Lösung ist jedoch, dass sie sich nicht mit der eigentlichen Ursache befasst. Die Deflation wird durch die Technologie verursacht und deshalb wird sie auf der gleichen exponentiellen Welle reiten wie die Technologie selbst. Das bedeutet, dass sich das Tempo der Deflation (ohne mehr Geld zu drucken) von hier aus nur noch beschleunigen wird. Der Überfluss, den uns die Technologie beschert, erfordert keine neuen Nettoarbeitsplätze auf der Welt. Er vernichtet die Arbeit und die Arbeitsplätze, die wir bereits haben. Dieser negative Effekt auf die Arbeitsplätze wird sich global beschleunigen. Indem wir eine Zweiklassengesellschaft einzementieren, ignorieren wir nur den zugrundeliegenden Strukturwandel, der sie überhaupt erst verursacht hat. Das Ignorieren der zugrundeliegenden Ursache wird wahrscheinlich zu noch mehr Spaltung führen.

Wer kontrolliert das Geld?

Beide oben genannten Lösungen berücksichtigen nicht, dass die globale Verschuldung bereits so hoch ist und schnell ansteigt, dass ein Reset der Verschuldung für jede wirklich praktikable Lösung erforderlich ist. Dieser Reset wird wahrscheinlich schmerzhaft sein und könnte über Nacht riesige Vermögen vernichten, aber auch neue schaffen. Ähnliche Umschuldungen gab es bereits in der Vergangenheit. Es wird Gewinner und Verlierer geben, je nachdem, wo die Wetten platziert werden.

Darüber hinaus verlassen sich beide oben genannten Lösungen auf eine zentrale Funktion der Regierung bei der Festlegung der Geldpolitik und der Kontrolle des zugrundeliegenden Wertes des Geldes, was ihr die Macht gibt, die Wirtschaft zu stimulieren, wenn sie es braucht. Aber die Kontrolle über den Wert des Geldes kann zu

Machtmissbrauch führen – vor allem, wenn die Währung anderen Währungen zugrunde liegt.

Genau wie die Spieltheorie es vorhersagt, kümmern wir uns zuerst um unsere eigenen Bedürfnisse. Das bedeutet, dass ein System, das von einer Nation kontrolliert wird und das Rückgrat aller anderen Währungen ist, eine Zeit lang funktionieren kann – bis die innenpolitischen Probleme des Landes es dazu zwingen, einseitig der Nation, die die Währung kontrolliert, wirtschaftliche Vorteile zu verschaffen, während alle anderen darunter leiden. Sobald das Vertrauen in diesen Austausch gebrochen ist, sagt die Spieltheorie voraus, dass die Handlungen anderer Länder das Wachstum ihrer eigenen Währungen fördern werden – und die Hölle bricht los, weil die internationale Zusammenarbeit nicht mehr funktioniert.

Wie wir bereits besprochen haben, haben viele der Maßnahmen, bei denen jedes Land seine eigene Währung abwertete, um das Handelsspiel im frühen 19. Jahrhundert zu gewinnen, die Saat der Unzufriedenheit gesät, die zum Zweiten Weltkrieg führte. Mit dem Versprechen, diese Fehler, die zu Massenarbeitslosigkeit, Autoritarismus und dem Zweiten Weltkrieg führten, nicht zu wiederholen, kamen die Führer der Welt 1944 zusammen, um das Bretton-Woods-Abkommen zu schließen – ein Grundgerüst für globale Zusammenarbeit. Ein Schlüsselkonstrukt von Bretton Woods war ein vereinbartes internationales Währungssystem, in dem alle Länder ihre Wechselkurse an den Goldpreis und den US-Dollar banden; der US-Dollar wurde zur Hauptwährung der Welt und war durch einen festen Wechselkurs an Gold gebunden. Die neuen Regeln schufen Vertrauen in einen internationalen Rahmen, der eine Ausweitung des Welthandels ermöglichte und den globalen Wohlstand steigerte, weil es bedeutete, dass die Länder ihre Währungen nicht mehr künstlich nach Belieben manipulieren konnten.

Wie die Spieltheorie vorhersagt, zeigte das Abkommen, dass der Wohlstand für alle steigt, wenn die Länder mit einem klaren Verständnis der Regeln zusammenarbeiten. Aber 1971 beendeten die Vereinigten Staaten einseitig einen kritischen Aspekt des Systems – die Umwandlung des US-Dollars in Gold – und schufen mit dieser Änderung ein System, in dem der US-Dollar, nunmehr als Fiat-Währung, die der nationalen Agenda unterliegt, das Rückgrat der Weltwirtschaftsordnung wurde. An diesem Punkt endete Bretton Woods faktisch. Da der US-Dollar die Leitwährung der Welt wurde, ohne eine Bindung an Gold, gab er den USA einen enormen Einfluss auf globale Angelegenheiten. Es ermöglichte auch einem einzelnen Land, die Spielregeln zu ändern, indem es mehr Währung druckte und somit den Weg für die Rückkehr dorthin ebnete, wo wir heute stehen, wo jedes Land seine Währung für politischen Zugewinn manipuliert, während es die Rahmenbedingungen für fairen Handel verschlechtert.

Bitcoin (und andere Cyberwährungen) sind ein Versuch einer Lösung. Das Versprechen von Bitcoin war es, ein dezentrales System zu schaffen, das von niemandem manipuliert werden kann – auch nicht von Regierungen. Wie wir gesehen haben, folgt Geld den Regeln von Angebot und Nachfrage; der US-Dollar steigt im Wert, wenn die Nachfrage nach ihm im Verhältnis zum Angebot steigt. Regierungen können diese natürliche Dynamik verändern oder manipulieren, indem sie das Angebot erhöhen – indem sie mehr Geld drucken, was den Wert ihrer Währung im Vergleich zu anderen senkt. Bitcoin versucht diese Dynamik zu ändern, indem es das Angebot für immer auf einundzwanzig Millionen Bitcoins festlegt. Darüber hinaus schafft es ein Peer-to-Peer-Kassenbuch ohne jegliche zentrale Kontrolle: die Blockchain. Als offenes, verteiltes Verzeichnis bietet es Sicherheit und Vertrauen, indem es Transaktionen durch Konsens verifiziert, anstatt durch eine zentrale Autorität.

Obwohl die Blockchain, auf der Bitcoin aufbaut, noch nie gehackt wurde, sind Transaktionen komplex, was die weit verbreitete Akzeptanz als Zahlungsalternative gebremst hat. Darüber hinaus ist die Aufbewahrung (in Wallets) von Bitcoins oder anderen Kryptowährungen anfällig für Cyberattacken oder Verlust, was eine andere Form des Risikos darstellt. Aber selbst mit dem Risiko und der aktuell hohen Volatilität bedeutet es für Menschen in einigen Teilen der Welt weniger Risiko, Bitcoin zu halten als ihre eigene Währung. Der Wert kann reibungslos über Grenzen hinweg transferiert oder zum Bezahlen verwendet werden, wenn die eigene Währung nicht infrage kommt. In Venezuela zum Beispiel fungiert Bitcoin heute bereits als lebensrettende Währung für diejenigen, die Teile davon besitzen, da es ein viel sichereres Zahlungsmittel ist als die lokale Währung.

Die hohe Volatilität von Bitcoin wird oft als Beispiel dafür angeführt, warum man nicht auf Bitcoin als globales Zahlungsmittel setzen kann. Bitcoin ist volatil; im Jahr 2018 hat er 30 Prozent seines Wertes verloren, nur um in den ersten sechs Monaten des Jahres 2019 um über 100 Prozent zu steigen. Aber diese Volatilität muss in den richtigen Kontext gesetzt werden. Die Inflationsrate des Bolívar, Venezuelas Landeswährung, lag 2018 bei 1,8 Millionen Prozent. Wenn ich die Wahl hätte, würde ich lieber 30 Prozent meiner Kaufkraft in Bitcoin einbüßen als 1,8 Millionen Prozent Inflation meines Bolívar.

Die einfache Lösung

Es gibt ein Prinzip in der Philosophie, das Occams Rasiermesser genannt wird: eine einfachere Lösung ist mit größerer Wahrscheinlichkeit richtig als die komplexe. Das macht intuitiv Sinn. Komplexität macht uns anfällig für Fehler. Je mehr Annahmen bei der Erstellung einer Hypothese getroffen werden, desto höher ist die Wahrscheinlichkeit, dass eine oder mehrere dieser Annahmen falsch sind. Zu diesem Zweck werde ich eine Lösung vorschlagen, die man als die einfachste von allen bezeichnen könnte. So einfach, dass sie schwer vorstellbar sein dürfte.

Was wäre, wenn die natürliche Ordnung der Dinge erlaubt wäre?

Was wäre, wenn wir, anstatt zu versuchen, die Deflation um jeden Preis zu stoppen, sie begrüßen würden? Wenn sich die Technologie ausbreitet, geschieht die Deflation in dem Maße, wie sie es sollte. Deflation wird zu etwas Gefeiertem, weil es bedeutet, dass wir mehr für weniger bekommen. Wir erlauben uns, den Überfluss zu akzeptieren. Entlang dieses Kontinuums, wenn die Technologie Arbeitsplätze beseitigt und insgesamt weniger Arbeitsplätze benötigt werden, werden die Preise weiter fallen und denjenigen, die ihre Arbeitsplätze verlieren, eine Möglichkeit geben, am Nutzen des technologischen Überflusses teilzuhaben, ohne dass es zu massiven Wohlstandstransfers kommt. Wenn der technologiebedingte Preisverfall weitergeht, bis zu dem Punkt, an dem etwas kostenlos wird, lassen wir das auch geschehen. Die Menschen werden nicht mehr in einer endlosen Tretmühle sein müssen, um für Dinge zu bezahlen, die ständig im Preis steigen. So schwer es uns auch fallen mag, das zu akzeptieren, weil es eine so radikale

Veränderung zu dem ist, wie die Dinge heute sind, so scheint es mir, dass es die einzige Möglichkeit ist, die wir wirklich haben.

Es ist schwer, sich das vorzustellen, weil wir in einer Welt aufgewachsen sind, in der es diese Möglichkeiten nicht gab. In der die technologische Deflation nur in einzelnen Bereichen unserer Volkswirtschaften stattfand und nicht überall. Wo wir uns darauf verlassen konnten, dass die Menschen in neue Jobs und Branchen eingearbeitet werden, die nicht von den Veränderungen betroffen waren, und wo wir den gleichen Weg weitergehen konnten, der in einer anderen Zeit für Wohlstand gesorgt hat. Es ist unmöglich, sich denselben Weg für die Zukunft vorzustellen, da die Technologie bald fast alles beeinflusst, was wir tun.

Es ist leicht, dies von der Hand zu weisen, denn wir sind in einem System gefangen, in dem wir nicht wissen, was wir mit uns selbst anfangen würden, wenn wir keine Arbeit hätten. Unsere Karrieren sind viel wichtiger für uns als nur das Einkommen, das sie bringen. Unsere Karrieren werden Teil der Geschichte darüber, wer wir sind – unsere Beziehungen und unser sozialer Status (unser “Wir”) entstehen oft durch unsere Jobs. Aus diesem Grund stecken wir den Kopf in den Sand, selbst wenn die Fakten unausweichlich sind, dass die meisten dieser Jobs besser von der technologischen Industrie erledigt werden können. Die Angst vor einer Zukunft ohne diese Jobs und den Selbstwert, den sie mit sich bringen, hält uns davon ab, uns eine bessere Welt vorzustellen, in der sie vielleicht gar nicht benötigt werden.

Betrachte diese Alternative: Wohlstand ohne Beschäftigung zuzulassen, könnte tatsächlich eine völlig neue Ära der Erleuchtung eröffnen, in der wir Zeit haben, die Vorteile zu genießen, die die Technologie mit sich bringt.

Ein wahres kapitalistisches System könnte in dieser Umgebung gut funktionieren, weil es nach wie vor einen Anreiz gäbe, härter zu arbeiten und innovativ zu sein. Die Preise aller Dinge würden fallen, ja, aber diejenigen, die Werte schaffen, würden für ihre Wertschöpfung bezahlt werden – in einer Höhe, die zu den neuen Realitäten von Angebot und Nachfrage und unserer digitalen Welt passt. Wir würden zwar immer noch Schlange stehen für das neueste iPhone, auch wenn unsere Service Provider uns ältere Modelle kostenlos überlassen. Aber die Verlierer in unserer Gesellschaft wären weniger gefährdet. Da eine ganze Infrastruktur entfällt, die benötigt wird, um mehr Arbeitsplätze zu unterstützen, um die Preisinflation zu unterstützen, die aus der monetären Lockerung resultiert, entfallen mit ihr auch die Kosten für Leistungsanspruchsprogramme. Es wird viel billiger zu leben, und damit sinkt die Belastung für diejenigen, die arbeiten.

Letztendlich ist der Trend schon klar und sagt eine andere Art zu leben voraus. Es kommt nur darauf an, wie wir dorthin gelangen. Der deflationäre Aspekt der Technologie ist eine zu große Kraft und wird schließlich selbst die größten Bemühungen, sie zu stoppen, überwältigen. Diese Bemühungen, sie zu stoppen, und die Folgen des Kampfes gegen die Deflation werden zukünftigen Generationen als wahnsinnig erscheinen, weil dieser Kampf Revolutionen und Kriege auslösen wird, die das bestehende System niederbrennen. Dies zuzulassen erscheint äußerst unverantwortlich, da die Menschheit auch für immer die Möglichkeit verlieren könnte, die Art von sozialem Aufschwung zu erleben, die mit Technologie möglich ist.

Die Lösung, die ich vorschlage, ist zwar in der Theorie einfach, hat aber eine Reihe von möglichen Einschränkungen wie die Frage: würden die Regierungen auf der ganzen Welt dies zulassen? Regierungen und Zentralbanken üben mit ihrer Fähigkeit, die Geldmenge zu kontrollieren, einen enormen Einfluss auf ihre Volkswirtschaften und Bürger aus. Es ist unwahrscheinlich, dass sie diese Kontrolle freiwillig für eine neue Weltwährung aufgeben würden, die nicht manipuliert werden kann. Ohne diese Manipulation der Währungen wäre der natürliche Trend der technologischen Deflation bereits klar.

Eine weitere solche Einschränkung ist, dass eine Lösung nicht nur in einem Land eingeführt werden könnte. Sie müsste in einer koordinierten Anstrengung auf internationaler Ebene eingeführt werden, da ein Land, das diese Maßnahme allein ergreift, im Handel gegenüber anderen Ländern, die ihre Währungen noch manipulieren, im Nachteil wäre.

Ich bin mir zwar sicher, dass die Regierungen die Kontrolle über ihre Währungen nicht freiwillig aufgeben werden, aber wenn es keine koordinierten internationalen Bemühungen um ein ähnliches Rahmenwerk zu Bretton Woods gibt, das Regeln für die Wechselkurse festlegt, wird es trotzdem passieren – nur auf eine andere Art und Weise. Bedenke, dass eine Währung nur aufgrund des Vertrauens, das wir in sie haben, ihren Wert behält. Darüber hinaus ist sie nur ein Stück Papier mit Gesichtern und Zahlen darauf. Dieses Vertrauen ist nur ein vereinbarter Austausch von Werten und dass die Regierung ihre Versprechen einhalten wird. Dieses Vertrauen ist kompromittiert, wenn Regierungen ihre Versprechen nicht halten – auch wenn sie es vorgeben, indem sie den Wert des Papiers, auf dem das Versprechen steht, verändern. Je mehr dieses Vertrauen erodiert, desto wahrscheinlicher wird eine alternative Währung zu einem vertrauenswürdigeren Mechanismus. Diese Alternative – ob nun Bitcoin oder etwas anderes – könnte sehr schnell zum Einsatz kommen.

Die digitale und verteilte Natur von Bitcoin erlaubt es, von einem Netzwerkeffekt zu profitieren (der in Kapitel 2 besprochen wurde), wobei jeder zusätzliche Nutzer den Wert des Systems steigert. Je mehr Nutzer dem System vertrauen, desto mehr Vertrauen erwächst dem System. Obwohl es schwer vorstellbar ist, dass Bitcoin eine der Hauptwährungen übertrifft, könnte sich diese Perspektive in Zukunft leicht wandeln, da mehr Währungen unter Druck geraten; das Nebenprodukt dieses Drucks erhöht den Wert von Bitcoin oder eines Bitcoin-ähnlichen Netzwerks. Mit anderen Worten, was als eine Möglichkeit für die Bürger in Venezuela und anderen Regionen der Welt begann, um einer erdrückenden Währungsabwertung zu entkommen, könnte von einem Land zum nächsten überschwappen und sich leicht zu einem Punkt steigern, an dem Bitcoin zum Defacto- Vertrauensstandard wird.

Aber was weiß ich schon? Auch wenn ich denke, dass ich mir meiner eigenen Schwachstellen in der Beurteilung und meiner Voreingenommenheit bewusst bin und mein Bestes tue, um sie zu korrigieren, bin ich nur ein Mensch, der den gleichen Schwächen und Fehlern unterliegt wie wir alle. Meine Lösung ist nur eine Idee in einem Meer von vielen. Vielleicht kann keine einzige Lösung isoliert funktionieren, und vielleicht kann keine Lösung auf einmal umgesetzt werden. Vielleicht müssen Lösungen durch eine Reihe von Schritten zusammengebracht werden, um unsere wirtschaftlichen Grundlagen auf etwas umzustellen, das für eine Zukunft funktioniert, die überwiegend von Technologie angetrieben sein wird.

Das ist der Grund, warum ich dich frage.

Es ist klar, dass etwas getan werden muss. Aber weil die Probleme so komplex und heikel sind, ist es am einfachsten, den Kopf in den Sand zu stecken und zu hoffen, dass andere sie lösen werden. Glaub mir, ich weiß das. Ich selbst habe etwa zehn Jahre lang an der Seitenlinie gesessen, über das Gleiche geredet und zugesehen, wie Ressentiments und Polarisierung in unserer Gesellschaft wachsen. Ich habe dieses Buch nicht geschrieben, weil ich den Wunsch dazu hatte, sondern weil ich es leid war, dass es keine wirkliche Debatte über die Kernprobleme und Lösungen gibt und ich mir zunehmend Sorgen über einen Weltkonflikt mache, wenn wir nicht handeln. Es geht um die Welt, die wir an unsere Kinder weitergeben werden.

Ich habe dieses Buch geschrieben, um uns alle zum Reden und Denken zu bringen – und um die großen Fragen zu stellen.

Große Fragen zu stellen ist manchmal wirksamer als die Lösung selbst, denn es inspiriert das Wissen der Welt, sie zu lösen und bringt auf diese Weise verschiedene Wege zur Problemlösung. Ein Beispiel für das Stellen einer großen Frage ist der Ansari X Prize, der 1996 von Peter Diamandis ins Leben gerufen wurde und bei dem sechsundzwanzig Teams aus der ganzen Welt um einen Preis von 10 Millionen Dollar konkurrierten, um ein privates Raumschiff zu entwickeln, das in der Lage war, drei Passagiere innerhalb von zwei Wochen zweimal in den sub-orbitalen Weltraum zu befördern. Diese Teams gaben mehr als 100 Millionen Dollar aus, entwickelten Durchbrüche und starteten einen neuen Weltraumwettlauf, von dem wir heute noch profitieren. Seitdem wurden andere Crowdsourced-Wettbewerbe genutzt, um Durchbrüche in allen Bereichen zu entwickeln, von der Gesundheitsversorgung über die Entwicklung besserer Algorithmen zur Suche nach dunkler Materie bis hin zur Reinigung unserer Ozeane. Eine der wichtigsten Eigenschaften von Crowdsourcing ist, dass es offen für die Teilnahme ist; es erlaubt Ideen und Beiträge von überall und jedem. Diese Lösungen sind oft viel besser als alles, was sich die Experten auf einem Gebiet hätten vorstellen können.

Die innere Debatte, dieses Buch zu schreiben, wurde von der wichtigsten Lektion in meinem Leben abgeleitet, die auch aus meiner größten Tragödie herrührt – dem plötzlichen Verlust meines Bruders. Ich tue mein Bestes, mein Leben mit dieser Lektion als meinem inneren Leuchtturm zu leben, der jede Beziehung und jede Entscheidung leitet.

Die Lektion: Unser Leben wird durch den positiven Einfluss, den wir auf andere haben, definiert.

Wir werden alle von dieser Liebe angetrieben und wenn sie sich offenbart, ist es diese Liebe, an die wir uns erinnern. Das ist es, was überdauert. Wie diese Menschen uns geformt haben, uns beeinflusst haben und uns besser gemacht haben. Es ist unsere Verantwortung, ihre Gaben zu nehmen und sie weiterzugeben.

Ich hatte das außerordentliche Glück, in meinem Leben von unzähligen solchen Menschen umgeben zu sein – und ich bin für immer dankbar für ihren Einfluss auf mich.

Ich möchte dich ermutigen, dich an der Konversation und Debatte zu beteiligen, damit wir gemeinsam eine Welt gestalten können, in der das Beste der Menschheit gedeihen kann, während wir uns auf den Weg in eine aufregende Zukunft des Überflusses machen. Ich lade dich ein, das Gespräch unter www.thepriceoftomorrow.com fortzusetzen.

ANMERKUNGEN

1. Institute for Policy Studies, „Income Inequality“, inequality.org/facts/income-inequality.

2. Ray Dalio, *Principles for Navigating Big Debt Crises* (Bridgewater Associates, 2018), Seite 12.

3. Ray Dalio, *Principles for Navigating Big Debt Crises* (Bridgewater Associates, 2018), Seite 12.

4. Die Stellungnahme ist zu finden unter: „Testimony of Chairman Ben S. Bernanke“, nytimes.com/2007/02/14/business/worldbusiness/14iht-web.0214fedtext.4594833.html; „The Subprime Mortgage Market“, federalreserve.gov/newsevents/speech/bernanke20070517a .htm; „Bernanke: Fed Ready to Cut Interest Rates Again“, nbcnews.com/id/22592939/#.XV2kSS3MyfV; und Danielle DiMartino Booth, Fed Up (Portfolio, 2017), Seite 142.

5. Stephen Mihm, „Dr. Doom“, *New York Times Magazine*, 15. August 2008.

6. Es wurde darüber gesprochen, dass das BIP Dinge, die wir aufgrund von Technologie erlangen, nicht einschließt und dass wir einen Weg finden müssen, diese Dinge in das BIP mit einzubeziehen. Dies ist genau der Punkt. Wenn etwas umsonst ist, oder fast umsonst, warum sollten wir es in eine BIP-Messung einbeziehen, um zu sehen, wie unsere Schulden und Kredite die Wirtschaft antreiben?

7. John Meynard Keynes, *The Economic Consequences of the Peace* (Macmillan & Co., 1919), Seite 279. Zugänglich über archive.org/stream/economicconseque00keynuoft#page/n3/mode/2up.

8. Paul Volcker, zitiert von Andrew Ross Sorkin, „Paul Volcker, at 91, Sees 'A Hell of a Mess in Every Direction',“ *New York Times*, 23. Oktober 2018. nytimes.com/2018/10/23/business/dealbook/paul-volcker- federal-reserve.html.

9. Kim Parker, Rich Morin, und Juliana Menasce Horowitz, „The Future of Work in the Automated Workplace“, *Looking to the Future, Public Sees an America in Decline on Many Fronts*, Pew Research Center, March 31, 2019. pewsocialtrends.org/2019/03/21/the-future-of- work-in-the-automated-workplace.

10. Ravi Suria, zitiert von Larry Dignan, „Amazon Cash to Run Dry by 2001?“ ZDNet, 23. Juni 2000. zdnet.com/article/amazon-cash-to-run-dry-by-2001.

11. Matt Day und Jackie Gu, „The Enormous Numbers behind Amazon's Market Reach“, Bloomberg, 27. März 2019. bloomberg.com/graphics/2019-amazon-reach-across-markets.

12. NFX, „70% of Value in Tech Is Driven by Network Effects“, Medium, 28. November, 2017. medium.com/@nfx/70-of-value-in-tech-is- driven-by-network-effects-8c4788528e35.

13. Barry Schwartz, „Google’s Search Knows about over 130 Trillion Pages“, Search Engine Land, 14. November, 2016. searchengineland .com/googles-search-indexes-hits-130-trillion-pages-documents- 263378.

14. Joseph A. Schumpeter, *Capitalism, Socialism and Democracy* (Routledge, 1994), Seite 139.

15. Hyman Minsky, *Stabilizing an Unstable Economy* (McGraw Hill Professional, 2008), Seite 106.

16. Nassim Nicholas Taleb, *Antifragile* (Random House, 2012), Seite 101.

17. J.B. Sanford, „Argument against Women’s Suffrage“, California State Archives, Secretary of State Elections Papers, 1911 Special Election. Verfügbar unter sfpl.org/pdf/libraries/main/sfhistory/suffrageagainst.pdf.

18. Daniel Kahneman, *Thinking, Fast and Slow* (Random House, 2011), Seite 2.

19. Jeff Bezos, Rede auf der Re:MARS Konferenz, Juni 2019. Zitiert in „Jeff Bezos Says the True Secret to Business Success Is to Focus on the Things That Won’t Change, Not the Things That Will“, Business Insider, 06. Juni 2019. businessinsider.com/jeff-bezos-asks-himself-simple-question-when-planning-for-future-2019-6.

20. Kenneth Flamm, „Moore's Law and the Economics of Semiconductor Price Trends", *Productivity and Cyclicality in Semiconductors* (The National Academies Press, 2004), Seiten 151-170. doi.org/10.17226/11134.

21. Lucas Mearian, „CW@50: Data Storage Goes from $1M to 2 Cents Per Gigabyte", *Computerworld*, 23. März 2017. computerworld.com/article/3182207/data-storage/cw50-data-storage-goes-from-1m-to- 2-cents-per-gigabyte.html.

22. Brad, „How Fast Is 5G vs 4G?" The Droid Guy, 5. September 2019. thedroidguy.com/2019/01/how-fast-is-5g-vs-4g-1084299.

23. Mikhail Chester, Andrew Fraser, Juan Matute, Carolyn Flower, and Ram Pendyala, „Parking Infrastructure", *Journal of the American Planning Association*, 2015, Seiten 268-286, doi.org/10.1080/01944363.2015.1092879.

24. Statistikabteilung, National Safety Council, „NSC Motor Vehicle Fatality Estimates", Dezember 2017, nsc.org/portals/0/documents/newsdocuments/2018/december_2017.pdf.

25. Deloitte, „Global Mobile Consumer Survey: US Edition", 2018. www2.deloitte.com/us/en/pages/technology-media-and-telecommunications/articles/global-mobile-consumer-survey-us-edition.html.

26. Wohlers Associates, *Wohlers Report* 2018. wohlersassociates.com/2018report.htm.

27. Katrin Assenmacher und Signe Krogstrup, „Monetary Policy with Negative Interest Rates", International Monetary Fund Wor-

king Paper No. 18/191, 27. August, 2018. imf.org/de/Publications/WP/Issues/2018/08/27/Monetary-Policy-with-Negative-Interest-Rates-Decoupling-Cash-from-Electronic-Money-46076.

28. Max Roser und Esteban Ortiz-Ospina, „Income Inequality“, Unsere Welt in Daten, Oktober 2016. ourworldindata.org/income-inequality.

29. Institute for Energy Research, „A Primer on Energy and the Economy,“ 16. Februar, 2010. instituteforenergyresearch.org/uncategorized/a-primer-on-energy-and-the-economy-energys-large-share-of-the-economy-requires-caution-in-determining-policies-that-affect-it.

30. US Department of Energy, „DOE Releases First Annual National Energy Employment Analysis“, 24. März 2016. energy.gov/articles/doe-releases-first-annual-national-energy-employment-analysis.

31. John Kraft und Arthur Kraft, „On the Relationship between Energy and GNP“, *Journal of Energy and Development*, 1978, S. 401-403.

32.32. Hannah Ritchie und Max Roser, „Energy Production and Changing Energy Sources“, Our World in Data, 2019. ourworldindata.org/energy-production-and-changing-energy-sources.

33. Jeff Tsao, Nate Lewis, und George Crabtree, „Solar FAQs“, Sandia National Laboratories, 20. April 2006. sandia.gov/~jytsao/Solar%20FAQs.pdf.

34. Matt Gray, Sebastian Ljungwaldh, Laurence Watson, und Irem Kok, *Powering Down Coal* (Carbon Tracker, November 2018). carbontracker.org/reports/coal-portal.

35. Lazard, „Levelized Cost of Energy and Levelized Cost of Storage 2018“, 8. November, 2018. lazard.com/perspective/levelized-cost-of-energy-and-levelized-cost-of-storage-2018.

36. Mark Lewis, *Wells, Wires, and Wheels...* (BNP Paribas, August 2019). docfinder.bnpparibas-am.com/api/files/1094E5B9-2FAA-47A3-805D- EF65EAD09A7F.

37. Jeff Tsao, Nate Lewis, und George Crabtree, „Solar FAQs“, Sandia National Laboratories, 20. April 2006. sandia.gov/~jytsao/Solar%20FAQs.pdf.

38. Land Art Generator, „Total Surface Area Required to Fuel the World with Solar“, 13. August 2009. landartgenerator.org/blagi/archives/127.

39. Bill Nussey, „How Much Solar Would It Take to Power the U.S.?“ The Freeing Energy Project, 6. Juli 2018. freeingenergy.com/how-much-solar-would-it-take-to-power-the-u-s.

40. Organization of American States, „Desalination by Distillation“, *Source Book of Alternative Technologies for Freshwater Augmentation in Latin America and the Caribbean*, Unit of Sustainable Development and Environment General Secretariat, Organization of American States, 1997. oas.org/usde/publications/Unit/oea59e/ch20.htm.

41. Simon Neubauer, Jean-Jacques Hublin, und Philipp Gunz, „The Evolution of Modern Human Brain Shape“, *Science Advances*, 24. Januar 2018. doi.org/10.1126/sciadv.aao5961.

42. Lucien Febvre und Henri-Jean Martin, *The Coming of the Book* (Verso, 1976).

43. Karl Popper, *Conjectures and Refutations* (Penn, Buckinghamshire, 1965).

44. Isaac Newton, Brief an Robert Hooke, 5. Februar 1675. Verfügbar unter digitalallibrary.hsp.org/index.php/Detail/objects/9792.

45. Voltaire, *Le Siècle de Louis XIV* (1752).

46. Karl Popper, wie zitiert von Mark Damazer, „In Our Time's Greatest Philosopher Vote", *In Our Time* (BBC 4).

47. 47. „The Babbage Engine", Computer History Museum. computerhistory.org/babbage.

48. Claude E. Shannon, „A Mathematical Theory of Communication", *Bell System Technical Journal*, 1948.

49. John McCarthy, Marvin Minsky, Nathaniel Rochester, und Claude Shannon, „A Proposal for the Dartmouth Summer Research Project on Artificial Intelligence", 31. August 1955. Verfügbar unter www.formal.stanford.edu/jmc/history/dartmouth/dartmouth.html.

50. Jack Copeland, „Biography of Turing", AlanTuring.net, Juli 2000. alanturing.net/turing_archive/pages/Reference%20Articles/Bio%20of%20Alan%20Turing.html.

51. Gatsby Charitable Foundation, „Gatsby Computational Neuroscience Unit", gatsby.org.uk/neuroscience/programmes/gatsby-computational-neuroscience-unit.

52. K. Anders Ericsson, Ralf Th. Krampe, and Clemens Tesch-Römer, „The Role of Deliberate Practice in the Acquisition of Expert

Performance“, *Psychological Review*, 1993, Seiten 363-406. projects.ict.usc.edu/itw/gel/EricssonDeliberatePracticePR93.pdf.

53. William Hirst et al., „Long-Term Memory for the Terrorist Attack of September 11“, *Journal of Experimental Psychology* (2009). pdfs.semanticscholar.org/89f4/bbaff6e7c289b7836047fbc8d73e7d012711.pdf.

54. George A. Miller, „The Magical Number Seven, Plus or Minus Two“, *Psychological Review*, März 1956.

55. Diego Ardila et al. „End-to-End Lung Cancer Screening with Three-Dimensional Deep Learning on Low-Dose Chest Computed Tomography“, *Nature Medicine*, 2019, Seiten 954-961. doi.org/10.1038/s41591-019-0447-x.

56. „Wer in der KI führt, wird die Welt regieren“, RT.com, 1. September 2017. rt.com/news/401731-ai-rule-world-putin.

57. Lord Acton, in einem Brief an Bischof Mandell Creighton im Jahr 1887.

58. Elon Musk, zitiert von Graham Rapier, „If You Can't Beat Them Join Them“, *Business Insider*, 3. September 2019. businessinsider.com/elon-musk-humans-must-become-cyborgs-to-compete-with-ai-2019-8.

59. Roy Baumeister und Mark Leary, „The Need to Belong“, *Psychological Bulletin*, Mai 1995, Seiten 497-529. dx.doi.org/10.1037/0033-2909.117.3.497.

60. Muzafer Sherif, *Group Conflict and Co-operation* (London: Routledge & Kegan Paul Limited, 1966).

61. Frank Outlaw, „Watch Your Thoughts, They Become Words; Watch Your Words, They Become Actions“, Quote Investigator, 10. Januar 2013. quoteinvestigator.com/2013/01/10/watch-your-thoughts.

62. Abraham Maslow, „A Theory of Human Motivation“, *Psychological Review* (1943), Seiten 370-396.

63. Louis Tay und Ed Diener, „Needs and Subjective Well-Being around the World“, *Journal of Personality and Social Psychology*, August 2011, Seiten 354-365. psycnet.apa.org/doiLanding?doi=10.1037%2Fa00 23779.

64. Yu-kai Chou, „Octalysis-The Complete Gamification Framework“, yukaichou.com/gamification-examples/octalysis-complete-gamification-framework.

65. Adolf Hitler, *Mein Kampf*, trans. Roberto Marco (MVR, 1939), Seite 139.

66. Stanley Milgram, „The Behavioural Study of Obedience“, *Journal of Abnormal and Social Psychology*, Oktober 1963, Seite 371-378.

67. Stanley Milgram, „The Perils of Obedience“, *Harper's Magazine*, Dezember 1973. harpers.org/archive/1973/12/the-perils-of-obedience.

ÜBER DEN AUTOR

JEFF BOOTH IST eine visionäre Führungspersönlichkeit, die seit zwanzig Jahren an der vordersten Front des technologischen Wandels lebt. Er leitete BuildDirect, ein Technologieunternehmen, das darauf abzielte, die Bauindustrie zu simplifizieren, fast zwei Jahrzehnte lang durch die Dotcom-Kernschmelze, die Finanzkrise 2008 und viele Wellen der technologischen Disruption.

Jeff wurde in Forbes, TechCrunch, Inc.com, The Globe and Mail, BNN, Fast Company, Entrepreneur, Bloomberg, TIME und The Wall Street Journal gefeatured. Im Jahr 2015 wurde er von der BC Technology Industry Association zur "Technology Person of the Year" ernannt und 2016 zählte Goldman Sachs ihn zu den 100 interessantesten Unternehmern.

Er ist Gründungspartner von OtioLabs, Mitbegründer von NocNoc und addyinvest.com und sitzt unter anderem in den Vorständen von Terramera, SPUD.ca, LlamaZOO, Synthiam und der Richmond Hospital Foundation.

Jeff ist seit 2004 Mitglied der Young Presidents' Organization und arbeitet als Gründungsmitglied im Creative Destruction Lab mit.

www.thepriceoftomorrow.com